BILDUNG OHNE WERT

Erich Ribolits

BILDUNG OHNE WERT

Wider die Humankapitalisierung des Menschen

Löcker

Gedruckt mit freundlicher Unterstützung des Bundesministeriums für Wissenschaft und Forschung sowie der Stadt Wien, MA 7, Wissenschafts- und Forschungsförderung

© Erhard Löcker GesmbH, Wien 2009
© Erhard Löcker GesmbH, Wien 2010
Herstellung: Alfa Print, Martin
ISBN 978-3-85409-535-4

Inhaltsverzeichnis

Vorwort

Bildung ist in den letzten Jahren zum gesellschaftlichen
Megathema avanciert. Dabei wird allerdings kaum je die Frage
diskutiert, wie Bildung organisiert werden soll, damit möglichst
viele Menschen zu Selbstbewusstsein und Mündigkeit gelangen. Nahezu ausschließlich geht es darum, menschliches
Lernvermögen für Konkurrenzfähigkeit und wirtschaftliche
Verwertung in Dienst zu nehmen – Ziel ist die »Humankapitalisierung« des Menschen. Trotzdem Pädagogik unverändert das Ideal der »Befreiung des Denkens« von allen ihm
durch gesellschaftliche Umstände auferlegten Zwängen hoch-
hält, hat sie sich auf diese Art zum Hauptinstrument von
Ausbeutung und Instrumentalisierung des Menschen entwik-
kelt. Diese werden im Informationskapitalismus nicht mehr
mittels autoritärer politischer Strukturen, sondern über die
Ideologie der »Bildung zur Brauchbarkeit« bewerkstelligt. Wie
nahezu alle Aspekte menschlichen Daseins, gewinnt heute auch
das Lernen nur mehr über den am Markt generierten »Wert«
Bedeutung. Es muss sich rentieren indem es zum Sieg im
Konkurrenzkampf »Jede/r gegen Jede/n« beiträgt.
In den in diesem Buch zusammengestellten Texten verfolge ich
das Ziel, den angedeuteten veränderten Stellenwert von
Pädagogik und Bildung im Zusammenhang mit den aufgrund
technologischer und wirtschaftlicher Entwicklung stattfindenden gesellschaftlichen Wandel zu hinterfragen. Eines Wandels,
der von vielen Analytikern der aktuellen Veränderungen als
derart tiefgreifend wahrgenommen wird, dass er als Übergang
zu einer neuen Gesellschaftsformation – der sogenannten
Kontrollgesellschaft – charakterisiert wird. Meine Reflexion ist
motiviert vom Bewusstsein des revolutionären Ursprungs der
Bildungsidee. Am Anfang seiner Begriffsgeschichte war mit
»Bildung« ja genau das Gegenteil eines Synonyms für die

Unterwerfung unter Vorgaben gemeint, die den vorfindlichen Machtverhältnissen entspringen – der Begriff Bildung war vielmehr Ausdruck der Vision einer Überwindung derselben. Unter den gegenwärtigen gesellschaftlichen Gegebenheiten stellt die alles durchdringende Dominanz des (Tausch-)Werts – intensiviert durch den »neuen kategorischen Imperativ« des unternehmerischen Selbst – das bedeutendste Mittel der Machtausübung dar. Eine Überwindung aktuell gegebener Machtverhältnisse muss dementsprechend am Hinterfragen des Werts als Richtgröße aller gesellschaftlicher Entwicklungen ansetzen. Wird allerdings Bildung selbst nur mehr als Funktion des Werts begriffen und nur in Wertdimensionen diskutiert, ist sie dieser Aufgabe gegenüber blind. Ihre ursprüngliche gesellschaftstransformierende Potenz kann Bildung somit letztendlich nur wiedergewinnen, wenn sie als wert-los begriffen wird.

Wenn ich in den Texten des vorliegenden Buches wiederholt darauf hinweise, dass die emanzipatorische Konnotation des Bildungsbegriffs nur reanimiert werden kann, wenn dieser jenseits von Wert und Verwertung angesiedelt wird, verfolge ich damit noch ein weiteres Anliegen: Einen Beitrag zur Konkretisierung des Bildungsbegriff und seiner Befreiung aus jenem schöngeistigen Ghetto zu leisten, in das er – mehr oder weniger bewusst – sowohl von seinen elitären Befürwortern als auch von jenen abgedrängt wurde, die ihn als überholt bezeichnen und einer Gleichsetzung von Bildung mit der Befähigung, den Vorgaben des Verwertungssystems zu entsprechen, das Wort reden. Die Fähigkeit des Menschen, die Bedingungen des Daseins im Fokus seiner vitalen Bedürfnisse zu reflektieren, stellt eine anthropologische Grundtatsache dar. Die unter bestimmten historisch-gesellschaftlichen Bedingungen gegebenen Artikulationen der Macht können diese Möglichkeit zur Reflexion allerdings weitgehend hintertreiben. Somit greift Bildungstheorie meines Erachtens deutlich zu kurz, wenn sie sich damit begnügt, ihren Fokus auf das Subjekt und seine postulierte Mündigkeit zu richten. Das Hinterfragen der

Mechanismen der Macht und deren Einfluss darauf, welche Erscheinungsform dem Subjekt unter jeweiligen gesellschaftlichen Gegebenheiten aufgeherrscht wird, ist meiner Meinung nach unabdingbar, um den Bildungsbegriff »auf den Boden der Tatsachen« zu holen und ihn seines abgehobenen Pathoscharakters zu entkleiden.

Ein Teil der im vorliegenden Buch zusammengefassten Aufsätze ist in den letzten Jahren schon in diversen österreichischen Publikationsorganen – pädagogischer und wertkritischer Natur – erschienen. Somit stellt jeder der Beiträge – trotz ihrer verbindenden Klammer in Form der Kritik an der Humankapitalisierung des Menschen in der Marktgesellschaft – die Bearbeitung eines abgeschlossenen Themenbereichs dar und kann ohne Einbußen hinsichtlich der Nachvollziehbarkeit der Argumente auch für sich allein gelesen werden. Für die gegenständliche Neuveröffentlichung wurden die einzelnen Beiträge nur insoweit redigiert, als dies zum Ausmerzen offensichtlicher Textüberschneidungen notwendig war. Aufgrund dessen, dass die Beiträge ursprünglich für Einzelveröffentlichungen verfasst worden waren, sind verschiedentlich gegebene argumentative Redundanzen jedoch nicht völlig vermeidbar. Die wiederholt vorgebrachten Argumente können aber auch als Hinweis darauf gesehen werden, welche besondere Bedeutung ich ihnen in Bezug auf das eingangs angerissene Gesamtthema des Buches beimesse.

Wien und Fertörákos, August 2009
Erich Ribolits

Wissen ist keine Ware –
Bildung hat keinen Wert

Über die Schwierigkeit, Wissen in das Korsett einer Ware
zu zwängen und den Verlust von Bildung, sobald dieser
Wert zugeschrieben wird

Spätestens nachdem am »Gipfel von Lissabon« im Jahre 2000
durch die Europäischen Bildungsminister deklariert worden
war, die Europäische Union zum »wettbewerbsfähigsten und
dynamischsten wissensbasierten Wirtschaftsraum der Welt«
machen zu wollen, ist der Begriff »Wissensgesellschaft« zum
fixen Bestandteil von Festreden, Forschungsprogrammen und
bildungspolitischen Absichtserklärungen geworden. Der
Begriff, dessen Wurzeln bis in die 1960er Jahren zurückrei-
chen, dient dabei als Kürzel, um einen seit mehreren Jahrzehnten konstatierten, grundsätzlichen Wandel der gesellschaftlichen und ökonomischen Bedeutung von Wissen zu argumentieren – ein Wandel, dem verschiedentlich eine gleichermaßen
tiefgreifende Wirkung wie dem Übergang von der Agrar- zur
Industriegesellschaft zugesprochen wird (Vgl. Miegel 2001:
203). Das Kürzel Wissensgesellschaft wird dabei in zwei unterschiedlichen Bedeutungen verwendet: Einerseits als Metapher,
um aktuell stattfindende gesellschaftliche Veränderungspro-
zesse zu charakterisieren, andererseits aber auch, um diese zu
legitimieren und zu beschleunigen. Zum einen wird mit dem
Begriff die in den letzten Jahrzehnten vor sich gegangene
Durchdringung sämtlicher Lebensbereiche mit Informations-
und Kommunikationstechnologien angesprochen, die tiefgreifende Veränderungen der kognitiven Tätigkeiten von Menschen
sowie eine anwachsende Nachfrage nach wissens- und kommu-
nikationsbasierten Dienstleistungen nach sich gezogen haben.
Zum anderen dient der Begriff aber auch als Warnung und

Appell: Er soll die Behauptung untermauern, dass die verwertbaren Kompetenzen der arbeitsfähigen Bevölkerung von Regionen und Staaten zunehmend die wichtigste Ressource der lokalen wirtschaftlichen Entwicklung darstellen und es somit erforderlich sei, ein konsequent an den Verwertungsvorgaben ausgerichtetes Lernen potenzieller Arbeitskräfte in allen Lebensbereichen und -altern zu forcieren.

Beim angesprochenen Hochloben von Wissen zur entscheidenden Größe im allgemeinen Konkurrenzkampf wird nur selten reflektiert, dass die Bezugnahme auf die Größe »Wissen« für die aktuelle Entwicklung tatsächlich wesentlich zu kurz greift und das Spezifische der derzeit stattfindenden Veränderung auch keineswegs schlüssig erklärt. Bei dem unter dem Titel Wissensgesellschaft firmierenden Paradigmenwechsel geht es nämlich durchaus nicht nur um einen bloßen Bedeutungsgewinn des Qualifikationsniveaus der Erwerbsbevölkerung in dem Sinn, dass möglichst viele Menschen im (Aus-)Bildungssystem möglichst hohe formale Abschlüsse erwerben um das dabei erworbene Wissen in den wirtschaftlichen Verwertungsprozess einbringen zu können. Es stellt ja auch keine echte Neuigkeit dar, dass das *Know how*, auf das in einer Gesellschaft zugegriffen werden kann, einen engen Bezug zu Produktivität und Produktivitätssteigerung hat. Wissen war unzweifelhaft auch schon bisher wesentlicher Einflussfaktor der wirtschaftlichen Entwicklung. Dass dem so ist, lässt sich nicht zuletzt an der dramatischen Krise zeigen, von der das kapitalistische Gesellschaftssystem aktuell heimgesucht wird. Die Ursache der abnehmenden Fähigkeit des postindustriellen Kapitalismus, menschliche Arbeitskraft zu vernutzen, ist ja nirgendwo anders zu suchen, als in den in den letzten Jahrzehnten auf Grundlage wissenschaftlicher Fortschritte geschaffenen »neuen« Technologien und deren Rationalisierungspotential. Dass Waren heute immer rationeller – in immer kürzerer Zeit, durch immer weniger Arbeitskräfte – hergestellt werden können, deshalb aber immer mehr Menschen »freigesetzt« werden und sich im aktuellen gesellschaftlichen System den Konsum der massenhaft und immer rationeller herstellbaren Waren nicht mehr leisten können, hängt letztendlich mit wissenschaftlichen Erkenntnissen sowie deren massenhaften Verbreitung und Umsetzung zusammen. Nicht ein Mangel an Wissen, sondern die durch das Konkurrenzdiktat der marktgesteuerten Ökonomie gepushten Fortschritte im wissenschaftlich-technischen Wissen lassen das politisch-ökonomische System Kapitalismus zunehmend an seine Grenzen stoßen!

Ohne spezifische Formen des Generierens und Weitergebens von Wissen ist wohl noch keine Gesellschaftsformation ausgekommen. Seit Menschen Gemeinschaften bilden, organisierten sie dabei auch Wissen, wobei sich dessen Qualität im Laufe der Geschichte selbstverständlich durchaus verändert hat. Seit der »Freisetzung der Konkurrenz« im Rahmen der kapitalistischen Ökonomie stellt die Verfügung über Wissen und das systematische Weiterentwickeln verwertungsrelevanten Wissens zum Zweck der Profitmaximierung einen ganz wesentlichen Faktor der gesellschaftlichen Dynamik dar. Die diesbezügliche Verwertung von Wissen war somit von allem Anfang an ein bestimmendes Element der Industriegesellschaft gewesen; es mag deshalb erstaunen, dass erst jetzt, in einer weit fortgeschrittenen Phase des Kapitalismus, der Begriff Wissensgesellschaft geboren wurde und zu derartiger Bedeutung gelangte. Tatsächlich ist die Ursache dafür aber auch nicht bloß in einer aktuell vor sich gehenden Intensivierung der Kapitalisierung von Wissen zu suchen, sondern darin, dass diese – in ihrer traditionellen Form – gegenwärtig an Grenzen stößt und es im Zusammenhang damit erforderlich wird, völlig neue Dimensionen von Wissen der Verwertung zugänglich zu machen. Konkret geht es darum, dass der Fokus der Verwertung bisher primär auf formalisiertem Wissen gelegen ist, dieses aber heute zunehmend von seinen menschlichen Trägern losgelöst in Form von Software verfügbar ist. Die Folge ist, dass die systematische Aneignung von Wissen in organisierten Lernprozessen und seine instrumentelle Verwendung zunehmend an Bedeutung verliert, es im Gegenzug aber notwendig wird, dass Menschen lernen, mit Wissen in einer völlig veränderten Form umzugehen.

Wissen wird ja auf zwei gänzlich unterschiedlichen Wegen erworben bzw. stehen Individuen dem von ihnen erworbenen Wissen in weitgehend unterschiedlicher Form gegenüber:[1] Zum einen handelt es sich um *formelles Wissen*, worunter alle jene Kenntnisse und Fähigkeiten zu verstehen sind, deren Aneignung vorsätzlich und methodisch erfolgt und die über den Weg bloßer Erfahrung und Interaktion nicht oder nur unzureichend erworben werden können. Die Inhalte des formellen Wissens sowie die zu seiner Aneignung erforderlichen Lernprozesse werden im Wesentlichen durch die jeweiligen Ausprägungsformen des öffentlich organisierten Unterrichtswesens bestimmt. Zum anderen tritt Wissen als *informelles Wissen* in Erscheinung. Darunter lassen sich alle Kenntnisse und Fähigkeiten subsumieren, die spontan durch Erfahrungen und den Umgang mit anderen erworben werden, ohne dass sie je ausdrücklich thematisiert oder vorsätzlich gelernt werden. Typische Aspekte dieser Wissensdimension sind beispielsweise die Sprache inklusive der sich in unterschiedlichen Kulturen und sozialen Gruppen durch Gesten, Mimik und ähnliches artikulierenden Metasprache oder die adäquate Handhabung alltäglicher Gebrauchsgegenstände sowie das Umgehen mit üblichen Problemstellungen. Informelles Wissen artikuliert sich großteils in Form von Gewohnheiten und Fertigkeiten, die dem Einzelnen weitgehend selbstverständlich erscheinen und seine problemlose Integration in die jeweilige soziale Umwelt bewirken. Dieses präkognitive informelle Wissen stellt die soziale Basis für die sinnliche, psychische und intellektuelle Entfaltung einer Person dar und kann diese begünstigen oder hemmen.

Formelles Wissen –
das Schmiermittel des Industriekapitalismus

Formelles Wissen wird zum weitaus überwiegenden Teil im Rahmen spezifisch arrangierter Prozesse und Anstrengungen im öffentlich organisierten Unterrichtssystem erworben. Dabei ist auffällig, dass, seitdem der Schulbesuch hierzulande im 18. Jahrhundert für alle heranwachsenden Gesellschaftsmitglieder verpflichtend geworden ist, Lernvorgänge in Schulen und Ausbildungen fast ausschließlich unter strukturellen Bedingungen arrangiert wurden, die ein »instrumentelles Umgehen« mit systematisch erworbenem Wissen implizieren. Es handelt sich dabei um eine Form der Wissensaufnahme bei der Individuen gewissermaßen wie »intelligente Maschinen« fungieren – Medien der Speicherung und instrumentell-logischen Verknüpfung von Informationen, gekoppelt mit mechanischen Verarbeitungseinheiten. Das Wissen bleibt ihnen dabei äußerlich, es nimmt keinen Einfluss auf ihre Persönlichkeit sondern bleibt für sie gewissermaßen etwas Fremdes, das nur als Mittel zu anderen Zwecken – Arbeitsproduktivität, Einkommen, Prestige, Zugangsberechtigung ... – dient. Lernprozesse dienen dem Ziel des Antizipierens der sich aus dem gesellschaftlichen Status quo ergebenden Anforderungen. Die Individuen sind dabei bloß »bewusstlose Träger« des Wissens und werden von diesem nicht wirklich »betroffen«; entsprechend taub sind sie auch gegenüber den sich aus dem Gewussten ergebenden »Forderungen« hinsichtlich der Ausrichtung ihres Lebens.[2] Ihre körperlich-sinnlichen Wahrnehmungen, körperlich bedingten Gefühle, Affekte, Bedürfnisse, Erwartungen, Ängste, Sehnsüchte usw. werden nicht in Relation zu den Wissensinhalten gestellt. Ohne deren Einbeziehung ist es aber nicht möglich, *sinnvolle* Urteile zu treffen, Fakten zu interpretieren, Entscheidungen zu treffen und aus Erfahrungen zu lernen. Und ohne ihr Mitwirken bleibt von menschlicher Intelligenz lediglich die Fähigkeit zu rechnen, zu kombinieren, zu analysieren, Informationen zu speichern, kurz die Maschinen-Intelligenz (Vgl. Gorz 2004: 89). Wissen in der skizzierten, auf Rationalität verkürzten Form dient der Verwertbarkeit und korreliert nicht mit Intellektualität. Sinnfragen werden ausgeklammert und »die aus politischer Sicht wesentlichen Fragen, die sich eine Gesellschaft stellen muss: Welche Kenntnisse brauchen oder wünschen wir? Was ist wissenswert?« (ebd. 89) werden ignoriert. Die dem Wissen innewohnende Potenz, Menschen zu befähigen, sich über ihre bloße Kreatürlichkeit zu erheben und Autonomie zu gewinnen, hat dabei keine Bedeutung. Im Sinne der von Erich Fromm entwickelten Dichotomie von »Haben und Sein« (Fromm 1979) ist ein an formellem Wissen ausgerichtetes Lernen der Existenzweise des Habens zuzuordnen. Es zielt nicht auf eine Erweiterung des Bewusstseins und verändertes »Sein«, sondern darauf, Lernende zu »Besitzern« von Wissen zu machen – gelungene Lernprozesse beweisen sich darin, dass die ihnen Unterworfenen nachher mehr Wissen »haben« als vorher. Lernende werden dabei als zwar hochkomplexe und entsprechend schwierig zu steuernde, nichtsdestotrotz aber programmierbare Maschinen behandelt. Mit unterschiedlichsten methodischen Arrangements wird versucht, ihr Aufnahme- und Behaltevermögen zu optimieren und sie möglichst gut mit Wissen zu »füllen«. Das Ziel besteht darin, sie für Arbeitsprozesse verwertbar zu machen und dem gesellschaftlichen Status quo anzupassen (Vgl. insbesondere Freire 1973). Methodisch geschickt werden ihnen Informationen sowie Methoden zu deren instrumentellen Verarbeitung »übermittelt«, wodurch sie befähigt werden sollen, eine mehr oder weniger hohe Position im Rahmen des gegebenen ökonomisch-gesellschaftlichen Systems einzunehmen, nicht jedoch dazu, dieses hinsichtlich seiner Prämissen und Folgen zu hinterfragen. Das strukturell eingeschriebene Ziel derartigen Lernens heißt Brauchbarkeit und Nutzen – ganz sicher nicht Selbstbestimmung oder (Eigen-)Sinn. Es geht nicht darum, durch den

Erwerb von Wissen den Tatsachen der Welt gegenüber mündiger zu werden. Völlig konträr zu dem ursprünglich von Francis Bacon formulierten Ausspruch lautet die sich in derart ausgerichteten Unterrichtsystemen tatsächlich verwirklichende Parole: »Ohnmacht durch Wissen«!

Für das reibungslose Funktionieren der Industriegesellschaft war es erforderlich, zumindest dem Großteil der Bevölkerung eine derart entfremdete Haltung gegenüber Wissen »anzuerziehen«. Lernen als »Akt der Unterwerfung« unter die als unhinterfragbar wahrgenommenen sogenannten »Erfordernisse« von Gesellschaft und Arbeitswelt bildete eine ganz wesentliche sozialisatorische Grundlage der Massenloyalität gegenüber dem ökonomisch-politischen System. Indem das Bewusstsein der Menschen dahingehend geprägt wurde, sich bloß als Speichermedium und Maschine zur bewusstlos-rationalen Verarbeitung von Wissen zu begreifen, diesem also nur in instrumenteller Form gegenüberzustehen, »lernten« sie auch, sich als »bewusstlose Funktionsträger« im ökonomisch-gesellschaftlichen System wahrzunehmen. Auf diese Art konnte zum einen der im modernen Industriekapitalismus rasch anwachsende Bedarf nach Arbeitskräften befriedigt werden, die in der Lage waren, Arbeitsprozesse im Sinne des aktuellen Wissensstandes fachlich qualifiziert durchzuführen. Zum anderen war es damit möglich, immer mehr Menschen zu immer höheren formalen Bildungsabschlüssen zu führen sowie die »Quellen des Wissens« weitgehend zu demokratisieren, ohne dass das nunmehr auf breiter Basis verfügbare Wissen eine subversive, systemsprengende Kraft entfaltete.

Der Mensch als Träger formellen Wissens hat ausgedient

Wie schon erwähnt, nimmt die Bedeutung des Menschen als Träger formellen Wissens derzeit immer mehr ab. Die Informations- und Kommunikationstechnologien machen es möglich, die für Produktion und Verwaltung erforderlichen, bisher an das »Trägermedium Mensch« gebundenen Kenntnisse und Fertigkeiten manueller und kognitiver Art in anwachsendem Maß vom Menschen getrennt in Form von Software zu speichern und als Maschinen-Wissen abzurufen. Damit ist allerdings nicht gemeint, dass derartig gespeichertes Wissen nun unabhängig von Menschen, quasi »von sich aus« wirksam werden kann. Weiterhin ist es einzig menschliche Praxis die Wissen Geltung zu verschaffen imstande ist. Auch das »Wissensartefakt« Computer ist kein wissendes Wesen, sondern bloße Entäußerung menschlichen Wissens. Genauso wie antike Schrifttafeln oder moderne Druckwerke sind auch digitale Informationsgüter nur Abbilder geistiger Anstrengungen und ermöglichen deren leichtere Wiederverfügbarkeit – selber vollbringen sie keine Wissensleistung! Auch der beste Computer ist nicht bewusstseinsfähig und damit auch nicht in der Lage, Wissen zu generieren. Das in Informations- und Kommunikationstechnologien zum Ausdruck kommende Zusammenspiel von Software und Hardware erlaubt allerdings eine ungemein effektive Reproduktion und Anwendung all jenes Wissens, das sich in Rechenoperationen transformieren lässt.

Dass die Informations- und Kommunikationstechnologien den Menschen zunehmend sowohl als Speichermedium als auch als Instrument der Verknüpfung formellen Wissens ablösen, beruht im Wesentlichen auf zwei Faktoren: Der eine ist ihr gewaltiges und aufgrund technologischer Entwicklungen täglich größer werdendes Speichervermögen, gekoppelt mit der Möglichkeit, gespeicherte Informationen nach den Regeln der mathematischen Logik in geradezu unerschöpflicher Variationsvielfalt miteinander zu verknüpfen. Selbst ein bloß durchschnittlicher Heimcomputer verfügt mittlerweile über ein Vielfaches des »Merkvermögens« von Menschen und kann Informationen wesentlich schneller und konsequenter verknüpfen. Und im Gegensatz zum Menschen, bei dem – trotz allem diesbezüglichen schulischen Training – immer die »Gefahr« besteht, dass er gegenüber den Daten und Fakten, die ihm zur »Verarbeitung« übertragen werden, nicht völlig distanziert bleibt, gehen Datenverarbeitungsmaschinen mit Datenmaterial in garantiert *instrumenteller* Form um. Mit der Informations- und Kommunikationstechnologie ist dem Menschen auf der Ebene der bewusstlos-instrumentellen Speicherung und Verarbeitung von Informationen eine uneinholbare Konkurrenz herangewachsen – genau auf jener Ebene also, für die das Schulwesen der Moderne besonders qualifiziert hat.

Der zweite Faktor, der dazu beiträgt, dass der Mensch in großen Bereichen der Arbeitswelt zunehmend durch Informations- und Kommunikationstechnologien ersetzt werden kann, besteht darin, dass diese Technologie den Menschen in seiner bisher unumstrittenen Position als »Universalmaschine« in Frage stellt (Vgl. Lohoff 2006: 23ff). Denn der Mensch kreiert zwar Spezialwerkzeuge, um sich bestimmte Tätigkeiten zu erleichtern bzw. diese überhaupt erst möglich zu machen, er selbst ist aber – aufgrund seiner kognitiven und psychomotorischen Adaptionsfähigkeit – universell einsetzbar. Vom Menschen geschaffene Gerätschaften sind Ausdruck spezifischen *Knowhows*, sie sind »Vergegenständlichung« von Wissen; das in ihnen zum Ausdruck kommende Wissen ist gewissermaßen das eingeschriebene Programm bzw. die mit der spezifischen »Hardware« in untrennbarer Einheit auftretende »Software«. Bisher bedurfte es stets des Menschen als universellen Faktors, um Vergegenständlichungen von Wissen als Arbeitsmittel in die Welt zu setzen bzw. das speziellen Arbeitsmitteln innewohnende Programm zum Leben zu erwecken sowie um unterschiedliche Wissensvergegenständlichungen sinnvoll zusammenwirken zu lassen. Die Fähigkeit des Menschen, selber kein fixes Programm eingeschrieben zu haben und sich Wissen unterschiedlichster Art aneignen zu können, sich also quasi bei Bedarf die jeweils erforderliche Software »laden« zu können, war Voraussetzung für seine »Herrschaft über alle Werkzeuge«. Aber auch in diesem Punkt steht er heute in unmittelbarer

Konkurrenz mit der Informations- und Kommunikationstechnologie. Das Besondere dieser Technologie ist es nämlich, dass bei ihr – zu einem gewissen Maß vergleichbar wie beim Menschen – Hardware und Software keine untrennbare Einheit bilden. Im Computer sind materielle Grundlage und das ihn zu einem brauchbaren Gerät machende »eingehauste« Wissen nicht untrennbar verbunden, sondern er kann durch den Zugriff auf digital verfügbare Informationen und Verarbeitungssoftware neues formelles Wissen »erwerben«. Im Sinne eines instrumentellen Lernbegriffs wird deshalb verschiedentlich auch argumentiert, dass Computer »lernen« könnten.

In Informations- und Kommunikationstechnologien geht (digital gespeichertes) Wissen nur eine flüchtige Verbindung mit der jeweiligen materiellen Grundlage ein, es verselbständigt sich und existiert unabhängig von Menschen und von konkreten Vergegenständlichungen als maschinenlesbare Software. In solcherart verdinglichter, toter Form kann »formales Wissen, losgelöst von jeglichem Produkt, in das es eingegangen ist oder eingehen wird, von selbst produktiv wirken [...]. Es kann komplexe Interaktionen zwischen einer Vielzahl von Akteuren und Variablen *organisieren und regeln*. Es kann Maschinen, Anlagen und flexible Fertigungssysteme *entwerfen und lenken*« (Gorz 2004: 41). Darüber hinaus kann formalisiertes Wissen in Form von Software aber auch nahezu kostenlos vervielfältigt und – unter den in der Folge skizzierten Einschränkungen – als Ware vermarktet werden. »Es kann in Millionen von Computern weiterwirken, in computergesteuerten Fertigungssystemen ›arbeiten‹, berechnen, zeichnen, entwerfen, montieren usw., ohne von einem einzigen Menschen noch ›gewusst‹ zu sein. Es kann privatisiert, zu exklusivem Firmenbesitz gemacht und der restlichen Menschheit vorenthalten werden« (Gorz 2001: 4).

Die nunmehr gegebene problemlose Reproduktionsmöglichkeit technologisch gespeicherten Wissens lässt allerdings auch ein grundlegendes Verwertungsproblem offensichtlich werden. Es

handelt sich dabei um die Potenzierung einer Schwierigkeit, die der Vermarktung von Wissen als Ware auch schon entgegengestanden ist, als ausschließlich Menschen als »Trägermedium« formellen Wissens fungieren konnten: Anders als bei realen Gütern, die im Prozess der Verwandlung von Geld in mehr Geld als Zwischenmedium eingesetzt werden, verliert ein »Verkäufer von Wissen« dieses bei seiner »Weitergabe« nämlich nicht. Wissen verbraucht sich durch seine Verausgabung nicht, tatsächlich »vermehrt« es sich dabei sogar. Wird Wissen von einer Person an eine andere vermittelt, kommt es quasi zu seiner Verdoppelung – nach dem Vermittlungsprozess sind sowohl »Käufer« als auch »Verkäufer« im »Besitz« des Wissens. Bekanntlich korreliert der (Tausch-)Wert einer Ware am Markt aber mit ihrer dort mehr oder weniger gegebenen Verfügbarkeit. Somit hat etwas, das sich im Verkaufsvorgang »vermehrt« – und somit tendenziell unbegrenzt verfügbar ist – keinen Wert. Da der Warentausch am kapitalistischen Markt aber das Ziel des Realisierens von Mehr-Wert verfolgt, ist Wissen völlig ungeeignet um als Ware zu fungieren. Etwas, was man weggeben kann und dabei dennoch behält, passt nicht in das Korsett einer Ware. Solange nur Menschen Träger formalen Wissens sein konnten, stellte die Weitergabe von Wissen noch eine zeitintensive und deshalb der Verwertung zugängliche Dienstleistung dar. Die nunmehr gegebene technologische Möglichkeit der Speicherung und Vervielfältigung formellen Wissens und seiner Anwendung lässt allerdings die Tatsache, dass sich Wissen grundsätzlich gegen seine Verwertung als Ware sperrt, in aller Deutlichkeit sichtbar werden.
Nur mit Hilfe juristischer und technischer Kunstgriffe lässt sich Wissen als Ware »verkleiden«. Damit sich digital gespeichertes Wissen für seinen »Eigentümer« in Form von Profit und Marktmacht rentiert, muss letztendlich genau das unterbunden bzw. reglementiert werden, was die euphorische Hoffnung darauf, dass Wissen zur neuen Profitquelle in der Wissensgesellschaft heranwachsen könnte, überhaupt erst entstehen hat

lassen – seine problemlose Reproduzierbarkeit. Das Spezifische von digitalem Content, dass er nämlich nicht bloß problemlos und nahezu kostenlos vervielfältigt, sondern ebenso wohlfeil verbreitet werden kann, muss unterbunden werden, indem auf rechtlichem Weg, durch Patente, Autorenrechte, Lizenzen, Copyrights u.dgl., oder durch technische Sperren in Form geheimer Zugangscodes verhindert wird, dass er von anderen kopiert, nachgeahmt, »wiedererfunden« und produktiv appliziert werden kann. Der Tauschwert des speicherbaren formalen Wissens ist letztendlich »gänzlich an die Fähigkeit gebunden, seine Nutzung zu monopolisieren« (Enzo Rullani, zit. nach Gorz 2004: 47f). Nur unter Verlust der ihr spezifischen Qualität und Dynamik kann die Wissensproduktion in das verwertungsnotwendige Korsett des Privateigentums mit seinen Aspekten Lohnarbeit, Geld und Ware gezwängt werden. Dass dieses Unterfangen auf Dauer allerdings nicht von Erfolg gekrönt sein kann, lässt sich sehr gut am alltäglichen Urheberrechtskampf im Software- oder digitalen Musikbereich ermessen.

»Die Informatik und das Internet untergraben die Herrschaft der Ware an ihrer Basis«, formuliert Gorz (2009) in diesem Zusammenhang. Und an anderer Stelle schreibt er diesbezüglich, dass der kognitive Kapitalismus nicht bloß die nächste Phase der Entwicklung, sondern die finale Krise dieses Systems einläutet (Gorz 2004, 48). Die Informations- und Kommunikationstechnologie ermöglicht in rasch anwachsendem Maß eine Güterproduktion und Distribution ohne bzw. zumindest mit deutlich verringertem Einsatz menschlicher Arbeitskraft, was steigende Arbeitslosigkeit und den Zusammenbruch des prekären Zusammenspiels von Arbeitskraftverwertung, Produktion und Konsum nach sich zieht. Zugleich lässt der geringer werdende Anteil menschlicher Arbeitskraft in den Produkten, verbunden mit der Konkurrenz zwischen den Produzenten, Produkte immer billiger werden. Diese Entwicklungen führen zusammengenommen dazu, dass die erzielbaren Profite in der realen Güterproduktion rasch sinken, was nichts anders als das Erlahmen der Triebkraft des Kapitalismus bedeutet.

Als »Hoffnungsschimmer« am Horizont wird in dieser Situation von vielen Seiten die profitgenerierende Kraft informations- und kommunikationsbezogener Dienstleistungen beschworen. Mit der Rede von der Wissensgesellschaft wird ja fast immer die Botschaft mittransportiert, dass die abnehmende Fähigkeit des Industriekapitalismus zur Vernutzung menschlicher Arbeitskraft durch eine heranwachsende Wissensökonomie kompensiert werden könnte. Die Produktion und der Verkauf von »Digitalprodukten« soll jene Lohnarbeitsplätze ersetzen, die in der Industrieproduktion wegbrechen, und die solcherart Beschäftigten in die Lage versetzen, sich die produzierten virtuellen Produkte kaufen und eine diesbezüglich anwachsende Nachfrage – verbunden mit einer entsprechenden Wertschöpfung – vorantreiben zu können. Derartige Argumentationen bauen allerdings auf der unhaltbaren Vorstellung auf, dass das Kopieren von Digitalprodukten ähnlich aufwändig wäre, wie der Nachbau von Industrieprodukten. Da das jedoch absolut nicht der Fall ist, sondern die innovative Kraft des »Digitalen« genau in seiner problemlosen Reproduzierbar- und Weitergabemöglichkeit liegt, es somit quasi »in der Natur« digitaler Produkte liegt, Verbreitung unter Ausschaltung des Marktes zu finden, geht Gorz davon aus, dass sich die Hoffnung auf einen wissensbasierten Kapitalismus sehr bald als Schimäre herausstellen wird.

Die neue Technologie erfordert eine neue Form der »Zurichtung der Köpfe«

Aber unabhängig davon, ob der digitale Kapitalismus bloß eine neue Phase der Entwicklung des Systems darstellt oder schon dessen Ende in sich birgt, bleibt – auch wenn aufgrund der technologiebedingten Umwälzung der Bedarf an menschlicher

Arbeitskraft in der Güterproduktion und Distribution derzeit rapid sinkt – im postindustriell-digitalen Kapitalismus für spezifische Tätigkeitsfelder in Produktion, Dienstleistung und Verwaltung durchaus ein Bedarf an menschlichen Arbeitskräften bestehen. Die Informations- und Kommunikationstechnologien können den Menschen nämlich keineswegs generell ersetzen. Was durch die »neuen« Technologien nicht substituiert werden kann, sind Tätigkeiten, die Kreativität erfordern, und solche, die auf Beziehung beruhen – Tätigkeiten also, bei denen sich Professionalität nicht durch das Umsetzen eingelernter *Verhaltensweisen* beweist, sondern darin, dass aus einer verinnerlichten *Haltung* heraus gehandelt wird. Informations- und Kommunikationstechnologien können in letzter Konsequenz für jede formalisierbare – normbezogene – Arbeitsaufgabe eingesetzt werden, d.h. für jede, die sich in Form eines mathematischen Ablaufschemas abbilden lässt. Mit ihrer fortschreitenden Implementierung müssen somit zunehmend nur mehr fallbezogene Aufgaben von menschlichen Arbeitskräften durchgeführt werden. Darunter sind Aufgaben zu verstehen, die nicht formalisierbar sind, weil sie von Fall zu Fall ein spezifisches Vorgehen erfordern und nicht im Sinne antrainierter Routine sondern nur auf Grundlage von besonderen sozialen und emotionalen Kompetenzen bzw. Kreativität, Intuition oder Empathie der sie Verrichtenden bewältigt werden können. Derartige Aufgaben können nicht ausgeführt werden, indem bloß getan wird, was im Rahmen einer Ausbildung erlernt wurde – hier gilt es aus einer verinnerlichten Einstellung heraus, gewissermaßen autonom zu handeln[3].

Jene Tätigkeiten, die trotz der in den letzten Jahrzehnten geschaffenen technologischen Möglichkeiten auch weiterhin von Menschen durchgeführt werden müssen, enthalten einen wachsenden Anteil eines spezifischen Vermögens, das zwar sehr häufig als »Wissen« apostrophiert wird, die im Alltagsbewusstsein bestehende Dimension dieses Begriffs tatsächlich aber weit überschreitet. »Es geht nicht mehr nur um

»know what«, also um die Anwendung kodifizierten Faktenwissens durch die Arbeitskräfte, sondern um darüber hinausgehende Qualifikationselemente«, sogenannte »tacit skills« (unterschwellige Fähigkeiten), verschiedentlich – eher unscharf – auch als »know-how« bezeichnet. Darunter lassen sich »alle Formen des impliziten und informellen bzw. des Erfahrungswissens der Arbeitskräfte wie auch ihre Fähigkeit zur Kommunikation und Kooperation im Produktionsprozess« (Atzmüller 2004: 598) subsumieren. »Gefragt sind Erfahrungswissen, Urteilsvermögen, Koordinierungs-, Selbstorganisierungs- und Verständigungsfähigkeit, also Formen lebendigen Wissens, die [...] zur Alltagskultur gehören. Die Art und Weise, wie Erwerbstätige dieses Wissen einbringen, kann weder vorbestimmt noch anbefohlen werden. Sie verlangt ein Sich-selbst-Einbringen, in der Managersprache ›Motivation‹ genannt« (Gorz 2004: 9). Die Fähigkeiten, die Arbeitnehmer für die Bewältigung der technologisch nicht substituierbaren Tätigkeiten brauchen, gehen über formal erlernbare wissenschaftlich-technische Kenntnisse und Qualifikationen im klassischen Sinn weit hinaus und übersteigen das in Schulen und Ausbildungsgängen traditionell erlernte formelle (Fach-) Wissen bei weitem. Derartige Aufgaben erfordern in hohem Maß Wissensformen, die nicht formalisierbar und deshalb systematisch auch nur sehr eingeschränkt lehrbar sind. In der weiter vorne skizzierten Diktion von André Gorz handelt es sich dabei um »informelles Wissen«, das seinem Träger nicht bloß »oberflächlich anhaftet« sondern ihn als Individuum »betrifft« und nachhaltig verändert.

Wie fallbezogene Aufgaben zu erfüllen sind, lässt sich – ihrer Nicht-Formalisierbarkeit entsprechend – nicht an normierbaren Maßstäben der Arbeitserbringung messen, entzieht sich damit in letzter Konsequenz auch einer wirksamen Überwachung durch Kontrollorgane. Wie in derartigen Bereichen menschlichen Handelns vorzugehen ist, kann nicht anbefohlen oder kontrolliert werden, genau deshalb aber in traditioneller Form auch nicht gelehrt werden. Dass Schulen und Ausbildungsstätten sich in nahezu allen »entwickelten Ländern« seit Jahren in einer Dauerkrise befinden und tiefgreifenden Veränderungsprozessen unterworfen sind, die Rolle und Funktion der Lehrenden in öffentlichen Bildungseinrichtungen von den verschiedensten Seiten kritisiert wird sowie permanent neue Lernkulturen und die lebenslange Bereitschaft zum Weiterlernen eingefordert werden, hat im Kern genau mit diesem Wandel des Anforderungsprofils in der Arbeitswelt zu tun. Nicht zufällig fokussiert die Kritik am »traditionellen« schulischen Lernen sehr stark die dabei übliche Rolle des Lehrers/ der Lehrerin als zentrale Vermittlungsfigur von Lehrstoff und Hersteller/in von Lerndisziplin sowie den Umstand, dass in der Schule alle Schüler/innen im Gleichtakt dieselben Inhalte zu lernen und bei Prüfungen zu reproduzieren hätten. Das Argument, dass sich Lehrer/innen von ihrer traditionellen inhaltszentrierten Rolle verabschieden und zu Prozessmanager/innen selbstbestimmter Lernprozesse ihrer Schüler/ innen – zu Lerncoaches, wie es verschiedentlich heißt – werden sollen, baut letztendlich – meist allerdings wohl eher unreflektiert – auf der Erkenntnis auf, dass sich die skizzierten neuen Anforderungen der Arbeitswelt tatsächlich systematisch nicht »vermitteln« lassen. Deshalb muss sich die Schule von einem Ort der planmäßigen Vermittlung brauchbar machenden Wissens zu einem wandeln, wo es in erster Linie um die *Sozialisierung* von Heranwachsenden zum »unternehmerischen Selbst« geht. Und dieses »fabriziert man nicht mit den Strategien des Überwachens und Strafens, sondern indem man ihre Selbststeuerungspotenziale aktiviert« (Bröckling 2007: 61).

Wenn das Sich-selbst-Einbringen, als die Bereitschaft, unaufgefordert und unbeaufsichtigt im Sinne des unternehmerischen Verwertungsprozesses aktiv zu werden, zur wichtigsten Arbeitstugend avanciert, reicht es nämlich nicht mehr aus, als »brave/r Arbeitnehmer/in« – den unternehmerischen Vorgaben entsprechend – antrainiertes Wissen und Können »zur Verfügung zu stellen«. Dazu sind Arbeitskräfte erforderlich, die gelernt haben, die Dimensionen der Verwertungslogik *aus eigenem Antrieb* auf sich anzuwenden und die nicht von der »antiquierten« Vorstellung eines grundsätzlichen Interessenswiderspruchs von Arbeit und Kapital angekränkelt sind; Menschen also, die gelernt haben, sich selbst (bloß noch) als Humankapital wahrzunehmen und *freiwillig*, ohne permanente Kontrolle, im Sinne der Verwertungsvorgaben aktiv zu werden. Dafür ist eine *Einstellung* notwendig, die mit dem Bewusstsein, (bloß) »Arbeit-*Nehmer/in*« zu sein, der seine mehr oder weniger qualifizierte Arbeitskraft einem »Arbeit-*Geber*« über eine beschränkte Zeit zur Verfügung stellt und dafür eine vorab definierte Entlohnung und ein gewisses Maß an sozialer Sicherheit erwarten darf, nicht kompatibel. Vor allem bedarf es dazu Menschen, die nicht in der Vorstellung verhaftet sind, sich der Verwertung als Arbeitskraft nur aus der Not eines sonst nicht gesicherten adäquaten Überlebens zu unterwerfen, das »gute Leben« aber außerhalb der Verwertungssphäre ansiedeln. Nur wer zwischen Leben und Verwertung nicht mehr (zu) unterscheiden (ver)mag, ist bereit, sich auf seine Selbstvermarktung voll und ganz einzulassen und diese auch noch selbständig voranzutreiben. Damit ist nicht bloß gemeint, fremdbestimmter Arbeit positive Aspekte abzugewinnen und daraus – zumindest in Teilbereichen – Befriedigung zu schöpfen. Es geht um viel mehr, nämlich um die Herausbildung einer Persönlichkeit, die sich über ihre Verwertbarkeit *definiert*; um Menschen, die sich selbst nur mehr im Spiegel des Marktwerts wahrzunehmen imstande sind und dementsprechend nicht eine grundsätzlich gegebene menschliche Würde für sich reklamieren, sondern sich – in Abhängigkeit von ihrem beruflich-materiellen Erfolg – bloß noch als mehr oder weniger »wert-voll« empfinden können (und wollen).

Das neue Lernen untergräbt die Möglichkeit
von Bildung noch mehr als das alte

Galt bisher die deklarierte Bereitschaft, *jede* Arbeit *annehmen* zu wollen, als Höhepunkt der Unterwerfungsgeste unter das System der Arbeitskraftverwertung, beweist eine derartige Aussage heute bloß, die Lektion noch immer nicht ausreichend begriffen zu haben. Nun geht es darum, auf die Vermarktung seiner selbst als Arbeitskraft »proaktiv« zuzugehen und diese, sowie die Bedingungen, unter denen diese stattfindet, voll und ganz zu antizipieren. Unter diesen Umständen wird die Befähigung und das Wecken der Bereitschaft zur Selbstvermarktung selbstverständlich zum primären Ziel der Beeinflussung der Subjekte durch organisierte Lernprozesse. Schon Heranwachsende müssen das Bewusstsein ausbilden, Human-Kapital (und sonst gar nichts) zu sein und für dessen Reproduktion, Modernisierung, Erweiterung und Verwertung als »Geschäftsführer ihres eigenen Lebens« die Verantwortung zu tragen. Sie müssen die Konkurrenzlogik verinnerlichen und lernen, sich ohne Zwang so zu verhalten, wie es die Wettbewerbsfähigkeit des Unternehmens, das sie selbst sind, erforderlich macht. Ganz in diesem Sinn fokussieren »fortschrittliche« Schulprogramme neuerdings in abnehmendem Maß auf kognitive Fähigkeiten und Fertigkeiten, stattdessen aber zunehmend auf die Vermittlung sogenannter »Handlungskompetenzen«. Zwar wird nur selten der Versuch gemacht, den dabei verwendeten Begriff »Kompetenz« einer bildungstheoretisch legitimierten und stringent nachvollziehbaren Bestimmung zuzuführen[4], bei kritischer Durchsicht der entsprechenden Appelle ist allerdings schnell klar, dass damit ganz wesentlich die Fähigkeit und Bereitschaft zur Adaption an die Prämissen der Selbstvermarktung angesprochen wird. Im Gegensatz zum Qualifikationsbegriff, der eng mit den konkreten Anforderungen bestimmter Berufe und Tätigkeiten verknüpft war und erst in Form der »Schlüsselqualifikationen«

28

eine berufsübergreifende Erweiterung erfahren hatte, ist der Kompetenzbegriff eher »subjektzentriert« und »zeichnet sich vor allem durch das Merkmal ›selbst organisiert‹ aus« (Höhne 2006: 300). Er fokussiert auf allgemeine Dispositionen von Menschen, die zu einer – im Sinne der historisch-gesellschaftlichen Gegebenheiten – adäquaten Bewältigung der lebensweltlichen Anforderungen erforderlich sind. In entsprechenden bildungspolitischen Absichtserklärungen wird immer wieder explizit auf Selbstlern- und Selbstorganisationsfähigkeit sowie Selbständigkeit und Selbstverantwortung Bezug genommen. Besonders die Fähigkeit zur Selbstorganisation wird dabei immer wieder als elementar für das Bestehen in den neuen Arbeits- und Produktionsverhältnissen hervorgehoben.

Lernen wandelt sich, wie Anna Tuschling in einem Text zum Lebenslangen Lernen zusammenfasst, zunehmend zu einer »Technik der Selbstführung mit dem Telos eines umfassenden Wandlungs- und Anpassungsvermögens«. Da Informationen mit Hilfe der Technik heute ohnehin jederzeit abrufbar sind, rückt das Was – der Wissensinhalt – zugunsten der Prozesshaftigkeit und das Wie des Wissenserwerbs immer mehr in den Hintergrund. »Was zählt ist die Kompetenz, sich in der entgrenzten ›Wissensgesellschaft‹ zurechtzufinden, das heißt Wichtiges von Unwichtigem unterscheiden, Pfade durch den Informationsdschungel schlagen und sich fortwährend auf Neues einstellen zu können. Übersetzt in die Sprache der Computer: Auf das Betriebssystem und die Software, nicht auf das Content-Management kommt es an. Der Lehrende wird zum Katalysator [scheinbar[5]] autonomer Lernprozesse, Unterrichten zum Beraten, Vermitteln und Mentoring« (Tuschling 2004: 155, 158). Ähnlich argumentiert Höhne in seiner schon erwähnten Analyse der Wissensgesellschaft: »Nicht mehr die expliziten, curricular vorgegebenen und an fixe Vermittlungsformen und -orte gebundenen Lerninhalte sind das Ziel von Aneignungsprozessen. Vielmehr sind es die impliziten, selbst organisierten, flexiblen und individuell zu bestimmenden

Lernprozesse, die in der Wissensgesellschaft angesagt sind«
(Höhne 2006: 302). Auch der Lernbegriff selbst erfährt mit der
Umdeutung von Lernen zu einem Prozess der Selbst-
modellierung im Sinne der Prämissen des Selbstunter-
nehmertums eine massive Ausweitung. »Er bezieht sich auf
organisiertes wie nichtorganisiertes, institutionelles wie nicht-
institutionelles, formelles wie informelles Lernen; er richtet
sich ohne Ausnahme an alle und jeden; er stellt nicht nur den
Anspruch an Einzelne, ein Leben lang zu lernen, sondern propagiert die ›lernende Gesellschaft‹. […] An die Stelle ehemali-
ger Curricula [tritt] ein fragmentiertes Lernangebot: modulari-
sierte, atomisierte Einzelkomponenten, die je nach Bedarf
aneinander angeschlossen oder ausgetauscht werden sollen.
Ihren Zusammenhang stiftet keine kritische Bildungstheorie,
sondern der jeweils erwünschte pragmatische Effekt« (Pongratz
2006: 167). Seine Legitimation bezieht das informelle, selbst-
gesteuerte und selbstorganisierte Lernen nicht aus der allen traditionellen Bildungstheorien immanenten Vorstellung eines
durch die reflektierte Auseinandersetzung mit den Tatsachen
der Welt zunehmend zu seiner Reife gelangenden Menschen,
sondern aus der Vorstellung, dass sich die Zielsetzung menschlicher Existenz darin erschöpft, unter gegebenen gesellschaftlichen Bedingungen möglichst erfolgreich »über die Runden«
zu kommen, indem man sein Dasein als Unternehmen betrachtet dessen Kurswert durch eine mittels Lernen erreichte
geschickte Positionierung am Marktplatz des Lebens positiv
oder negativ beeinflusst werden kann.
»Die Entfremdung und Ausbeutung des Menschen findet im 21.
Jahrhundert nicht mehr über autoritäre politische Strukturen
oder politische Ideologien statt, sondern über eine neue pädagogische Ideologie, die da heißt: lebenslanges und selbstorgani-
siertes Lernen« (Hufer/Klemm 2002: 101). Ziel des »neuen
Lernens« ist das Heranbilden des »flexiblen Menschen«
(Richard Sennett), den seine nachgiebige, formbare Identität
nicht bloß dazu befähigt, sich ganzheitlich den wechselnden

Anforderungen der informations- und kommunikationstechnologisch dominierten Arbeitswelt zu unterwerfen, sondern der die ihm zugemuteten Bedingungen der Verwertung gar nicht erst als Entfremdung wahrnimmt. In diesem Sinn geht es im sogenannten Bildungswesen nicht um die intellektuelle Auseinandersetzung mit den (neuen) Anforderungen im System der Arbeitskraftverwertung, sondern um das Herausbilden der Bereitschaft, mit diesem in einer »bejahenden Form« umzugehen, es geht um das Erwerben gesellschaftsadäquater »Überlebensstrategien«, nicht um Widerstand der den gesellschaftlichen Zumutungen entgegengesetzt werden könnte.

Selbstverständlich war es – wie schon ausgeführt – auch in Zeiten des Industriekapitalismus nicht das Ziel des Schul- und Ausbildungswesens, intellektuelle und widerständige Potentiale zu wecken, allerdings wandelt sich mit dem Bedeutungsverlust des Menschen als Träger formellen Wissens die Funktion organisierter Lernbemühungen noch einmal grundlegend. Das als Bildungswesen bezeichnete System der organisierten Anpassung von Menschen an die »Anforderungen der Gesellschaft« hat nun nicht mehr in erster Linie die Aufgabe der Weitergabe brauchbar machenden Wissens, eines Wissens, das – im Widerspruch zur Form seiner üblichen Vermittlung – immerhin die Grundlage mündig machender Bildung abgeben kann. Wenn mit Arbeitskräften, die sich ihrer Verwertung bloß *unterwerfen*, zunehmend »kein Geschäft mehr zu machen« ist, sondern solche erforderlich werden, die ihr Verwertungspotential *aus eigenem Antrieb* aktivieren, dann wird es zur primären Aufgabe des Schulsystem, eine derartige *Haltung* bei den Besuchern hervorzubringen.

Es ist nicht so sehr die Tatsache der »Zurichtung für die Verwertung«, die somit die großartige Neuigkeit hinter dem gegenwärtig an allen Ecken und Enden stattfindenden Umbaus des Bildungswesens darstellt – diese war auch bisher schon die oberste Prämisse des Bildungswesens. Spätestens seit Einführung der allgemeinen Schulpflicht, also vom Beginn seiner bürgerlichen Geschichte an, war das Bildungswesen untrennbar mit den Mechanismen der Warengesellschaft verbunden und darauf ausgerichtet, für die Gesellschaft nützliche Subjekte heranzuziehen, die über die Sicherung ihres eigenen wirtschaftlichen Auskommens hinaus einen möglichst hohen Beitrag zur Steigerung des Mehrwerts leisten. Bildung als die Befähigung von Menschen, potenziell dagegen, eigensinnig und herrschaftskritisch zu sein sowie gegebene Tatsachen, unabhängig von ökonomischen Nützlichkeitserwägungen, hinterfragen zu können, stellte im System gesellschaftlich organisierter Beschulung auch bisher bestenfalls den ideologischen Überbau dar. Allerdings war das Bildungswesen bisher notgedrungen Hauptlieferant der Ressource Wissen, die, *entgegen der hinter ihrer Vermittlung stehenden Absicht*, zur Grundlage (echter) Autonomie, kritischer Distanz und Mündigkeit werden konnte. Die Notwendigkeit der systematischen Wissensvermittlung verunmöglichte ein wirklich konsequentes Hintanhalten von Bildung und schuf die Möglichkeit, dass – zumindest fallweise und in Teilaspekten – »Bildung trotz Schule« (Fischer 1978: 178) stattfinden konnte. Der derzeit stattfindende Totalumbau des Bildungswesens, der sich in Maßnahmen der Veränderung der Lernorganisation, wie z.B. der Modularisierung oder dem sogenannten selbstverantwortlichen und selbstorganisierten Lernen, und in der zunehmenden Ausrichtung an ökonomisch determinierten Qualitätsvorgaben und zu erreichenden Standards inklusive der veränderten Verhaltenssteuerung der im Bildungswesen Tätigen widerspiegelt, untergräbt allerdings genau diese klammheimlich gegebene Möglichkeit der Verwirklichung von Bildung. Die durch Schulen, Ausbildungsstätten und Universitäten auch bisher schon zu erfüllende Funktion von Sozialisationsagenturen zur Herstellung von Warensubjekten erreicht durch die angesprochenen Maßnahmen des inneren und äußeren Strukturumbaus von Bildungsinstitutionen eine neue und deutlich nachhaltigere Dimension.

Der mit dem Übergang vom Industrie- zum Informationskapitalismus einhergehende Totalumbau der Strukturen von Schulen, Universitäten und Erwachsenbildungseinrichtungen zielt darauf ab, die Brauchbarkeit von Menschen auch unter den informationskapitalistisch veränderten Bedingungen der Verwertung aufrechtzuerhalten. Bildung ist aber nicht das Vermögen, sich einem System anzudienen und darin problemlos zu funktionieren; mit Bildung ist – im völligen Gegensatz dazu – die Selbstbefreiung des Menschen aus dem Kokon der Macht gemeint. Bildungsbemühungen, die diesen Namen zu Recht tragen, zielen somit auf die Entfaltung seiner widerständig-emanzipatorischen Potentiale. Das alles überstrahlende »Richtscheit des Werts« ist mit einer derartigen Ausrichtung von Bildung allerdings niemals zur Deckung zu bringen. Die Befähigung zu Kritik, Widerstand und eigensinnigem Handeln umfasst alle an Menschen herangetragene Zumutungen der Ausrichtung des Lebens und macht selbstverständlich auch vor der Verwertungsprämisse nicht Halt. Logischerweise steht der gebildete Mensch zuallererst seiner eigenen Verwertung kritisch gegenüber. Im Sinne der skizzierten, im Informationskapitalismus zunehmend gegebenen Notwendigkeit der Identifizierung mit der Verwertungslogik, korreliert Bildung letztendlich mit einer Verringerung des (Markt-)Werts. Der gängigen Nomenklatur entsprechend muss Bildung – als die Ermächtigung des Menschen zum eigensinnigen Leben – somit als wert-los bezeichnet werden; Bildung hat keinen Wert!

Anmerkungen

1   Die im Folgenden dargestellte Dichotomie von formellem und informellem Wissen folgt der Argumentation von André Gorz (2001: 5).

2   Das macht es z.B. möglich, über die ökologische Problematik beruflich verwendeter Materialien oder die sozialen Konsequenzen des beruflichen Handelns bzw. der privaten Lebensführung Bescheid zu wissen

und sich dennoch, ohne in ein inneres Dilemma zu geraten, im Sinne der allgemein üblichen »ökologischen und sozialen Gleichgültigkeit« zu verhalten.

3   Auch bisher schon gab es Berufe, bei denen überwiegend oder in hohem Maß fallbezogene Arbeiten durchzuführen waren. Dies gilt z.b. für Lehrer/innen, Sozialarbeiter/innen, Therapeut/innen, Kranken-pflegepersonen … Typisch für diese Berufe ist auch, dass die darin Tätigen auf ein besonders hohes Berufsethos verpflichtet werden – es wird von ihnen erwartet, dass sie die Motivation für ihren Beruf nicht primär aus der – meist sowieso eher niedrigen – Bezahlung schöpfen, sondern aus dem Wunsch, »etwas Gutes« tun zu wollen.

4   Siehe dazu ausführlich Müller-Ruckwitt 2008.

5   Die Ergänzung »scheinbar« erscheint mir hier dringend angebracht. Tatsächlich kann in diesem Zusammenhang ja kaum von Autonomie gesprochen werden, denn – wie in der Einleitung zum Buch »Bildung in der Kontrollgesellschaft« unter Hinweis auf Pongratz ausgeführt wird – »die Souveränität, die dem Subjekt (quasi in Gestalt einer paro-distischen Version des naiv-aufklärerischen Verständnisses), als ›unter-nehmerisches Selbst‹, als ›autopoietisches System‹ usw. aufgezwungen wird, verliert es im selben Atemzug wieder, weil sie von Nützlichkeitskriterien bestimmt ist, über die es selbst nicht verfügen kann.« (Bünger et.al. 2009: 9)

Literatur

Atzmüller, Roland (2004): Qualifikationsanforderungen und Berufs-bildung im Postfordismus. In: Bildung und Ausbildung. Prokla/ Zeitschrift für kritische Sozialwissenschaft, Jg. 34, Heft 137.

Bünger, Carsten/ Mayer, Ralf/ Messerschmidt, Astrid/ Zitzelsberger, Olga (Hg.) (2009): Bildung in der Kontrollgesellschaft. Analyse und Kritik pädagogischer Vereinnahmung. Paderborn.

Bröckling, Ulrich (2007): Das unternehmerische Selbst. Soziologie einer Subjektivierungsform. Frankfurt a.M.

Fischer, Wolfgang (1978): Schule als parapädagogische Organisation.

Kastellaun.

Freire, Paulo (1973): Pädagogik der Unterdrückten. Bildung als Praxis der Freiheit. Reinbeck b. Hamburg.

Fromm, Erich (1979): Haben oder Sein. Die seelischen Grundlagen einer neuen Gesellschaft. München.

Gorz, André (2001): Welches Wissen? Welche Gesellschaft? Textbeitrag zum Kongress »Gut zu Wissen«, Heinrich-Böll-Stiftung, 5/2001. http://www.wissensgesellschaft.org/themen/orientierung/welchegesellschaft.html (Mai 2009)

Gorz, André (2004): Wissen, Wert und Kapital. Zur Kritik der Wissensökonomie. Zürich.

Gorz, André (2009): Das Ende von etwas. In: DiePresse.com, 8.5.2009, http://diepresse.com/home/spectrum/zeichenderzeit/477665/print.do.

Höhne, Thomas (2006): Wissensgesellschaft. In: Dzierzbicka/Schirlbauer: Pädagogisches Glossar der Gegenwart, S.297-305. Wien.

Hufer, Klaus-Peter/ Klemm, Ulrich (2002): Wissen ohne Bildung? Auf dem Weg in die Lerngesellschaft des 21. Jahrhundert. AG SPAK Bücher – M 150 – Kleine Reihe, Neu-Ulm.

Lohoff Ernst (2006): Der Wert des Wissens. Grundlagen der Politischen Ökonomie des Informationskapitalismus. In: Krisis 31, Beiträge zur Kritik der Warengesellschaft, S.13-51. Münster.

Miegel, Meinhard (2001): Von der Arbeitskraft zum Wissen. Merkmale einer gesellschaftlichen Revolution. In: Merkur, 55/3.

Müller-Ruckwitt (2008): »Kompetenz« – Bildungstheoretische Untersuchungen zu einem aktuellen Begriff. Würzburg.

Pongratz, Ludwig A. (2006): Lebenslanges Lernen. In: Dzierzbicka/ Schirlbauer: Pädagogisches Glossar der Gegenwart, S.162-171. Wien.

Sennet, Richard (2006): Der flexible Mensch. Die Kultur des neuen Kapitalismus. Berlin.

Tuschling, Anna (2004): Lebenslanges Lernen. In: Bröckling/Krasmann/Lemke (Hg.): Glossar der Gegenwart, S.152-158. Frankfurt a.M.

Bildungsqualität –
was ist das und woher rührt
die grassierende Sorge um dieselbe?

Wer sich in facheinschlägigen Bibliotheken oder im Internet auf die Suche nach Veröffentlichungen macht, die sich mit »Bildungsqualität« beschäftigen, sieht sich mit einer unübersehbaren Zahl diesbezüglicher Texte konfrontiert. Die Sorge um die Qualität von Bildung scheint derzeit für nahezu alle gesellschaftlichen Gruppen ein zentrales Thema zu sein und so gibt es auch kaum ein pädagogisches Arbeitsfeld, für das sich nicht Unmengen von Stellungnahmen finden lassen in denen entweder eine Verbesserung der dort zum Ausdruck kommenden Qualität gefordert oder der Verlust derselben bedauert wird. Egal ob es um Vorschul- oder Schulpädagogik geht, um Fragen der Berufs- oder Universitätsausbildung, um das Lernen Erwachsener oder die Betreuung von Menschen mit besonderem Förderbedarf, in allen Fällen scheint aktuell eine besondere Notwendigkeit zur Optimierung der jeweiligen pädagogischen Arbeit zu bestehen. Begleitet ist die allenthalben zum Ausdruck gebrachte Sorge um die Bildungsqualität von Forderungen zur Einführung verbindlicher Qualitätsvorgaben, zur verbesserten Ausbildung und Kontrolle pädagogischer Praktiker, zur Einführung effektiverer Formen der Steuerung des pädagogischen Geschehens und vor allem zur laufenden Evaluation desselben.

Aber obwohl offensichtlicher Konsens darin besteht, dass eine Erhöhung der Bildungsqualität ein Gebot der Stunde sei, unterscheiden sich die in den diversen Stellungnahmen aus dem Qualitätsargument abgeleiteten Forderungen zum Teil grundlegend. Das ist auch gar nicht verwunderlich, denn tatsächlich findet – trotz des vordergründigen Einklangs in der Qualitätsforderung – kaum je eine Auseinandersetzung mit der

Frage statt, was denn unter mehr oder weniger guter Bildungsqualität konkret zu verstehen sei. Durchforstet man die riesige Zahl an Treffern, die eine Abfrage nach dem Stichwort »Bildungsqualität« auf Google ergibt, zeigt sich, dass dabei nahezu kein Text zu finden ist, in dem auch nur ansatzweise der Versuch gemacht wird, die inhaltliche Ausrichtung des Begriff klarzulegen! Fast durchwegs wird so getan, als ob die Kriterien, entlang derer eine mehr oder weniger gegebene Qualität im Kontext von Bildung identifiziert werden kann, derart offensichtlich wären, dass sich jede Diskussion über sie erübrigen würde. Tatsächlich lässt sich die Situation aber eher mit einer Textzeile aus Helmut Qualtinger's bekanntem Couplet, »Der Wilde mit seiner Maschin'« beschreiben: »I hab zwor ka Ahnung wo ich hinfahr', aber dafür bin i g'schwinder durt!« Von verschiedensten Seiten werden zwar die unterschiedlichsten Forderungen aufgestellt, wie möglichst effektiv eine hohe Bildungsqualität zu erreichen sei, kaum je wird aber klargelegt, worin sich dieselbe eigentlich konkret äußern soll – »Wir wissen zwar nicht, was Bildungsqualität ist, aber dafür wissen wir, wie wir sie besser erreichen!«

Bei »Bildungsqualität« handelt es sich offenbar um eines jener von Pörksens so genannten »Plastikwörter«, von denen er schreibt, dass sie griffige »Alltagsdietriche« darstellen, die als sprachlicher Universalschlüssel fungieren, indem sie nicht aus sich selbst heraus, aus der ihnen eigenen Begriffsbedeutung wirken, sondern primär durch die Kraft der Assoziationen, die sie wecken (Vgl. Pörksens 1988). Trotzdem, oder vielmehr gerade weil diese *buzzwords* einer eindeutigen Definition nur schwer zugänglich sind, dienen sie dazu, sich gegenseitig Einverständnis zu versichern, da »jeder zu wissen glaubt, oder zumindest glaubt, wissen zu sollen, was sie bedeuten« (Bröckling 2006: 7). Im Terminus »Plastikwort« verbindet sich laut Pörksens die Vorstellung von unendlicher Formbarkeit mit der einer geformten Stereotypie. Plastikwörter »rutschen durch, ohne anzuecken«, indem sie durch ihre scheinbare Plausibilität

38

unterschiedliche Interessen verdecken; die allerdings sofort offensichtlich würden, wenn von denen, die sich des »semantischen Jokers« bedienen, die diesem ihrer Meinung nach innewohnende inhaltliche Dimension offengelegt würde. Die bildungspolitische Diskussion ist (zumindest in Österreich) ganz besonders von der Verwendung derartiger Plastikwörter gekennzeichnet. Typische Beispiele dafür stellen Begriffe wie »Autonomie«, »Flexibilität«, »Mobilität«, »Kompetenz«, »Chancengleichheit«, »Humankapital«, »Soft skills«, »Employability« dar – und eben auch »Bildungsqualität« sowie damit zusammenhängende Begriffe, wie »Qualitätssicherung« oder »Qualitätsmanagement«.

Genaugenommen muss Bildungsqualität sogar in doppelter Hinsicht als Plastikwort bezeichnet werden. Denn sowohl »Qualität« als auch »Bildung« sind relative Begriffe – die Selbstverständlichkeit mit der mit ihnen argumentiert wird täuscht nur darüber hinweg, dass sie keine (allgemein akzeptierte) Definition aufweisen und von verschiedenen Personen auch durchaus unterschiedlich verstanden werden. Bildung stellt – zumindest im außerwissenschaftlichen Diskurs – überhaupt längst schon nur mehr eine inhaltsleere Pathosformel dar, die dem Verbrämen von Zielsetzungen dient, die aus den unterschiedlichsten Interessen abgeleitet sind. Weitgehende Einigkeit herrscht zwar darin, Bildung als Problemlöser für das Funktionieren der Gesellschaft und ihre Modernisierung zu beschwören, kaum je wird allerdings konkret auf den Punkt gebracht, an welchen besonderen Haltungen und Verhaltensweisen sich die gebildete Persönlichkeit beweisen würde. Entstanden als ein an spezifische *Interessen* geknüpfter Kampfbegriff, in dem das Bestreben des revoltierenden Bürgertums kulminierte, die Vormachtstellung im Staat zu erringen, ist Bildung zwischenzeitlich weitgehend zur schöngeistigen Staffage verkommen. Eine exklusive Bedeutung hat der Begriff längst eingebüßt, unabhängig von irgendeinem besonderen intellektuellen Anspruch wird er synonym zu besonderer sprachlicher Ausdrucksfähigkeit, großem lexikalischen Wissen sowie hohen und vor allem verwertbaren Abschlüssen im Schul- und Ausbildungssystems verwendet. Dass Bildung etwas mit derart »Gewöhnlichem«, wie Macht und Kampf um die Durchsetzung spezifischer sozialer Interessen zu tun haben könnte, ist den meisten Menschen heute völlig fremd und würde von ihnen wohl auch rundweg abgelehnt werden.

Auch jeder Versuch, Qualität definitorisch dingfest machen zu wollen, stößt schnell an Grenzen. Trotz der Selbstverständlichkeit mit der heute in den unterschiedlichsten gesellschaftlichen Bereichen mit Qualität argumentiert wird, ist nämlich keineswegs eindeutig, was mit dem Begriff gemeint wird. Entsprechende Ausführungen gehen von unterschiedlichsten Sichtweisen von Individuum und Gesellschaft aus, woraus sich selbstverständlich auch unterschiedliche Qualitätsumschreibungen ergeben. Letztendlich wurzeln alle Definitionen von Qualität in spezifischen Interessenslagen. Beispielsweise stellen sich die Maßstäbe der Qualität eines Studiums für Studierende völlig anders dar als für potenzielle Arbeitgeber der Absolvent/innen dieses Studiums. Während der Fokus für die einen – trotz des wohl immer auch vorhandenen Wunsches, durch ein Studium einen gut bezahlten Job zu erreichen – auf persönlichen Interessen, der Fähigkeit, sein Leben autonom gestalten zu können und angenehmen Studienbedingungen liegt, liegt er für die anderen im Heranbilden einer optimal verwertbaren Arbeitskraft. Verschiedene Expert/innen haben die Suche nach Definitionen und Theorien für Qualität deshalb überhaupt aufgegeben. Vroeijenstyn (Zit. nach Harvey/Green 2000: 36) meint diesbezüglich sogar: »Es ist Zeitverschwendung, Qualität definieren zu wollen.« Und Harvey/Green folgern, dass – weil es eben keine interessenunabhängige Qualitätsdefinition geben kann – das erreichbare Optimum im Qualitätsdiskurs darin besteht, »so klar und präzise wie möglich [zu] definieren, welche Kriterien eine bestimmte Interessensgruppe anwendet, wenn sie Qualität beurteilt und welche unterschiedlichen Sichtweisen zum Zug kommen, wenn Qualität eingeschätzt wird« (ebd.).

Qualität ist in ähnlicher Form subjektiv konnotiert, wie es Schönheit ist. Und obwohl jedem von uns Dinge manchmal besonders »schön« erscheinen, käme wohl kaum jemand auf die Idee, die »Schönheit« einer Sache, *objektiv* dingfest machen zu können. Wir wissen, dass wir möglicherweise zwar eine ganze Reihe beobachtbarer Merkmale benennen können, um zu untermauern, warum von uns beispielsweise ein bestimmtes Bild als »schön« wahrgenommen wird, es allerdings dennoch kein eindeutig identifizierbares, spezifisches Merkmal des Bildes gibt, das tatsächlich »Schönheit« darstellt. Genau deshalb erstaunt es uns üblicherweise auch kaum, dass ein und dasselbe Bild von manchen Menschen als schön und von anderen vielleicht sogar als abstoßend klassifiziert wird. Schönheit als ein objektiv feststellbares Phänomen existiert schlichtweg nicht – nur indem wir uns den verschiedenen, tatsächlich beobachtbaren Merkmalen des Bildes, wie zum Beispiel Pinselstrich, Farbverwendung oder Detailgenauigkeit, *wertend* gegenüberstellen, ist ein Klassifizieren in »schön« oder »weniger schön« möglich. In der gleichen Form ist auch »Qualität – auch wenn sie alltagssprachlich als Eigenschaft oder Merkmal eines Beurteilungs*gegenstandes* bezeichnet und aufgefasst wird – *keine beobachtbare Eigenschaft oder Beschaffenheit eines Objekts*, sondern *das Resultat einer Bewertung der Beschaffenheit eines Objekts*« (Heid 2000: 41). Von Qualität lässt sich nur reden auf Basis einer – mehr oder weniger bewusst vorgenommenen – Bezugnahme auf Beurteilungskriterien, die *aus einer bestimmten Interessenslage generiert* wurden. Die Beurteilungskriterien ergeben sich *nicht* aus der zu beurteilenden Sache selbst, sondern aus einer *wertenden Stellungnahme* zu dieser Sache, die auf Grundlage entscheidungsabhängiger Wertungs- oder Beurteilungskriterien erfolgt (Vgl. ebd. 42).

Eine derartige wertende Stellungnahme liegt auch dann vor, wenn einer Sache deshalb besondere Qualität bescheinigt wird, weil sie dem Zweck ihrer Erzeugung besonders gut entspricht; wenn also beispielsweise eine Uhr deshalb als qualitativ gut bezeichnet wird, weil sie die Zeit besonders exakt anzuzeigen imstande ist. Denn auch das in die Welt Setzen einer Sache passiert ja nicht zufällig, sondern stets aufgrund einer *von bestimmten Interessen motivierten Entscheidung*; und aus diesen Interessen leiten sich in weiterer Folge unmittelbar die Kriterien ab, entlang derer die mehr oder weniger gute Qualität der Sache feststellbar ist. Wenn beispielsweise – wie das hierzulande häufig geschieht – die hervorragende Qualität berufsbildender höherer Schulen mit dem besonders geringen Arbeitslosigkeitsrisiko der Absolvent/nnen dieses Schultyps begründet wird, leitet sich diese Argumentation aus einer spezifischen Vorstellung der Zwecksetzung der Schule ab: Schule hat als Zulieferinstanz für den Arbeitsmarkt zu fungieren, indem sie für die wirtschaftliche Verwertung optimal einsetzbare Absolvent/innen generiert. Eine Zwecksetzung, die den meisten Menschen heute zwar wahrscheinlich genauso selbstverständlich erscheint, wie diejenige der Uhr als exaktes Zeitmessgerät, die aber dennoch einer spezifischen und identifizierbaren *Interessenslage* entspricht und der Institution Schule nicht von vornherein und unhinterfragbar als Bestimmungsmerkmal anhaftet.

Dies gilt es im Bewusstsein zu behalten, wenn Qualität in Form einer Evaluation oder eines anderen Verfahrens »überprüft« wird – entscheidend ist stets, *wer mit welchem bzw. in wessen Interesse das überprüft*, was als Qualität ausgewiesen wird. Aufgrund der Tatsache, dass Qualität eben kein allgemeingültig definierbarer und »objektiv beobachtbarer« Untersuchungsgegenstand ist, ist sie einer Messung nur zugänglich, wenn vorab beobachtbare Kriterien festgelegt werden, die als Indikatoren für ihr mehr oder weniger gegebenes Vorhandensein gelten sollen. Im Festlegen dieser Kriterien kommt unmittelbar eine bestimmte Interessenslage zum Tragen – in der Regel vorgegeben durch das »erkenntnisleitende Interesse« des Auftraggebers der Evaluation. Jedes »Quantifizieren von Qualitativem« – also jedes Operationalisieren von empirisch prinzipiell nicht Erfassbarem – impliziert Macht in Form der Interpretationshoheit dessen, der die Messkriterien festlegt (Vgl. Markard 2005: 2). Aber genau diese bei jeder Qualitätsmessung (nicht nur im Kontext von Bildung) zum Tragen kommende Macht wird kaum je aufgedeckt. Und so bleibt es in der Regel im Dunkeln, »wes' Geistes Kind« die zur Anwendung kommende Vorstellung von Bildungsqualität ist. Sie wird als etwas Objektives suggeriert und es wird so getan, als ob die verwendeten Messkriterien »auf der Hand liegen« würden und keiner besonderen Legitimation bedürften.

Wenn somit sowohl Bildung als auch Qualität als Begriffe identifiziert werden können, die erst im Kontext spezifischer Interessen eine inhaltliche Dimension gewinnen, sollte die Tatsache, dass bei Auseinandersetzungen mit dem Thema Bildungsqualität meist nicht einmal in Ansätzen offengelegt wird, aus welcher Interessenlage argumentiert wird, allerdings besonders hellhörig machen. Denn im Sinne der Erkenntnis, dass »die herrschende materielle Macht der Gesellschaft [...] zugleich ihre herrschende geistige Macht« (Marx 1971: 110) ist, kann davon ausgegangen werden, dass die unreflektierte Verwendung derartig diffuser Begrifflichkeiten klammheimlich dem Erhalt gegebener gesellschaftlicher Strukturen in die Hände spielt. Die nicht offengelegte Ausrichtung des Phänomens Bildungsqualität bedient sehr wohl eine bestimmte Interessenslage, letztendlich wird damit das aktuelle politisch-ökonomische System – der Marktkapitalismus – in seinem Bestand abgesichert und in seiner Entwicklung vorangetrieben! Diese politisch-ökonomische Formation tritt derzeit – bedingt durch tiefgreifende technologische Umwälzungen, voranschreitende Globalisierung und zunehmende Verwertungsprobleme – in ein neues Stadium ihrer Entwicklung ein. Die damit einhergehende Verschärfung des Konkurrenzkampfes auf allen gesellschaftlichen Ebenen macht es notwendig, die

Indienstnahme des menschlichen Lernvermögens und des Bildungssektors im Sinne der Verwertungsprämisse zu intensivieren – die allenthalben zum Ausdruck gebrachte »Sorge« um die Bildungsqualität ist Ausdruck genau dieser Entwicklung.

Bröckling dechiffriert den Ruf nach mehr Qualität im Kontext von Bildung in diesem Sinn als »totale Mobilmachung« (Bröckling 2000) im Sinne der Marktideologie. In einer Gesellschaft, in der der Markt als oberste Regulierungsinstanz idealisiert wird und in der dementsprechend zunehmend nur mehr als relevant gilt, was sich in Tauschwertdimensionen ausdrücken lässt, bleibt als Maßstab für Qualität – letztendlich generell für »das Gute« – nur mehr das Kriterium des gewinnbringenden Verkaufs. Es wird immer schwerer, ökonomischen Wert und Qualität auseinanderzuhalten, schlussendlich werden diese zu Synonymen. Jede Frage, ob das, was da am Markt gehandelt wird, anderen, ökonomisch nicht erfassbaren, humanitären, ethischen oder moralischen (Qualitäts-)Gesichtspunkten entspricht, wird absurd. In diesem Sinn stellt der Appell nach Bildungsqualität nur eine andere Form der Forderung nach konsequenter Übertragung der Marktideologie auf die Fähigkeit des Menschen, sich lernend zu verändern, dar. Das menschliche Veränderungspotenzial soll radikal im Sinne der Verwertungsprämisse des Marktes mobilisiert werden. So wie der Erfolg von Unternehmen sich letztendlich an einem einzigen Kriterium bestimmt, daran, ob die Zahl, die am Ende einer Bilanz herauskommt, schwarz und möglichst groß ist, muss sich jede Art menschlichen Lernens – formales, nicht formales und informelles – in Form von materiell kalkulierbarem Gewinn niederschlagen.

Die so unschuldig daherkommende Forderung nach Bildungsqualität hat es quasi »faustdick hinter den Ohren«. Sie stellt ein »Killerargument« dar, das seine Schlagkraft aus der Vorstellung bezieht, dass Qualität – ähnlich wie Wahrheit oder Schönheit – ohne weiterer Erklärung als positiv und anstrebenswert zu klassifizieren sei. Zugleich lautet der suggestive Subtext aller entsprechenden Ausführungen, »was Bildungsqualität ist, darf als bekannt vorausgesetzt werden« (Vgl. Neumann 2009: 193). Die Forderung nach mehr Qualität im Kontext von Bildung lässt jede Frage nach einer weiteren Begründung als absurd erscheinen – wer sollte sich schon gegen die Verwirklichung bestmöglicher pädagogischer Praxis sperren? Positive Konnotation und scheinbare Plausibilität machen das Bildungsqualitätsargument zum optimalen Katalysator für eine den Maßgaben der verschärften Konkurrenz im fortgeschrittenen Kapitalismus entsprechende »Modernisierung« des Bildungswesens. Solange Qualität und Bildung hinsichtlich ihrer Interessensbezogenheit nicht »dekonstruiert« werden und ihnen nicht ihre künstliche Abstraktheit genommen wird, bleibt jede auf Bildungsqualität fokussierte Argumentation im Denkhorizont des gesellschaftlichen Status quo gefangen und muss notgedrungen in der Forderung nach einem optimal den aktuell gegebenen Verwertungsbedingungen entsprechenden Bildungswesen münden.

Es wurde schon kurz darauf hingewiesen, dass eine derartige »Modernisierung« des Bildungswesens eine Folge der aktuellen (krisenhaften) Entwicklung des Marktkapitalismus ist. Für die systemimmanent gegebene »Notwendigkeit«, die Mobilisierung des menschlichen Veränderungspotenzials im Sinne marktgemäßen Verhaltens derzeit mit allen Mitteln voranzutreiben, lässt sich eine ganze Reihe von Gründen identifizieren. Im Besonderen sind es die »neuen« Technologien, die für das nur auf Basis von Profitmaximierung und Wachstum überlebensfähige marktkapitalistische System einen veritablen Anpassungsdruck erzeugen. Da letztendlich ja nur über den Weg der Verwertung menschlicher Arbeitskraft Mehrwert generiert werden kann, erfordert die Tatsache, dass diese heute in großen Teilen der Wirtschaft technologisch substituiert werden kann, veränderte und vor allem intensivierte Formen ihrer Verwertung. War es bisher ausreichend, auf Arbeitskräfte mit bedarfsgemäß abgestuften Qualifikationen zugreifen und diese mittels Entlohnung und Kontrolle zu entsprechenden Arbeitsleistungen bringen zu können, lassen sich »Geschäfte« zunehmend nur mehr mit »Humankapital« machen, das sich selbständig und ohne extrinsische Motivation an die Kandare der Verwertung nimmt. Im Detail lässt sich die derzeit gegebene Notwendigkeit, das Bildungswesen mittels der »Qualitätssicherungskeule« im Sinne einer verstärkten Marktorientierung auf Vordermann zu bringen, an folgenden Entwicklungen identifizieren:

- Im globalen Konkurrenzkampf darum, sich als besonders geeigneter Ort der Kapitalverwertung zu präsentieren, wird der »Ausbildungsstand des Humankapitals« am jeweiligen Wirtschaftsstandort zunehmend zu einem ausschlaggebenden Faktor. Die in nationalen Strukturen gefangene Politik kommt in dieser Situation doppelt unter Druck: Sie muss verstärkt auf der Ebene des »Anlockens von Kapital« mittels besonders guter Verwertungsbedingungen agieren, zugleich stehen ihr aber zur Finanzierung von Maßnahmen der Beschulung und Qualifizierung nur beschränkte und zudem relativ abnehmende Ressourcen zur Verfügung. Dementsprechend ist es sowohl erforderlich, das Bildungswesen im Sinne von Zweck-Mittel-Relationen effektiver zu gestalten, als auch es wesentlich konsequenter als bisher am Ziel des Heranziehens von Arbeitskräften auszurichten, deren Qualifikationen dem Bedarf der ökonomischen Verwertung entsprechen und die die Notwendigkeit der permanenten Selbstoptimierung verinnerlicht haben.
- Informations- und Kommunikationstechnologien bringen »normbezogene (Routine-)Arbeiten« zunehmend zum Verschwinden. Bei allen Verrichtungen, die auf einem System vermittel-, trainier- und durch Überwachung steuerbarer Verhaltensweisen aufbauen, kann menschliche Arbeitskraft in anwachsendem Maß technologisch ersetzt werden. Menschen müssen in der Folge nur mehr bei so genannten »fallbezogenen Arbeiten« eingesetzt werden, das sind solche, bei denen nicht entlang eingelernter Vorgaben

agiert werden kann, sondern adäquates Verhalten – abhängig von der jeweiligen Situation und einem verinnerlichten Berufsethos entsprechend – vor Ort zu entwickeln ist. Die Durchführung derartiger Arbeiten lässt sich allerdings in traditionellen hierarchischen Strukturen nur sehr eingeschränkt steuern und kontrollieren. Deshalb sind zunehmend Arbeitskräfte gefragt, die gelernt haben, auch ohne permanente Aufsicht und Kontrolle im Sinne der Verwertungsvorgaben zu agieren[1]. Die unter dem hehren Ziel der »Qualitätssicherung« firmierenden Maßnahmen zur »Gleichschaltung der Köpfe im Sinne der Konkurrenzlogik« erfüllen für die postindustrielle Gesellschaft damit gewissermaßen eine ähnliche Funktion, wie sie die »Normierung technischer Produkte« für die industrielle Gesellschaft hatte. Die durch globalen Konkurrenzkampf, technologisch bedingte Produktivitätsfortschritte und intensivierte Arbeitsorganisation massiv verschärften Kapitalverwertungsbedingungen (Stichwort: Tendenzieller Fall der Profitrate) erzwingen immer kürzere Innovationszyklen sowie ein permanentes »Bearbeiten der Märkte«. Unternehmen können sich am Markt zunehmend nur mehr behaupten und den Shareholdern eine »ausreichende« Rendite bieten, indem durch ständiges »Modernisieren der Marktpräsenz« daran gearbeitet wird, »Kund/innen« zu halten bzw. neue zu gewinnen. Das lässt sich allerdings kaum mit »Mitarbeiter/innen« bewerkstelligen, die sich bloß »als Arbeitskraft verkaufen« und im Sinne von Vorgaben (nur) brav das tun, was ihnen angeschafft wird. In diesem Sinn zielen Qualitätssicherungsmaßnahmen implizit darauf ab, den in der Moderne entstandene Typus des »Arbeit*nehmers*« zum »Selbst*unternehmer*« umzuwandeln, einer Arbeitskraft, die sich »selbständig und ganzheitlich« – mit all ihren körperlichen, intellektuellen, kreativen, emotionalen … – Fähigkeiten in den Verwertungsprozess einbringt – ohne diesen selbst allerdings jemals zu hinterfragen.

• Eine auch in anderen Bereichen der Gesellschaft beobachtbare, verschiedentlich als Demokratisierung missdeutete »Freiheit«, zwischen sich in ihrem bestimmenden Kern kaum unterscheidenden Varianten einer Sache wählen zu können, erfasst zunehmend auch den Bildungsbereich. Unter dem verführerischen Kürzel »Kundenorientierung« wird Bildungseinrichtungen der Nimbus von Dienstleistungsunternehmen übergestülpt und suggeriert, dass diese an den Interessen der Teilnehmer/innen – den *vorgeblichen* Kund/innen – orientiert seien. Indem Veränderungen mit im Rahmen von Evaluationen vordergründig geäußerten Wünschen der Besucher/ innen nach Qualitätsverbesserungen legitimiert werden, werden diese zu »Stakeholdern« des Bildungsbereichs hochstilisiert. Geflissentlich vergessen wird dabei, dass Wünsche von Menschen keineswegs unabhängig von dominierenden Ideologien existieren. Im aktuell gegebenen Konkurrenzsystem ist konkurrenzorientes Verhalten ein wesentlicher Teil der »Normalpersönlichkeit«. Im Sinne der Tatsache, dass am Markt ausgerichtetes Wissen und Können einen Konkurrenzvorteil darstellt, wird die Qualität von Bildungs-(Dienstleistungs-) einrichtungen durch den »Normalbürger« logischerweise danach beurteilt, in welchem Ausmaß dort entsprechende Kompetenzen vermittelt werden. Der Normalbürger wünscht sich, bzw. muss sich wünschen, unter den ihm auferlegten Bedingungen optimal »über die Runden zu kommen«. Sein Ziel ist es nicht, »gegen den Stachel löcken« zu lernen – schließlich erfordert ein »eigensinniges« Leben Mut, korreliert allerdings durchaus mit emanzipatorischen Vorstellungen von Bildung!

Anmerkungen

1 Siehe dazu den Text »Wissen ist keine Ware – Bildung hat keinen Wert« in diesem Buch.

Literatur

Bröckling, Ulrich (2000): Totale Mobilmachung. Menschenführung im Qualitäts- und Selbstmanagement. In: Bröckling/Krasmann/Lemke (Hg.): Gouvernementalität der Gegenwart. Suhrkamp, Frankfurt/Main, S.131-167.

Bröckling, Ulrich (2006): Vorwort zu: Dzierzbicka/Schirlbauer (Hg.): Pädagogisches Glossar der Gegenwart. Von Autonomie bis Wissensmanagement. Löcker, Wien, S.7-9.

Harvey, Lee/ Green, Diana (2000): Qualität definieren. Fünf unterschiedliche Ansätze. In: Helmke/ Hornstein/ Terhart (Hg.): Qualität und Qualitätssicherung im Bildungsbereich... (Zeitschr. f. Päd., 41. Bh.). Beltz, Weinheim/ Basel, S.17-39.

Heid, Helmut (2000): Qualität: Überlegungen zur Begründung einer pädagogischen Beurteilungskategorie. In: Helmke/ Hornstein/ Terhart (Hg.): Qualität und Qualitätssicherung im Bildungsbereich... (Zeitschr. f. Päd., 41. Bh.). Beltz, Weinheim/ Basel, S.41-53.

Markard, Morus (2005): Wohlabgerichteter Hund, nutzbare Maschine. »Qualität« und »Standardisierung« als Krämerpolitik. In: Forum Wissenschaft 1/2005, http://www.bdwi.de/forum/archiv/archiv/97723.html (August 2009).

Marx/Engels (1971): Feuerbach, Fischer Verlag, Frankfurt/Main.

Neumann, Sascha/ Honig, Michael-Sebastian (2009): Das Maß der Dinge. Qualitätsforschung im pädagogischen Feld. In: Friebertshäuser/ Rieger-Ladich/ Wigger (Hg.): Reflexive Erziehungswissenschaft. Forschungsperspektiven im Anschluss an Pierre Bourdieu. Verlag für Sozialwissenschaften, Wiesbaden, S.191-210.

Pirsing, Robert M. (1978): Zen und die Kunst ein Motorrad zu warten. Fischer TB-Verlag, Frankfurt/Main.

Pörksens, Uwe (1988): Plastikwörter. Die Sprache einer internationalen Diktatur. Klett-Cotta, Stuttgart.

Vom sinnlosen Arbeiten
zum sinnlosen Lernen

Es gilt heute als selbstverständlich, dass die Wettbewerbsfähigkeit von Volkswirtschaften in hohem Maß mit dem Bildungsstand der Erwerbsbevölkerung korreliert. Und der wirtschaftliche Erfolg wird seinerseits wieder als Voraussetzung für positive Entwicklungen hinsichtlich nationalem Lebensstandard, Beschäftigungsniveau, individueller Chancen und sozialer Bedingungen gesehen. Neben den drei klassischen Wirtschaftsfaktoren, Grund und Boden, Finanzkapital und Arbeit, wird gegenwärtig dem als »Humankapital« bezeichneten Qualifikationsprofil der Erwerbstätigen größte Bedeutung für die Prosperität der nationalen Ökonomie zugesprochen.

Dementsprechend werden Bildungsausgaben heute nahezu ausschließlich als *Investition ins Humankapital* argumentiert; eine Investition, die sich angeblich für alle rentiert. Die entsprechend qualifizierten Arbeitskräfte – so wird behauptet – profitieren in Form gesteigerter Arbeitsplatzchancen und höherer Löhne, »die Wirtschaft« darf mit optimierten Produktionsmöglichkeiten als einer wesentlichen Voraussetzung für eine verbesserte Kapitalverwertung kalkulieren. Bildung wird damit letztendlich zu einer Größe hochstilisiert, die den Interessen von »Käufern und Verkäufern von Arbeitskraft« gleichermaßen entgegenkommt und den kapitalistischen Gesellschaften immanenten Gegensatz von Kapital und Arbeit gleichsam auflöst.

Noch vor knapp mehr als 30 Jahren wurde eine derartige Verknüpfung der beiden Dimensionen »Bildung« und »Ökonomie« vom bekannten deutschen Sozialwissenschaftler Elmar Altvater äußerst kritisch kommentiert. Er meinte damals in einem seiner Texte: »Wenn im Begriff der Bildung noch ganz in humanistischer Tradition Menschenbildung, Fähigkeit zur Reflexion in Einsamkeit und Freiheit, als Konstitution des autonomen bürgerlichen Individuums ... erscheint, so [offenbart sich] im Begriff der Ökonomie dieser Bildung das Moment der Ausbildung, der Konditionierung des Individuums für die Berufspraxis innerhalb einer Gesellschaft mit differenzierter Arbeitsteilung und – dies vor allem – *des Kalküls von Kosten und Nutzen*, die eine spezifische Ausbildung verursacht (Altvater 1971: 77).

In der Zwischenzeit scheint jedoch der Gedanke, dass der Begriff Bildung auf mehr und anderes abzielt, als auf das Erwerben arbeitsmarktrelevanter Qualifikationen, aus dem allgemeinen Bewusstsein weitgehend verdrängt zu sein. Das Bildungssystem wird heute nahezu ausschließlich als Zulieferinstanz für das ökonomische Geschehen gesehen. Der traditionelle ideologische Überbau von Schule, Universität und Erwachsenenbildung, die Orientierung an »umfassender Bildung«, ist weit in den Hintergrund getreten. Es geht einzig noch um die Vermittlung von (Schlüssel-)Qualifikationen, die die neuerdings als »Arbeitskraftunternehmer« apostrophierten, subjektförmigen Elemente des Verwertungsprozesses zur optimalen Selbstvermarktung befähigen sollen.

Seit der transnationale Kapitalismus die Nationalstaaten immer stärker in einen Konkurrenzkampf um die maximale »Kapitalverwertungsfreundlichkeit« zwingt und der Spielraum für politische Entscheidungen, die nicht der Marktlogik untergeordnet sind, rasch abnimmt, werden auch Argumentationen den Bildungsbereich betreffend, immer selbstverständlicher von »ökonomischer Rationalität« (Gorz 1989) bestimmt. Diese einseitig ökonomische Betrachtungsweise von Bildung führt dazu, dass gesellschaftlich organisiertes Lernen heute nahezu ausschließlich an beruflicher Brauchbarkeit orientiert ist und somit im Kern auch *immer berufliche Bildung* darstellt.

Genau das ist der Grund, warum dem permanent vorgebrachten Appell zum lebenslangen Lernen mit größter Skepsis begegnet werden muss. Das da quasi bis zum letzten Atemzug eingeforderte Lernen soll ja – sozusagen per Definition – nicht dazu dienen, Menschen zur selbstbewussten und mündigen Teilhabe an der Gestaltung des Zusammenlebens zu befähigen. Sein Ziel besteht darin, »brauchbare« – ökonomischen verwertbare – Arbeitskräfte zu schaffen. Das lebenslänglich abverlangte Lernen soll Menschen in die Lage versetzen, als Rädchen in einem politisch-ökonomischen System zu funktionieren, dessen Triebkraft »Verwandlung von Geld in mehr Geld« und sicher nicht »Humanisierung der Welt« heißt. Lernen soll keinen Akt der Befreiung in Gang setzen, sondern einen der Unterwerfung. Ziel ist das Akzeptieren der Entfremdung, durch die das Leben in der von Wachstums- und Profitraten diktierten Ökonomie definiert ist.

Es findet heute wohl kaum mehr eine schulische oder universitäre Abschlussfeier statt, bei der nicht zumindest von einem der Redner/innen verkündet wird, dass der aktuell erreichte Bildungsabschluss bloß ein Zwischenschritt im lebenslangen Lernprozess sei und es sich niemand leisten könne, sich nunmehr vom Lernen zurückzuziehen. Wer am Ball bleiben und im allgegenwärtigen Konkurrenzkampf um attraktive gesellschaftliche Positionen nicht hoffnungslos in's Hintertreffen geraten wolle, muss sich ständig lernend fit halten um möglichst viele der aktuell jeweils geforderten Qualifikationen nachweisen zu können. Ganz in diesem Sinn gilt es auch als selbstverständlich, dass Arbeitslose nicht einfach ihre für diesen Fall vorgesehene Versicherungsleistung in Anspruch nehmen und im Übrigen darauf warten dürfen, einen neuen Arbeitsplatz zu finden. Vielmehr ist klar, wer aus dem Arbeitskraftverwertungsprozess herausfällt, muss sich in die Lernmaschinerie einklinken.

Die gegenwärtige Idealisierung des lebenslangen Lernens ist von der Sichtweise des Lernens als ein systematisches Herstellen von Humankapital nicht zu trennen. Permanent gelernt soll werden, um die am Arbeitskräftemarkt aktuell nachgefragten Qualifikationen anbieten zu können. Ziel ist »Employability«, ein Begriff, der den Zwang zur permanenten Anpassung an die ökonomischen Verwertungsvorgaben, dem

Arbeitskräfte in der Marktgesellschaft unterliegen, nur allzu deutlich macht. Dass mit dem Slogan vom »lebenslangen Lernen« einmal etwas ganz anderes gemeint war, als das laufende »Update von Humanverwertungseinheiten«, scheint vergessen. Was heute angesprochen wird, wenn von lebenslangem oder – noch ein wenig diffuser – von lebensbegleitendem Lernen gesprochen wird, hat jedenfalls mit dem humanistischen Ideal, mit der Hoffnung, dass Menschen durch den Erwerb von Wissen zu einer vernünftigen Lebensgestaltung befähigt werden, nichts zu tun. Mit lebenslangem Lernen wird nicht die Möglichkeit einer lebenslangen »Erweiterung des Horizonts« angesprochen, sondern bloß der Zwang zur »lebenslänglichen Anpassung«.

Das moderne Arbeitsethos, das dadurch charakterisiert ist, dass es sich weitgehend vom existenziellen Problem des Menschen, seinem Dasein Sinn geben zu wollen (ohne die Sinnfrage allerdings rational je schlüssig beantworten zu können) abgekoppelt hat, hat auf das Lernen übergegriffen. War seit etwa zwei Jahrhunderten gewissermaßen versucht worden, die »Folgen des Sündenfalls« durch Arbeit zu kompensieren, wird der Weg zum Heil neuerdings im Lernen gesucht. Der aktuelle Rückgang an Erwerbsarbeitsplätzen macht ein Glorifizieren des dem Arbeitszwang unterworfenen Lebens immer fragwürdiger, stattdessen erfährt nun der lebenslange Lernzwang eine Idealisierung. Das Lernen unterliegt derzeit einer ähnlichen Umdeutung, wie sie vorher dem Arbeiten widerfahren ist.

Bis an die Schwelle zur Neuzeit war Arbeit – als die traditionelle Bezeichnung für *fremdbestimmtes* Tun (!) – ja aus der Perspektive des biblisch vermittelten, göttlichen Fluchs wahrgenommen worden. Sie galt als eine den Menschen auferlegte bittere Notwendigkeit, als »Notdurft des Daseins«, der sich jeder, der es sich leisten konnte, entzog. Erst danach setzte ein Prozess ein, in dessen Verlauf Arbeit zunehmend »geadelt« wurde. Indem das Besondere am Menschen immer weniger in seiner unsterblichen Seele und immer mehr in seiner Fähigkeit

54

gesehen wurde, das Schicksal durch Intelligenz und Willenskraft zu gestalten, wurde Arbeit zur neuen Definitionsgröße des Menschen. Sie wurde zu jenem Faktum umgedeutet, das – wie es Friedrich Engels später einmal formuliert hat – aus Affen Menschen gemacht hat. Ihren Ursprung hatte diese neue Sichtweise von Arbeit in der frühen Neuzeit, mit den bürgerlichen Revolutionen des 18. und 19. Jahrhunderts begann sie sich auf breiter Front durchzusetzen und um die Wende zum 20. Jahrhundert erreichte sie – unter tatkräftiger Unterstützung der Arbeiterbewegung – schließlich ihre heutige allgemeine Akzeptanz.

Die Arbeiterbewegung hat – im wahrsten Sinne des Wortes – aus der Not ihres Klientels eine Tugend gemacht, indem sie die »feudale parasitäre Faulheit« endgültig desavouiert und das bürgerliche Leistungsstreben nachhaltig in den Köpfen der Menschen verankert hat. In einer beispiellosen Überhöhung der Ideologie ihrer Unterdrücker deutete sie den geknechteten und unterdrückten Arbeiter zum Heroen der Geschichte und die entfremdete Arbeit zum Hohelied des Industriezeitalters um. Letztendlich wurde damit die soziale Disziplinierung durch Arbeit – im Kontext profitorientierter Ökonomie (!) – zu etwas hochstilisiert, um das es sich zu kämpfen lohnt. Arbeit hatte sich von der Bindung an die Bedürfnisbefriedigung losgelöst und war damit zu einem »Zweck an sich« geworden – die Arbeitsgesellschaft war etabliert (Vgl. Ribolits 1997).

Als Folge dieser Entwicklung zählt heute der *qualitative* Inhalt des Arbeitens vom Standpunkt der Arbeitskrafteigner genauso wenig wie vom Standpunkt der Kapitalbesitzer. Es geht einzig um »Arbeitsplätze« und um »Beschäftigung«. Was und wofür und mit welchen humanen, sozialen oder ökologischen Folgen produziert wird, ist denen, die vom Verkauf ihrer Arbeitskraft leben müssen, letzten Endes genauso gleichgültig, wie es den Käufern der »Ware Arbeitskraft« gleichgültig ist. So wie es den einen einzig um ihre Gewinne geht, geht es den anderen nur um ihr materielles Überleben. Die Frage nach einem darüber hinausgehenden Sinn des Arbeitens, oder die Forderung nach einer gesellschaftlichen Ordnung, in der Arbeit aus ihrer Selbstzwecksetzung befreit ist, befindet sich längst außerhalb des allgemeinen Denkhorizonts.

Wenn im Zusammenhang mit Arbeit der Begriff »Sinn« überhaupt noch angebracht ist, dann erschöpft sich dieser für die weitaus überwiegende Zahl aller Beschäftigten einzig und allein in der Entlohnung. Was Günther Anders schon vor fast 30 Jahren in seinem Buch »Die Antiquiertheit des Menschen« aus dieser Tatsache gefolgert hat, gilt damit heute mehr denn je. »Da die Mehrheit unserer in den hochindustrialisierten Ländern lebenden Zeitgenossen nur diesen Sinn [des Geldverdienens im Arbeiten] noch kennen und auch nur noch kennen können, müssen wir von dieser Mehrzahl sagen, sie führen ein sinnloses Leben.« Wobei allerdings auch Anders einräumen musste, »dass das ›sinnlose Arbeiten‹ zwar nicht sinnvoller, aber doch wohl *erträglicher* ist, als das sinnlose Herumvegetieren der Arbeitslosen, denen nicht einmal sinnloses Arbeiten vergönnt ist.« Und so fasste er seine Kritik am sinnlosen Arbeiten mit der sarkastischen Bemerkung zusammen: »Es gibt nichts Herzzerreißenderes als das Heimweh der Arbeitslosen nach den guten alten Zeiten, in denen sie noch hatten sinnlos arbeiten dürfen« (Anders 1980: 364).

Ganz in diesem Sinne wird derzeit auch von allen Seiten neue Arbeit herbeibeschworen. Denn, auch wenn sie sich sonst recht uneins gebärden, in diesem Punkt sind sie sich alle politischen Gruppierungen und Interessensvertretungen einig: Ziel der Politik hat das Schaffen neuer Arbeitsplätze zu sein. Die einen wollen die neue Arbeit *durch Umweltmaßnahmen* schaffen, die anderen durch die *Deregulierung der Wirtschaft* und die dritten versprechen sie sich von einer *offensiven Standortpolitik*. Alle politischen Slogans weisen in dieselbe Richtung: *Ganz egal wie und ganz egal welche – Hauptsache es gibt Arbeit!* Dass vor noch nicht allzu langer Zeit den Menschen jede Arbeit – sogar die unmittelbare Bedürfnisse stillende – als *Fluch* gegolten hatte, können die um den Preis ihrer gesellschaftlichen Deklassierung an die sinnlose Arbeit geketteten Menschen heute einfach nicht mehr nachvollziehen.

Diese Situation stellt den ideologischen Untergrund dafür dar, dass dem Versprechen, durch permanentes Lernen ließe sich neuer Arbeit herbeischaffen, heute weitgehend unhinterfragt geglaubt wird. Inzwischen werden riesige Summen aus den einbehaltenen Arbeitslosenversicherungsbeiträgen für Weiterbildungs- und Umschulungsmaßnahmen abgezweigt. Trotz des allgemein verbreiteten Evaluierungswahns versucht man interessanterweise kaum je zu überprüfen, ob diese Geldmittel auch tatsächlich irgend einen Einfluss auf die Arbeitslosenquoten haben. Wer nicht bereit ist, sich dem Qualifizierungsdiktat zu unterwerfen, dem werden umgehend die Leistungen aus der Arbeitslosenversicherung gekürzt oder gleich ganz gestrichen. Der Zentralslogan der Arbeitsgesellschaft, dass, wer nicht arbeitet, auch nicht essen soll, wurde erweitert: Wessen Arbeitskraft gerade nicht gebraucht wird, der hat nur dann ein Recht auf Essen, wenn er bereit ist, den wechselnden Qualifikationserwartungen des Arbeitsmarktes hinterher zuhecheln.

An die Stelle des sinnlosen Arbeitens tritt für immer mehr Menschen sinnloses Lernen. Das gebetsmühlenhaft vorgebrachte Bekenntnis zum lebenslangen Lernen stellt bloß die aktualisierte Ausformung des allgemein verinnerlichten Arbeitsethos dar. Und genauso wenig wie heute der qualitative Inhalt des Arbeitens thematisiert wird, wird nach dem qualitativen Aspekt des Lernens gefragt. Kaum wird jemals die Frage nach Bedingungen des Lernen gestellt, die Menschen ermöglichen würden, selbstbewusst und mündig zu werden und ihnen dabei helfen könnten, gesellschaftliche Zustände zu durchschauen oder mitzuentscheiden, was unter welchen Bedingungen und mit welchem Ressourceneinsatz produziert wird. Lernen dient nicht der Förderung selbstbewusster Individuen sondern der *bewusstlosen* Anpassung. Dem gesamtgesellschaftlichen Monopol des Habens über das Sein entsprechend, wird auch die Lernfähigkeit des Menschen der Dimension des Habens zugeschlagen.

Der Bildungsbegriff war ursprünglich das Synonym für die Idee, dass der Mensch sich nicht bloß in quantitativer Form, sondern qualitativ von anderen Lebewesen unterscheidet. Er ist ja jenes Wesen, das durch die Natur nur in geringem Maß in die engen Bahnen streng vorgegebener Entwicklung und Verhaltensweisen gezwungen wird. Der Mensch ist grundsätzlich *frei*, er ist in der Lage, über seine Existenzweise autonom und mündig zu entscheiden. Er ist zwar selbst Teil der Natur und von ihr abhängig, zugleich ist er aber auch in der Lage, diese Abhängigkeit durch reflektiertes Handeln zu relativieren. Dazu braucht er einerseits Wissen über die ihn umgebende Welt und andererseits Vorstellungen über einen verantwortungsvollen Einsatz dieses Wissens.

Bildung zielt in seiner ursprünglichen Begriffsbedeutung auf eine »Freisetzung des Denkens«. Wurde auf die Bildungsidee rekurriert, ging es niemals bloß um ein Training des Denkvermögens, also darum, dass das Gehirn quasi »auf Knopfdruck« komplizierteste Aufgaben im Rahmen fremdbestimmter Vorgaben erledigen kann. Der Bildungsbegriff hat sich traditionell nicht in der Förderung eines »instrumentellen Gebrauchs« der Vernunft erschöpft. In ihm schwang vielmehr stets die Vorstellung eines zur fortschreitenden Entfaltung seiner Menschlichkeit gelangenden Menschen mit; eines Menschen, der Kraft seines Reflexionsvermögens seine prinzipielle Freiheit »entdeckt« und sich damit zunehmend von Abhängigkeiten emanzipiert.

Der Mensch kann sich und sein Verhalten zum Inhalt seines Denkens machen und er kann sein Verhalten an Kriterien messen, deren Wert er durch vernünftige Reflexion erkannt hat. Sein Gehirn ist nicht bloß ein gewaltiger Informationsspeicher – quasi ein biochemischer Supercomputer –, der Informationen im Sinne irgendwelcher, ihm quasi »von außerhalb« auferlegter

Regeln verknüpft. Der Mensch hat die prinzipielle Fähigkeit, bewusst zu entscheiden, ob und in welcher Form er sein Wissen verwerten will. Er ist also nicht bloß zu einem *instrumentellen* Gebrauch seiner Vernunft fähig, er kann sein Wissen selbstreflexiv anwenden. Das heißt, der Mensch kann – und muss in letzter Konsequenz auch – für sein Tun und Lassen Verantwortung übernehmen.

Aber auch die Kriterien des verantwortungsvollen Lebens sind dem Menschen nicht vorgegeben, sie können nur im gesellschaftlichen Diskurs entwickelt werden. Nur gebildete Menschen, die bereit sind, Wissen selbstreflexiv und nicht bloß zum eigenen materiellen Vorteil einzusetzen, können zu einem derartigen Diskurs etwas beitragen. In diesem Sinn meint Bildung ein Heraustreten aus der Sphäre des bloßen Nutzens. Über Bildung gewinnt sich der Mensch selbst als freies Wesen und ist – wie es der deutsche Erziehungswissenschafter Heinz-Joachim Heydorn (1979: 10) einmal formuliert hat – in der Lage zu erkennen, dass die Ketten die ihm ins Fleisch schneiden, *vom Menschen* und nicht von einem unentrinnbaren Schicksal *angelegt* sind, es somit aber auch möglich ist, sie zu sprengen. Ein derartiges, zur Selbstbefreiung befähigtes Subjekt wird durch ein Lernen, das am Ziel der Anpassung ausgerichtet ist, allerdings sicher nicht gefördert. Ein solches Lernen ist letztendlich nur ein Beitrag zur Entmündigung. Ein Lernen, das nicht an der Vorstellung des gebildeten – sprich: selbstbestimmungsfähigen – Individuums ausgerichtet ist, verkommt genauso zu einer sinnentleerten Tätigkeit wie das Arbeiten, das sich vom Ziel der Bedürfnisbefriedigung entkoppelt hat.

Je mehr Bildung zum Ausleseinstrument im Konkurrenzsystem degeneriert, desto mehr reduziert sie sich auf den Charakter von Zurichtung. Hatte das neuzeitliche Denken einst den Anspruch erhoben, die Unterwerfung menschlichen Lebens unter höhere Mächte aufzubrechen, wird die Fähigkeiten zur vernünftigen Reflexion nun ihrerseits zum Anhängsel des gegenwärtig allgemein verehrten »Gottes Markt« degradiert. Der Markt gewährt seine Gunst jedoch nicht jenen, die ihr menschliches Potenzial zu möglichst hoher Vollendung gebracht haben, sondern jenen, die sich möglichst gut den von den Einkäufern diktierten Bedingungen unterwerfen. Was im Zusammenhang mit Lernen deshalb heute nur noch zählt ist der Tauschwert – die Frage also, wieweit Menschen durch Lernprozesse *marktgängiger* werden.

Damit verkehrt sich der angesprochene Gehalt von Bildung schlussendlich in sein völliges Gegenteil. Die weiter benützte Begriffsfassade dient dazu, der Reduzierung des Menschen auf den Status eines »intelligenten Tieres« Geltung zu verschaffen. Es geht bloß noch um *Qualifizierung* – das Brauchbarmachen des Menschen für die Erfordernisse seiner profitablen Verwertung. Der heute permanent vorgebrachte Hinweis auf die Wichtigkeit des »Bildungsfaktors« für das wirtschaftliche Geschehen einschließlich dem schönen Slogan vom lebenslangen Lernen legt somit nur offen worum es tatsächlich geht: nicht um die »Bildung von Individuen«, sondern einzig um die »Bildung von Kapital« durch die qualifikatorische Zurichtung der Subjekte hin auf den Bedarf der potenziellen Käufer der Ware Arbeitskraft.

Bildung und Qualifizierung stehen zueinander gewissermaßen im selben Verhältnis wie Liebe und Sexualität. Sex, Zärtlichkeit und Freundlichkeit sind nicht gleichzusetzen mit Liebe, sie stellen gewissermaßen bloß deren quantifizierbaren Anteil dar. Auch Qualifizierung kann in diesem Sinn als der quantifizierbare Anteil von Bildung charakterisiert werden. Und genauso wie sich Liebe nicht zur Ware machen lässt, Sex und Schmeichelei hingegen durchaus zum Verkaufsangebot im Rahmen der Profitökonomie werden können, lässt sich auch aus Bildung kein Geschäft machen; Qualifizierung dagegen lässt sich durchaus den Profitmechanismus der Warengesellschaft unterordnen.

Fallweise wird heute noch idealisierend gemeint, dass Bildung

Macht sei. Die Aussage spricht allerdings bloß an, dass jene, die durch ein erfolgreiches Durchlaufen des Bildungssystems viel von der »Ware Qualifikation« anhäufen konnten, damit die Macht gewinnen, sich mehr als andere im Warenhaus der Marktgesellschaft bedienen zu können. Mächtig sind jene, die hohe Schul- und Universitätsabschlüsse nachweisen können, nur innerhalb der »Ideologie des Habens«, weil sie mehr von jenem Handelsgut Qualifikation besitzen, das sie – jedoch nur solange eine entsprechende Nachfrage am Markt besteht – in Geld und soziales Ansehen eintauschen können. Auch für sie geht es keineswegs um Bildung, deren Gebrauchswert in der Befriedigung des menschlichen Bedürfnisses nach Wachstum und Entwicklung liegen würde, sondern darum – selbst zur Ware reduziert – zum Wachstum der Kapitalrendite beizutragen.

Der Kapitalismus war von allem Anfang an vor die widersprüchliche Aufgabe gestellt, die Brauchbarkeit der Menschen für den wirtschaftlichen Verwertungsprozess erhöhen, das Heranwachsen befreiender Erkenntnis gleichzeitig aber verhindern zu müssen. Was nobel als »Bildung« bezeichnet wird, soll unter den Bedingungen der Warengesellschaft die Revolution der Produktivkräfte forcieren, die Revolution im Bewusstsein der Menschen aber verhindern. Mit dem »Ende der Nationalstaaten« – womit ja nicht deren tatsächliches Verschwinden, sondern ihre irreversible Funktionsreduzierung zu bloßen Garanten juristisch-stabiler Räume für Verwertungsbedingungen gemeint ist – bekommt diese Paradoxie allerdings eine neue Dynamik.

Denn heute sind die Nationalstaaten zunehmend gar nicht mehr in der Lage, die Rahmenbedingungen des Bildungserwerbs dem bürgerlichen Gerechtigkeitsempfinden entsprechend zu gestalten, also beim Windhundrennen um attraktive gesellschaftliche Positionen das zu schaffen, was wir als Chancengleichheit zu bezeichnen gelernt haben. Finanziell immer mehr ausgehungert, sind sie gezwungen ihre demokratische Alibifunktion in anwachsendem Maß aufzugeben. In der offiziellen Lesart nennt sich das dann, Rückzug des Staates auf seine Kernkompetenzen.

Gleichzeitig hat das Kapital in seiner permanenten Suche nach Verwertungsmöglichkeiten nun auch den Bildungsbereich als Profitquelle entdeckt. Es ist damit nur noch eine Frage der Zeit, dass der Bildungssektor aufhört, bloß ein gesellschaftlicher Bereich zu sein, wo es um die Zurichtung von Humankapital und die Indienstnahme der Köpfe *im Interesse* späterer profitabler Verwertung geht. Der Bildungssektor entwickelt sich zunehmend selbst zu einem profitorientierten Wirtschaftszweig. Hatte er bisher bloß *Zulieferfunktion für die Verwertung* soll er *nun selbst zum Verwertungssektor* werden. Und da Bildung im allgemeinen Bewusstsein sowieso schon längst nur mehr als Ware wahrgenommen wird, ist damit zu rechnen, dass dieser Veränderung auch weitgehend friktionsfrei über die Bühne gehen wird.

Die skizzierte bildungsökonomische Sichtweise stellt die Grundlage für den nächsten Schritt in der Verkürzung von Bildung zu einer Ware dar. Im Zusammenhang mit Maßnahmen zur weiteren Liberalisierung der Wirtschaft – Stichwort: GATS – findet eine zunehmende Vermarktwirtschaftlichung des Bildungs-wesens statt. So wie das Gesundheitswesen und das Altersversorgungssystem soll auch der Bildungsbereich der Mehrwertproduktionsmaschine einverleibt werden. War bisher nur der Weiterbildungs- und Erwachsenenbildungsbereich überwiegend markförmig organisiert, soll nun die Organisation alles Lernens dem Markt anheim gestellt werden. Immerhin schätzt die UNESCO das Volumen des Bildungsmarktes auf etwa zwei Billionen Dollar – mit steigender Tendenz. Gewinnorientierte private Anbieter sind an diesem Markt derzeit mit gerade einmal 20% beteiligt Dass das Profitmonster angesichts solche Geldvolumina Begehrlichkeiten entwickelt, liegt auf der Hand.

Dazu kommt, dass die technologische Entwicklung es zunehmend ermöglicht, auch im Bildungssektor die regionalen

Grenzen der Vermarktung zu sprengen. Nachdem unter Bildung sowieso nur mehr das Verinnerlichen von markttauglichem Wissen und korrelierenden Fertigkeiten verstanden wird, lässt sich auch die Bedeutung der personalen Begegnung im Bildungsprozess kaum mehr argumentieren. Konsequenterweise wird ja heute auch von allen Seiten das Lernen mit Hilfe von Informations- und Kommunikationstechnologien als riesiger Fortschritt gepriesen. Technologisch vermittelte Lernangebote sind aber auch bestens für die transnationale Vermarktung geeignet. Und die notwendigen Investitionsmittel, um Lernangebote zu entwickeln, die die Möglichkeiten der Informations- und Kommunikationstechnologien wirklich optimal nützen, bringt ein großer internationaler Konzern allemal noch leichter auf, als irgend eine nationale Bildungsagentur.

Die derzeitige Entwicklung in Richtung Vermarktwirtschaftlichung im Bildungsbereich entspricht der herrschenden Logik. Wer auf den Markt als das alles dominierende Regulativ menschlichen Zusammenlebens setzt, darf sich nicht wundern, wenn zwischen den Menschen irgendwann auch nur mehr Kauf- und Verkaufsbeziehungen existieren. Der Markt funktioniert nach Kriterien des Nutzens, das Humane, die Fähigkeit des Menschen sich über die Dimension des Nutzens zu erheben und seinem Leben Sinn zu verleihen, hat dort keinen Platz. Was sich nicht in eine Profit bringende Ware verwandeln lässt, kennt der Markt nicht, dort gibt es nur das, was sich in klingender Münze ausdrückt.

Die Sichtweise von Bildung als eine Investition ins Humankapital stellt gewissermaßen die aktuelle Ausformung jenes »Bankier-Konzepts« von Lernen dar, das Paulo Freire schon vor mehr als 30 Jahren kritisch analysiert hat (Freire 1973). Freire stellte damals dar, dass die üblichen Arrangements, unter denen Lernen in Schule und Erwachsenenbildung stattfindet, Lernen von einer Möglichkeit der Ausweitung des Gestaltungsspielraums der Individuen zu einem Instrument zu deren Anpassung und Unterordnung werden lässt.

Kritisches Bewusstsein – das immer nur im Zusammenhang mit der Erkenntnis entsteht, dass es möglich ist, den »Lauf der Welt« zu beeinflussen – wird durch Arrangements in denen Lernen als etwas dargestellt wird, das zur Anpassung an einen vorgeblich objektiv gegebenen Sachzwang dient, systematisch untergraben. Lernen tritt nicht mehr als Mittel zum Begreifen der Welt und zur Befähigung, sie im Sinne eigener Interessen und Bedürfnisse mitgestalten zu können, ins Bewusstsein. Es pervertiert zum Unterwerfungsritual unter naturgesetzlich erscheinende Notwendigkeiten. Lernen intendiert dann nicht mehr die Befreiung von Zwängen, sondern deren Verinnerlichung und spielt so deren Aufrechterhalten in die Hände.

Was der sozialdemokratische Politiker Karl Liebknecht schon 1872 in seiner berühmten Rede zur Gründung des Dresdner Arbeiterbildungsvereins postuliert hat, gilt – wenngleich die Diktion heute auch ein wenig antiquiert klingen mag – noch immer. »Durch Bildung zur Freiheit«, das ist die falsche Losung, die Losung der falschen Freunde. Wir antworten: Durch Freiheit zur Bildung!« (Liebknecht 1988: 44) Ein Lernen, das denen die vom Verkauf ihrer Arbeitskraft leben müssen, unter der Drohung auferlegt wird, sonst ihre Lebensgrundlage zu verlieren, korrumpiert die Vorstellung der Befreiung durch Bildung. Der mit Marktargumenten transportierte Appell zum (lebenslangen) Lernen dient dem Verinnerlichen der Marklogik als objektiven Zwang. Kritisches Bewusstsein und Emanzipation – Zielsetzungen »echter« Bildung, deren befreiende Wirkung genau im Transzendieren systemkonformer Denkvorgaben besteht – wird damit systematisch untergraben und verhindert.

Wenn Lernen nur noch als Investition ins Bewusstsein tritt, ist ihm die emanzipatorische Potenz genommen. Es kann dann nicht mehr in befreiende – im Sinne von gesellschaftlich mündig machender – Bildung umschlagen und entpuppt sich damit letztendlich als ein Element der allgemeinen Entpolitisierung.

Zusammenfassend lässt sich somit feststellen, dass die Behauptung, der Widerspruch von Kapital und Arbeit ließe sich durch marktorientiert ausgerichtete Aus- und Weiterbildung neutralisieren, in letzter Konsequenz auf nichts anderes zielt, als auf das Untergraben der letzten Widerstände gegen das blinde Wüten des Marktdiktats – Humanisierung wäre genau das Gegenteil!

Literatur

Altvater Elmar (1971): Der historische Hintergrund des Qualifikationsbegriffs. In: Altvater/Huisken (Hg.): Materialien zur politischen Ökonomie des Ausbildungssektors, Erlangen.

Anders, Günther (1980): Die Antiquiertheit des Menschen. Band II. Über die Zerstörung des Lebens im Zeitalter der dritten industriellen Revolution. München.

Freire, Paulo (1973): Pädagogik der Unterdrückten. Bildung als Praxis der Freiheit. Reinbeck b. Hamburg.

Gorz, André (1989): Kritik der ökonomischen Vernunft. Sinnfragen am Ende der Arbeitsgesellschaft. Berlin.

Heydorn, Heinz-Joachim (1979): Über den Widerspruch von Bildung und Herrschaft. Bildungstheoretische Schriften, Band 2. Topos-Verlag, Frankfurt a.M.

Liebknecht, Karl (1888): Wissen ist Macht – Macht ist Wissen. Festrede gehalten zum Stiftungsfest des Dresdner Arbeiterbildungsvereins am 5. Februar 1872. Hattingen-Zürich.

Ribolits, Erich: Die Arbeit hoch? (1997): Berufspädagogische Streitschrift wider die Totalverzweckung des Menschen im Post-Fordismus. München/Wien.

Lernen statt revoltieren? –
Zur Paradoxie der Forderung nach
Chancengleichheit beim Bildungszugang

»Wer die Gesellschaft ändern will, muss auch die im
Zuge der immanenten Entwicklung
auftauchenden Widersprüche im Bildungswesen nutzen,
sie sind wichtiger denn je;
er muss sie jedoch nutzen, um aus einer bestehenden
Gesellschaft herauszuführen.«
Hans-Joachim Heydorn

Chancengleichheit –
das uneingelöste Versprechen der Moderne

Als eine der drei deklamatorischen Losungen der Bürgerlichen Revolution stellt »Gleichheit« einen Schlüsselbegriff der modernen Gesellschaftsgeschichte dar. Die rechtliche Gleichheit aller Menschen war das revolutionäre Prinzip, das die Aufklärung dem ancien régime, der vorgeblich von Gott gewollten Ordnung entgegenhielt. Ziel war der Abbau der ständisch legitimierten gesellschaftlichen Schichtung und Privilegien; die Gesellschaft sollten von Gleichen unter Gleichen gebildet werden und alle sollten dem Staat, als der demokratisch legitimierter Ordnungsmacht, in gleicher Form unterworfen sein. Von Anfang an ging es dabei allerdings bloß um politische, nicht um soziale Egalität; gekämpft wurde dafür, dass durch die Herkunft eines Menschen sein gesellschaftlicher Status nicht *vorherbestimmt* sein sollte. Leistungsfähigkeit und Leistungswilligkeit sollten stattdessen über die Verteilung der – sozial durchaus abgestuften – Positionen in der Gesellschaft entscheiden. Auch wenn der Begriff erst viel später erfunden wurde, die bürgerliche Gleichheitsforderung zielte von allem Anfang an auf das, was wir seit den 1960er Jahren als »Chancengleichheit« zu bezeichnen gelernt haben: Alle sollen hinter der gleichen Linie starten, niemand soll durch leistungsfremde Mechanismen am sozialen Aufstieg gehindert werden. Chancengleichheit wird im »Lexikon der Politik« (Nohlen 2004) in diesem Sinn auch als »Bestandteil liberaler, an individueller Leistung orientierter Gerechtigkeitsvorstellungen« definiert. »Das Konzept der Chancengleichheit versucht, die divergierenden Werte Freiheit und Gleichheit kompatibel zu machen, indem allen Bürgern gleiche politische Rechte garantiert und allen Gesellschaftsmitgliedern gleiche Startchancen im ergebnisoffenen Wettbewerb um knappe Güter und Positionen eingeräumt werden.« Der Begriff gründet in der Vorstellung, dass sich soziale Gerechtigkeit durch einen für alle gleichermaßen zugänglichen Wettbewerb – mittels der Freiheit der Individuen, gleichberechtigt am Markt gegeneinander in Konkurrenz treten zu können – verwirklichen ließe. Die Forderung nach Chancengleichheit ist nicht an einem gesellschaftlichen Zustand orientiert, in dem jede/r – entsprechend ihrer/seinen Notwendigkeiten – Zugang zu den sozialen Gütern erhält. Wer gleiche Chancen fordert, geht davon aus, dass das Ausmaß in dem die Gesellschaftsmitglieder jeweils Zugang zu Gütern und Positionen erhalten, ausgekämpft werden soll. Die im Chancengleichheitsappell verpackte Forderung lautet bloß, dass dieser Kampf »fair« über die Bühne gehen soll, dass dabei niemand von vornherein begünstigt werden und einzig die Tüchtigkeit bei der Erbringung der durch den Markt definierten Kriterien den Ausschlag geben soll.

Es ist kein großes Geheimnis, dass diese bürgerliche Vorstellung von (Wettbewerbs-)Gleichheit für das Erreichen unterschiedlicher sozialer Positionen bis heute nur äußerst mangelhaft eingelöst ist. Die sozialen Zuweisungsmechanismen der Feudalgesellschaft samt ihrer Legitimierung durch göttliche Vorsehung sind zwischenzeitlich zwar weitgehend außer Kraft gesetzt, allerdings sind es heute andere Mechanismen, die dafür sorgen, dass jene die privilegiert geboren werden, keine allzu große Angst vor dem sozialen Abstieg zu haben brauchen. »Ganz zufällig« sind sie nämlich diejenigen, die sich in der vorgeblichen Zentralagentur für die Zuweisung der sozialen Positionen in modernen Gesellschaften – dem Bildungswesen – in der Regel als besonders leistungsfähig herausstellen. Die Wahrscheinlichkeit für die, die von den unteren sozialen Rängen starten, durch ihre in Schule, Aus- und Weiterbildung unter Beweis gestellte »Tüchtigkeit« einen sozialen Aufstieg zu schaffen, ist dagegen relativ gering. Das Bildungssystem schafft in hohem Maße die Grundlage für die Reproduktion der vorgegebenen sozialen Positionsverteilung in der Gesellschaft – die schon vor Schulbeginn zugeteilten Karten werden dort nur mehr wenig neu gemischt. Schule, sowie Aus- und Weiterbildung zementieren die soziale Herkunft im Wesentlichen nur mehr ein: Sowohl wer aus dem »oberen« sozialen Stockwerk kommt, als auch wer im sozialen Souterain geboren wird, wird – vom Bildungssystem legitimiert – dort mit hoher Wahrscheinlichkeit auch bleiben!

Wie schon viele Untersuchungen davor, haben auch die Pisa-Studien in allen (teilnehmenden) Industrieländern eine mehr oder weniger enge Beziehung zwischen der sozialen Herkunft von Schülern und ihren schulischen Leistungen gezeigt. Das Ausmaß der Korrelation differiert in den verschiedenen Ländern allerdings durchaus: Das österreichische Bildungswesen weist gemeinsam mit dem deutschen, französischen und portugiesischen einen besonders hohen Grad sozialer Selektivität auf; ein besonders augenfälliger Indikator dafür ist, dass in diesen Ländern Kinder aus sozial unterprivilegierten Schichten bei den Universitätsabsolvent/innen deutlich unterrepräsentiert sind.[1] Die sich über das Bildungssystem manifestierenden Mechanismen der Fortschreibung der gegebenen Sozialstruktur beginnen allerdings schon wesentlich früher zu wirken. In Österreich stehen spätestens beim ersten großen

Verzweigungspunkt im Bildungswesen, der im 10. Lebensjahr anstehenden Entscheidung, ob ein Kind die Hauptschule oder die AHS besucht, die Weichen eindeutig auf »Vererbung der Schichtzugehörigkeit«. So besteht für ein Kind, dessen Eltern Pflichtschulabsolventen sind, gerade eine 10%ige Wahrscheinlichkeit eine AHS-Unterstufe zu besuchen, für ein Kind von Eltern mit Universitätsabschluss liegt die entsprechende Wahrscheinlichkeit dagegen bei fast 80% (Spielauer 2003: 5). Diese erste Bildungswegentscheidung hat allerdings nachhaltigen Einfluss auf den gesamten weiteren Bildungsweg: Obwohl mit dem 14. Lebensjahr noch einmal die Möglichkeit besteht, in eine weiterführende Schule umzusteigen, und es darüber hinaus hierzulande zumindest Ansätze eines Systems des zweiten Bildungswegs gibt, zeigt die Statistik eindeutig, dass die Entscheidung, Hauptschule oder AHS, die Wahrscheinlichkeit, mit der jemand jemals einen höheren Bildungsabschluss erreicht oder nicht, extrem determiniert (Öst.Inst.f.Familienforschung 2006).

Und trotzdem Weiterbildung immer auch mit der Hoffnung des Kompensierens von Erstausbildungsbenachteiligungen verbunden ist, setzen sich dort die sozial konnotierten Auslesemechanismen des Erstausbildungssystems weiter fort bzw. potenzieren sich vielfach sogar noch. Wie oft jemand in einer der für das Aufrechterhalten der Employability zwischenzeitlich unumgänglichen Weiterbildungsveranstaltungen anzutreffen ist, steht in direktem Zusammenhang sowohl mit seinem formalen Bildungsabschluss als auch mit seinem beruflichen Status. »Je höher die bereits abgeschlossene höchste Schulbildung, desto ausgeprägter ist die Bereitschaft Kurse und Schulungen zu besuchen. Absolvent/innen einer hochschulverwandten Lehranstalt oder einer Universität sind mit 46% bzw. 54% am aktivsten, Pflichtschulabsolvent/innen nehmen mit 10% vergleichsweise selten an Weiterbildungsaktivitäten teil« (Statistik Austria 2004: 16). Die Gründe dafür liegen auf der Hand: Wer in beruflich untergeordneter Position tätig ist, kann generell weniger Geld für Bildung ausgeben, muss sich berufliche Weiterbildung jedoch häufiger selbst bezahlen und zu all dem noch – aufgrund seiner vielfach negativen Erfahrungen in Schule und Erstausbildung und weil in der Weiterbildung nur unzureichend auf die daraus resultierenden Ressentiments gegenüber organisiertem Lernen Rücksicht genommen wird – wesentlich größere Barrieren überwinden, um sich wieder »auf die Schulbank zu setzen«. Die Folge davon ist, dass leitenden Angestellten und Beamten eine etwa vier Mal so hohe Weiterbildungsbeteiligung wie un- und angelernten Arbeiter/innen sowie Facharbeiter/innen aufweisen und damit die Vorteile ihres in der Regel höheren formalen Bildungsabschlusses in späteren Jahren noch weiter ausbauen können (Vgl. Schlögl/Schneeberger 2003).

Chancengleichheit beim Bildungszugang statt Revolution

Hält man sich die skizzierten Fakten vor Augen, erscheint – im Sinne dessen, was als Gerechtigkeit in der bürgerlichen Gesellschaft denkmöglich erscheint – für humanitär gesinnte Menschen die Forderung nach »gleichen Bildungschancen für alle« nur konsequent und logisch. Es gibt keinen Teilbereich des Bildungswesens, in dem sich nicht aufzeigen lässt, dass eine derartige Fairness, sich das Rüstzeug für den Kampf um die sozial attraktiven gesellschaftlichen Positionen aneignen zu können, derzeit nur sehr unzureichend gegeben ist. »Chancengleichheit beim Bildungszugang« ist dementsprechend auch eine der großen Forderungen der demokratischen Linken. Niemand soll an der Herstellung seiner Verwertbarkeit durch entsprechende Aus- und Weiterbildungsmöglichkeiten mehr als andere behindert sein; alle sollen die gleichen Chancen dabei haben, den Beweis dafür zu erbringen, dass sie den Vorgaben des Marktes entsprechen. Ganz dem Eingangsversprechen der

Moderne entsprechend, tritt man für »Gleichheit beim Start« ein und dagegen, dass manche mit einem zum Teil gewaltigen Bonus und andere mit Handycaps unterschiedlichsten Grades in das vorgebliche Assessmentverfahren um den sozialen Status antreten. Das Windhundrennen selbst – das was euphemistisch als »Wettbewerb« und etwas realistischer als »Konkurrenz-*kampf*« bezeichnet wird – ist allerdings kaum jemals Thema der Kritik, gefordert werden bloß gleiche Chancen, sich zum Objekt der Verwertung machen zu können.

In der Sozialdemokratie begann sich die Idee des sozialen Aufstiegs durch Bildung schon am Anfang des 20. Jahrhunderts – im Zusammenhang mit der Debatte, »Revolution oder Reform« – zu etablieren. Im Zuge der Auseinandersetzung darüber, ob die humane Zukunft durch einen politischen Aufstand oder durch demokratisch legitimierte Politik zu erreichen sei, wurde von Angehörigen des reformistischen Flügels und der Austromarxisten die Vorstellung eines Aufbrechens der Klassenschranken durch Bildung entwickelt. Die Entscheidung, auf die Demokratie als Mittel der Gesellschaftsveränderung zu setzen, war wohl mit der Erkenntnis verbunden gewesen, dass es bis zum Durchsetzen einer tatsächlich klassenlosen Gesellschaft noch ziemlich lange dauern könnte. Also sollte bis dahin wenigstens durch den demokratisierten Zugang zu höherer Bildung auch für Arbeiterkinder die Chance auf attraktive gesellschaftliche Positionen geschaffen werden, bzw. sollten die so heranwachsenden klassenbewussten »Arbeiter des Geistes« auch eine Kraft im demokratischen Kampf für eine bessere Zukunft darstellen (Vgl. Essbach 2005). Die Forderung nach Chancengleichheit beim Bildungszugang hatte allerdings zur Folge, dass die grundsätzliche Kritik an der auf Ungleichheit beruhenden Gesellschaft in ein scheinbar individuell lösbares Bildungsproblem umgewandelt und damit letztendlich außer Kraft gesetzt wurde.

Aus sozialdemokratischer Sichtweise war die Forderung, die vordem nur Kindern sozial begünstigter Schichten vorbehaltene Bildung – die ihrerseits in der bürgerlichen Gesellschaft ja die vordergründige Legitimation für das Erreichen privilegierter Positionen darstellt – für alle erreichbar zu machen, von vornherein zutiefst widersprüchlich: Denn zum einen wurde an der (demokratischen) Überwindung einer auf Konkurrenz und ungleicher Machtverteilung beruhenden Gesellschaft festgehalten und zum anderen wurde auf Bildung als Aufstiegsvehikel in genau dieser Gesellschaft gesetzt. Nun kann man sich aber schwerlich mit einem gesellschaftlichen System arrangieren und gleichzeitig um seine Überwindung kämpfen. Somit war es auch nur logisch, dass mit zunehmendem Bedeutungsgewinn der Parole vom sozialen Aufstieg durch Bildung, die ursprüngliche Losung der klassenlosen Gesellschaft immer mehr in den Hintergrund trat und schließlich völlig verloren ging. Zugleich bewirkte das Setzen auf »Bildung für alle statt Revolution« aber noch etwas anderes, ganz wesentliches, nämlich die nachhaltige Veränderung der Sichtweise von Bildung in der sozialdemokratischen Bewegung, zunehmend wurde sie eben nicht mehr als Mittel der Bewusstseinsveränderung wahrgenommen, sondern bloß noch als solches des gesellschaftlichen Aufstiegs – ein Begriff, der geradezu ein Synonym für die Klassengesellschaft darstellt.

Diese Fokusveränderung war maßgeblich für die weitere Geschichte – Bildung war ja von allem Anfang an ein zentrales Element sozialdemokratischer Utopie gewesen. So stellten die »Arbeiterbildungsvereine«, deren erster 1867 in Wien Gumpendorf gegründet worden war, eine der wesentlichen Wurzeln der Sozialdemokratie dar. Auch wenn die dortigen Veranstaltungen keineswegs immer einen vordergründig politischen Charakter hatten, waren die sozialdemokratischen Arbeiterbildungsvereine eindeutig dem Ziel der *politischen* Bildung der Arbeiterschaft verpflichtet. Dies beweist sich nicht nur an der Tatsache, dass sie im Laufe ihrer Geschichte durch das staatliche Regime immer wieder verboten und aufgelöst wurden, weil sie – wie es in einer diesbezüglichen Begründung heißt – im Gegensatz zum »statutenmäßigen Vereinszweck der Verbreitung von Bildung [...] durchgehend den sozialdemokratischen Prinzipien Lassalles huldigen [...] und damit unzweifelbar politische Zwecke verfolgen«.[2] Die Arbeiterbildungsvereine setzten auf Wissen als Grundlage für den Kampf um die klassenlose Gesellschaft – ganz im Gegensatz zur damals in bürgerlich-liberalen Kreisen verschiedentlich kolportierten Ansicht, das revolutionäre Potential der Arbeiterschaft durch deren Teilhabe an Bildung zähmen zu können. Ganz in aufklärerischer Tradition war es ihr Ziel, den Arbeitenden durch Wissen jenen Mut zu vermitteln, durch den sie befähigt werden, selbstbewusst in die Geschichte eingreifen und eine sozial-egalitäre – eben eine klassenlose – Gesellschaft errichten zu können.

Dementsprechend war es sicher auch kein Zufall, dass einer der einflussreichsten Parteigründer der sozialdemokratischen Partei Deutschlands, Karl Liebknecht, in einer berühmt gewordenen Rede zur Eröffnung des Dresdner Arbeiterbildungsvereines im Jahre 1872 genau dieses Spannungsverhältnis zwischen Bildungsanstrengungen, deren Ziel es ist, Menschen zur erfolgreichen Integration im Rahmen bürgerlicher Verhältnisse zu befähigen, und solchen, die auf Emanzipation von genau diesen Verhältnissen abzielen, aufgegriffen hat. Es kann allerdings auch nicht als Zufall gesehen werden, dass Karl Liebknecht bis heute immer wieder in wohlwollendem Missverstehen mit dem Ausspruch »Wissen ist Macht« zitiert wird. Tatsächlich hat Liebknecht das von naturwissenschaftlichem Fortschrittsglauben getragene Motto des frühbürgerlichen Denkers Francis Bacon in seiner damaligen Rede zwar aufgegriffen, es allerdings weitgehend relativiert und letztendlich sogar in sein Gegenteil verkehrt. Seine Rede trug nicht umsonst den dialektischen Titel »Wissen ist Macht – Macht ist Wissen«! Für Liebknecht war klar, dass Wissen, das von gesellschaftlich Unterprivilegierten erworben wird, nur unter spezifischen Rahmenbedingungen und entsprechend eingestellten Lehrenden tatsächlich zu einem Machtfaktor wird. Letztendlich wird somit aber nur über den Weg der politischen Macht die Möglichkeit der Besitzlosen geschaffen, Wissen tatsächlich in Bildung – in der Bedeutung von Selbstbewusstsein – umzuwandeln. Dementsprechend gipfelte seine Rede auch in der programmatischen Aussage: »Durch Bildung zur Freiheit«, das ist die falsche Losung, die Losung der falschen Freunde. Wir antworten: Durch Freiheit zur Bildung!« (Liebknecht 1888: 44) Der Ansatz durch gleiche Chancen beim Bildungszugang die Klassengesellschaft mit ihren gravierend unterschiedlichen sozialen Positionen quasi »über die Hintertür« aushebeln zu wollen, weist einen engen Konnex zu dem auf, was Karl Marx als die Idee der »Gleichmachung der Klassen« geißelte und über die er schrieb, dass sie »auf die Harmonie von Kapital und Arbeit hinaus[läuft], welche die Bourgeoissozialisten so aufdringlich predigen.« Im Gegensatz dazu betont Marx ausdrücklich, dass »nicht die Gleichmachung der Klassen – ein logischer Widersinn, unmöglich zu realisieren –, sondern vielmehr die Abschaffung der Klassen [...] das große Ziel der Internationalen Arbeiterassoziation [bildet]« (Marx 1983: 349). Eine die Gesellschaft verändernde Potenz konnte die Forderung nach »Chancengleichheit beim Bildungszugang« aber noch aus einem anderen Grund nicht entwickeln: Zu keinem Zeitpunkt war das sozialdemokratische Setzen auf Bildung für alle statt auf Revolution von einer kritischen Auseinandersetzung mit dem bürgerlichen Bildungskonzept bzw. dem Entwickeln genuin sozialdemokratischer – auf eine sozial-egalitäre und demokratische Massengesellschaft zugeschnittener – Bildungsvorstellungen begleitet. Indem man sich darauf beschränkte, bloß für den barrierefreien Zugang zur bürgerlichen Bildung für alle einzutreten, wurde klammheimlich aber auch die diesem Konzept innewohnende Verknüpfung mit der bürgerlichen Leistungs- und Aufstiegsideologie übernommen.

Soziale Vererbung trotz – relativer – Chancengleichheit beim Bildungszugang

Dementsprechend war es nur allzu logisch, dass die sozialdemokratische Forderung nach einer Demokratisierung des Bildungszugangs erst dann (und auch dann nur vorübergehend) ernsthafte gesellschaftliche Relevanz erhielt, als in den 1960er Jahren das konkurrenzökonomische Horrorgespenst auftauchte, dass das europäisch-nordamerikanische Bildungswesen vielleicht nicht ausreichend in der Lage sein könnte, ein den ökonomischen Leistungsvorgaben entsprechendes Humankapital in ausreichender Menge zu produzieren. Denn auch wenn die damals in Gang gesetzten Maßnahmen, um bildungsferne Schichten zum Besuch weiterführender Bildungsgänge zu animieren, durch demokratische Argumentationen, wie »Bürgerrecht auf Bildung« oder »Chancengleichheit« verbrämt wurden, standen hinter ihnen nicht primär humanitäre Überlegungen. Anlass war der so genannte »Sputnikschock« – die Angst »des Westens« vor einer heraufdämmernden technologischen Überlegenheit der Sowjetunion und einer damit möglichen Niederlage im politisch-ökonomischen Konkurrenzkampf. Die unter konkurrenzökonomischen Nutzenkalkülen notwendig gewordene Effektivitätssteigerung des Bildungswesens war der Untergrund auf dem das sozialdemokratische Fortschrittsmotto »Aufstieg durch Bildung« in den 1960er Jahren seine Strahlkraft entfalten konnte – die bürgerlich-humanitären Reformziele waren – vorübergehend (!) – mit den ökonomischen Vorgaben deckungsgleich.

Schon damals wurde allerdings aus unterschiedlichen politischen und wissenschaftlichen Positionen vor der Illusion der Chancengleichheit durch Bildung gewarnt. Von Heydorn über Illich und Bourdieu bis hin zu Stefan Blankertz gab es eine Reihe früher Kritiker der Vorstellung, mit Hilfe eines reformierten Bildungssystems soziale Chancengleichheit herbeiführen zu können. Zwischenzeitlich ist es nicht mehr zu übersehen und durch eine Reihe empirischer Studien auch ausreichend belegt, dass es sich beim Traum von der »Chancengleichheit durch Bildung« um eine bildungspolitische Schimäre ersten Ranges gehandelt hat. Die in den 1960er und 1970er Jahren tatsächlich erfolgte Reduzierung materiell bedingter Bildungsbarrieren haben weder die Einflüsse des ökonomischen und kulturellen Milieus auf die Bildungsungleichheit besonders beeinflusst noch ernsthafte Folgen für die soziale Durchlässigkeit der Gesellschaft gezeitigt (Vgl. Blossfeld/Shavit 1993). Tatsächlich ausgelöst haben die angesprochenen Maßnahmen eine gewaltige Expansion des Bildungssektors, wodurch Angehörige »unterer« sozialer Schichten heute wesentlich häufiger in weiterführenden Bildungsgängen anzutreffen sind. Zugleich ist allerdings auch die Bildungsbeteiligung sozial begünstigter Bevölkerungsgruppen angestiegen, bzw. weichen diese zunehmend auf kostspielige prestigeträchtige Bildungswege aus, so dass im Wesentlichen die relativen Vorteile, die mit einer privilegierten sozialen Herkunft verbunden sind, aufrecht geblieben sind. Die Gesellschaft produziert zwar ein ansteigendes durchschnittliches Niveau an Bildungsabschlüssen; die für Kinder verschiedener sozialer Schichten unterschiedlich hohen Chancen, eine gehobene gesellschaftliche Position zu erreichen, wurden dadurch allerdings nur geringfügig verändert. Die Selektionsmechanismen des Bildungswesens arbeiten unvermindert der Reproduktion der gesellschaftlichen Sozialstruktur in die Hände.[3]

Ein eindrucksvolles Beispiel für das dialektische Zusammenwirken von sozialer Herkunft und Selektionsmechanismen des Bildungswesens lieferte der Soziologie Michael Hartmann, Professor an der TU Darmstadt, kürzlich mit einer Studie zur Rekrutierung von Spitzenmanagern. In seinem, die Studie dokumentierenden Buch, »Der Mythos von den Leistungseliten« (Hartmann 2002), zeigt er auf, wie es funktioniert, dass – trotz einer heute relativ verringerten materiellen Hürde für das Durchlaufen höherer Bildungskarrieren – die Angehörige sozial begünstigter Schichten weiterhin nicht nur mit weitaus höherer Wahrscheinlichkeit als sozial Benachteiligte einen höheren Bildungsabschluss erreichen, sondern diesen auch noch in deutlich höherem Maß in entsprechende Berufskarrieren ummünzen können. Ein wesentlicher Grund dafür ist, dass bei der Besetzung von Leitungspositionen in Wirtschaft, Politik, Justiz und Wissenschaft unvermindert herkunftsbezogene Kriterien den Ausschlag geben und dies vom Umstand, dass heute insgesamt mehr Menschen als früher einen höheren Bildungsabschluss nachweisen, auch nur marginal beeinflusst wird. (Vgl. dazu auch den Text »Elite ist man eben« in diesem Buch)

Hartmann arbeitet in seiner Studie zwei miteinander dialektisch verwobene und einander potenzierende gesellschaftliche Selektionsmechanismen heraus: Erstens die hohe soziale Selektivität die das deutsche – in gleicher Form wie das österreichische – Bildungswesen hat, und zweitens die darüber hinausgehende soziale Selektion in den Berufskarrieren selbst. Schafft es nämlich jemand trotz einer nicht-begünstigten sozialen Ausgangslage bis zum Universitätsabschluss, ist er hinsichtlich seiner beruflichen Chancen dennoch massiv benachteiligt. Auch wenn er alle sich ihm bis zur Promotion in den Weg stellenden sozialen Selektionsmechanismen des Bildungswesens erfolgreich überwunden hat, besteht für ihn dennoch nicht annähernd die gleiche Wahrscheinlichkeit eine Spitzenposition zu erreichen, wie für Universitätsabsolventen aus dem Bürgertum. Wer das richtige Elternhaus hat, bekommt die besseren Einstiegsjobs, steigt schneller auf und erreicht insgesamt höhere Berufspositionen. Einerseits hängt das mit dem berühmten »Vitamin P« zusammen und andererseits mit Persönlichkeitsmerkmalen, die im Rahmen der familiären Sozialisation erworben werden. Pierre Bourdieu hat diese, für das Erreichen attraktiver sozialer Ränge Ausschlag gebenden Größen schon vor mehr als 40 Jahren unter dem Titel »soziales und kulturelles Kapital« analysiert. Während das soziale

Kapital durch die aktivierbaren sozialen Beziehungen verkörpert wird, manifestiert sich das inkorporierte Kulturkapital als klassenspezifischer »Habitus« in Sprache, Geschmack, kulturellen Vorlieben und Abneigungen, Umgangsformen und Denkweisen, es ist »ein Besitztum, das zu einem festen Bestandteil der Person, zum Habitus geworden ist; aus ›Haben‹ ist ›Sein‹ geworden« (Bourdieu 1983: 187).

Wie Bourdieu schreibt, besteht zwischen dem ökonomischen Kapital (Geld und Eigentumsrechte), das jemand besitzt einerseits, sowie dem ihm zur Verfügung stehenden sozialen und kulturellem Kapital (ihm zur Verfügung stehende soziale Netzwerke und ansozialisierter Habitus inklusive erworbener Bildungstitel) andererseits, ein wechselweiser Zusammenhang. Zum einen ist das Maß in dem jemand soziales und kulturelles Kapitals erwerben kann, massiv von seinen Verfügungsmöglichkeiten über ökonomisches Kapital abhängig, zum anderen aber ebnet ökonomisches Kapital erst über seine Manifestation als Sozialkapital den Weg zur Gewinn bringenden Verwertung der erworbenen Bildungstiteln. Wer also aus einer sozial unterprivilegierten Familie kommend – wahrscheinlich mit beträchtlichem Aufwand – höhere Bildungstitel erwirbt, kann diese in der Regel trotzdem nur in geringen Maß in Karrierechancen umsetzen, weil sich sein Mangel an ökonomischem Kapital nun erst wieder durch einen nicht entsprechend ausgeprägten Habitus und ihm nicht zur Verfügung stehender sozialer Netzwerke benachteiligend auswirkt. Dieser Erkenntnis entsprechend, war Bourdieu auch einer der ersten, der die Fiktion der Herstellung von (Chancen-)Gleichheit mittels fairer Bildungszugangsmöglichkeiten für alle als Ideologie bezeichnete; eine Ideologie, die allerdings bestens dafür geeignet ist, die bestehende Ungleichheitsordnung zu verschleiern und damit ihr Aufrechterhalten zu ermöglichen.

Chancengleichheit – aus gesellschaftskritischer Sichtweise eine paradoxe Forderung

Zusammenfassend lässt sich somit feststellen, dass die Forderung nach gleichen Zugangsmöglichkeiten zur Bildung hierzulande zwar noch lange nicht wirklich umgesetzt ist, gegenüber einer Reihe anderer Länder hinkt Österreich diesbezüglich sogar deutlich nach. Allerdings kann auch nicht geleugnet werden, dass im letzten Drittel des 20. Jahrhunderts auch hierzulande eine gewisse Demokratisierung des Zugangs zu Bildung stattgefunden hat und für mehr Angehörige bildungsferner Schichten der Zugang zu (weiterführender) Bildung möglich gemacht wurde. Allerdings hat sich dadurch das Ungleichheitsgefüge zwischen den privilegierten und benachteiligten sozialen Schichten weder verflacht noch zeigt es sonst irgendwelche Erosionserscheinungen. Und auch in Ländern, in denen das Bildungswesen insgesamt weniger sozial selektiv als hierzulande ist, hat in den letzten Jahrzehnten keineswegs eine »Entschichtung der Sozialstruktur« stattgefunden. Für Menschen, die aus unterprivilegierten sozialen Verhältnissen kommen, hat sich durch den Übergang von der vormodernen Form der Statuszuweisung aufgrund geburtsständischer Merkmale zum heutigen Leistungsprinzip, keine wesentliche Chance aufgetan ihre soziale Position durch ihre im Bildungssystem unter Beweis gestellte Tüchtigkeit zu verbessern. Zwar erfolgt die Tradierung der sozialen Schichtung heute kaum mehr direkt, sondern nimmt den Umweg über das Bildungssystem, die Stellung der gesellschaftlich Begünstigten wird genau dadurch allerdings besonders unangreifbar: Die vorgebliche Leistungsauslese im Bildungswesen liefert den Privilegierten die fortgesetzte Legitimation um sich mit der sozialdarwinistischen Behauptung von der natürlichen Begabung als gesellschaftliche Elite darzustellen.

Gesellschaften, die auf Konkurrenz- und Marktmechanismen als zentralen Vergesellschaftungsinstanzen aufbauen, sind von sozial ungleichen Lebenslagen und Lebenschancen geprägt. Und – wie der amerikanische Soziologe, Christopher Jencks in seinem Buch mit dem Titel »Chancengleichheit« schon 1973 schrieb – es ist nur logisch, dass Eltern, die in diesem System – aus welchen Gründen auch immer – zu den so genannten Gewinnern gehören, »versuchen werden, ihre Vorteile an die Kinder weiter zu geben, erfolglose Eltern [hingegen] gar nicht anders können, als einige ihrer Benachteiligungen zu vererben. Wenn eine Gesellschaft die Bindung zwischen Eltern und Kindern nicht vollständig abschafft, garantiert die Ungleichheit der Eltern [...] die Chancenungleichheit der Kinder.« Sollte das Bildungswesen tatsächlich eine »gerechte« Zuweisungsinstanz für soziale Positionen sein, müsste man den Einfluss der Eltern ausschließen, indem man die Kinder so früh als möglich von ihnen trennt und völlig gleichartig aufzieht – so ziemlich das Gegenteil von dem, was unter einer humanen Gesellschaft zu verstehen ist! Andernfalls werden aber die unterschiedlichen Elternhäuser immer weitere Unterschiede beim Lernerfolg sowie im Leben überhaupt generieren. Jencks bezeichnete es deshalb auch als ein absurdes Unterfangen, in einer Kon-kurrenzgesellschaft soziale Gleichheit durch Bildungsreformen herstellen zu wollen. Selbst wenn das Schulwesen derart grund-legend reformiert würde – meinte er, – dass alle Kinder eine qualitativ gleiche Bildung erhielten, blieben ihre Chancen im späteren Leben genauso ungleich verteilt wie vorher; wollte man tatsächlich den Grad der sozialen Ungleichheit in einer Gesellschaft beeinflussen, müsste man nicht Bildungspolitik, sondern Verteilungspolitik betreiben (Vgl. Jencks 1973).

Dass Menschen – generell und logischerweise auch in ihren Leistungsdimensionen – verschieden sind, ist ja »an sich« über-haupt kein Problem. Im Gegenteil: Die Dynamik und Leben-digkeit sozialer Gemeinschaften hängt auf das Engste mit den individuellen Unterschieden ihrer Mitglieder zusammen – sie wird deshalb allgemein ja auch durchaus als positiv erlebt. Ihre Brisanz gewinnt die Verschiedenartigkeit von Menschen ja erst durch die in einer Gesellschaft daraus folgenden Konsequenzen. Die primäre Frage ist also, zu welchen Zwecken und mit welchen Folgen Menschen in einer Gesellschaft miteinander verglichen, bzw. entlang welcher Kriterien individuelle Unterschiede zwischen Menschen und Menschengruppen konstruiert werden, sowie wer die Nutznießer dieses Vergleichens sind. Für solche Fragen ist im Chancengleichheitsappell allerdings überhaupt kein Platz; die Forderung nach Chancengleichheit geht zum einen davon aus, dass es gerecht sei, Menschen – abhängig von ihrer vorgeblichen Leistungsfähigkeit – unterschiedlichen sozialen Ränge zuzuweisen, und unterwirft sich dabei zum anderen völlig unkritisch den Bewertungskriterien der bürgerlich-kapitalistischen Gesellschaft. Wer (bloß) Chancengleichheit fordert, hat das System der aus den ökonomischen Verwertungskriterien der bürgerlichen Gesellschaft abgeleiteten sozialen Hierarchie akzeptiert und von der Utopie einer Gesellschaft, in der für alle Menschen gleiche Lebenschancen gegeben sind, Abschied genommen.

Dementsprechend wäre es wohl höchste Zeit, die Fokussierung der demokratischen Linken auf die Chancengleichheitsforderung grundsätzlich zu hinterfragen. Letztendlich gibt die Forderung nach Chancengleichheit überhaupt nur Sinn, wenn Ungleichheit herrscht und auch – das wird meistens verdrängt – *weiter* herrschen soll! Sozialen Aufstieg kann es nur dort geben, wo eine soziale Hierarchie existiert und *nicht* alle aufsteigen können; schon rein logisch könnte ein Aufstieg aller ja auch gar nicht als Aufstieg bezeichnet werden. Die Hoffnung, durch Bildung den Aufstieg zu schaffen, und die soziale Hierarchie, innerhalb derer dieser Aufstieg erfolgen soll, sind die zwei Seiten derselben Münze, sie bilden *gemeinsam* die Voraussetzungen jeder Idee und Praxis von Aufstieg sowie jedes Wettbewerbs. Es ist wie beim Zahlenlotto: Der große Gewinn von wenigen ist nur möglich, indem viele andere um ihren Einsatz gebracht werden – die Erfolge einzelner *bedingen* den Misserfolg vieler anderer. Die Idee der Chancengleichheit hat Ungleichheit zur logischen Voraussetzung, sie ist – wie es Heckhausen formuliert hat – eine Wettbewerbsformel und als solche (bloß) die Kehrseite des Leistungsprinzips (Heckhausen 1974: 153). »Ein Hundertmeterlauf hat nur Sinn, wenn alle die gleichen Chancen haben zu gewinnen und – das ist entscheidend! – wenn nicht alle gleichzeitig ankommen. Kämen alle gleichzeitig an, so wäre das ein »totes« (also wert- oder sinnloses) Rennen. Die Forderung nach Chancengleichheit ist also ein Indikator nicht nur dafür, dass es Ungleichheit *gibt*, sondern auch ein Indikator dafür, dass es Ungleichheit geben *soll*« (Heid 1988: 5).

Auch wenn noch so viele die Chance haben, in Schule und Ausbildung den für den Erfolg im Konkurrenzkampf erforderlich Tüchtigkeitsnachweis zu erbringen, wird dadurch die auf sozialer Hierarchie aufgebaute Gesellschaft überhaupt nicht verändert. In dem Maß in dem eine Demokratisierung des Bildungszugangs erreicht wird und es gelingt, das Bildungswesen – mit den skizzierten Einschränkungen – zu einer sozialen Verteilungsagentur zu machen, wird von diesem zwar die Zahl derer beeinflusst, die um erstrebenswerte Positionen kämpfen, nicht jedoch, dass es in einer hierarchisch aufgebauten Gesellschaft eben nur wenige nach »oben« schaffen können. Diese Tatsache bewirkt einen seit Jahren zu beobachtenden paradoxen Effekt: Der Wert der Berechtigungsnachweise für jene, die sich dem Verteilungskampf um höhere Qualifikationen stellen, nimmt rapid ab und die Chancen auf eine akzeptable gesellschaftliche Position aller jener, die am Kampf um höhere Bildungstitel nicht ausreichend teilnehmen bzw. teilnehmen können, tendieren zunehmend überhaupt gegen Null. D.h., indem es gelingt, das mit Chancengleichheit Geforderte zu verwirklichen – eben soziale Bildungsbarrieren zu verringern – wird die Zahl derer, die um die unvermindert knappen Privilegien konkurrieren immer größer, was bedeutet, dass sie immer weniger von dem lukrieren können, was ihnen unter dem Titel Chancengleichheit versprochen wurde. Nicht selten ist die Folge davon die Intensivierung des Rufs nach Chancengleichheit ...

Die Forderung nach Chancengleichheit ist nicht bloß eine systemimmanente, sondern vor allem eine zutiefst systemkonservierende Forderung, sie suggeriert »Gerechtigkeit« im Konkurrenzkampf zwischen den Individuen und verhindert genau dadurch dessen Hinterfragen! Der objektive Grund dafür, dass die Forderung nach Chancengleichheit überhaupt auftauchen konnte, wird der kritischen Aufmerksamkeit entzogen, indem gesellschaftliche Ungleichheit als unhinterfragbare, quasi naturgegebene Tatsache abgehandelt wird. Dementsprechend kann es im Zusammenhang mit der Chancengleichheitsforderung auch nicht zur Analyse der Bedingungen und der Gründe für den gesellschaftlichen »Bedarf« an Ungleichheit kommen und selbstverständlich erst recht nicht zur Kritik oder Überwindung dieser Ungleichheit. Von pädagogischer Seite her vorgebracht, ist die Chancengleichheitsforderung somit geradezu ein Synonym für das Verlassen jedweden kritischen Bildungsanspruchs und die Unterordnung von Bildung unter Wettbewerbsprämissen. In diesem Sinn kann nur wiederholt werden, was der schon weiter vorne zitierten Erziehungswissenschafter Helmut Heid geschrieben hat: »Statt unter den gegebenen Bedingungen aussichtsloser Versuche, Bildungs- und Gesellschaftspolitik ebenso wie die pädagogische Praxis auf Gerechtigkeit zu verpflichten oder festzulegen, könnten Pädagogen sich selbst verpflichten, an der Herstellung von Verhältnissen mitzuwirken, in denen die Adressaten pädagogischen Handelns möglichst weitgehend selbst bestimmen können, welche Verhältnisse als gerecht allgemeine Anerkennung verdienen« (Heid 1988: 14).

Und wie sollen diese, die bürgerliche Gerechtigkeitsdimensionen transformierenden gesellschaftlichen Verhältnisse dann herbeigeführt werden? Der Autor des Buches: Der Mythos von den Leistungseliten, Michael Hartmann, hat in einem

Interview auf die Frage, wie sich die Situation der ungleichen Zugangschancen zu den unterschiedlichen gesellschaftlichen Positionen denn tatsächlich ändern ließe, einmal gemeint: »Um dem Adel die Machtposition zu entreißen, musste auch das Bürgertum erst die Französische Revolution machen« (Hartmann 2004). Dem ist eigentlich nichts mehr hinzuzufügen!

Anmerkungen

1 Nimmt man den Anteil an der Gesamtbevölkerung als Basis, müssten Kinder deren Vater Arbeiter ist, in Österreich z.b. einen fast doppelt so hohen Anteil an den Studierenden als derzeit stellen (Vgl. Eurostudent 2005).

2 Note des Ministeriums für öffentliche Sicherheit und Landesverteidigung an das Ministerium für Inneres vom 2. Juli 1869 (Hoke/Reiter 2006: 451).

3 Tatsächlich verändert haben sich geschlechtsspezifisch bedingte Ungleichheiten der Bildungsbeteiligung. So weisen Blossfeld/Shavit nach, dass die geschlechtsspezifische Lücke, die zum Vorteil der Männer bestand, in den letzten Jahrzehnten deutlich abgebaut wurde, in einigen Industrieländern hat sie sich sogar umgekehrt. Ob man – wie es die Autoren tun – daraus folgern kann, dass »Frauen von der Bildungsexpansion profitiert« haben, sei dahingestellt, tatsächlich könnten auch ganz andere gesellschaftliche Mechanismen zu dieser Entwicklung geführt haben.

Literatur

Blossfeld, H.P./ Shavit, P. (1993): Dauerhafte Ungleichheit. Zur Veränderung des Einflusses der sozialen Herkunft auf die Bildungschancen in dreizehn industrialisierten Ländern. In: Zeitschrift für Pädagogik 39 (1/1993), S. 25-32.

Bourdieu, Pierre (1983): Ökonomisches Kapital, kulturelles Kapital, soziales Kapital. In: Kreckel, Reinhard (Hg.): Zur Theorie sozialer Ungleichheit. Sonderband 2/Soziale Welt, Göttingen.

Christopher Jencks, Marshall Smith u.a.(Hg.) (1973): Chancengleichheit. Reinbek bei Hamburg, Zit. nach: Konrad Adam Bildungsgerechtigkeit: eine Aufgabe des Staates? http://www.vbe.de/uploads/media/040924adam.pdf (April 2006)

Dieter Nohlen (2004): Lexikon der Politik. Digitale Bibliothek Band 79, Berlin.

Essbach, Wolfgang (2005): Der Krieg gegen die Intelligenz. Oder: Warum für eine Verschlechterung des Studiums Studiengebühren nötig sind. Betrag zum Vorlesungsmarathon im Rahmen der Protesttage »Freiburger Frühling«, 3. Mai 2005. www.soziologie.uni-freiburg. de/fachschaft/downloads/essbach_vortrag_03052005.pdf (April 2006)

Eurostudent (2005): Sozial and Economic Conditions of Students Life in Europe 2005. Hochschul-Informations-System, Hannover 2005

Hartmann, Michael (2002): Der Mythos von den Leistungseliten. Frankfurt/Main.

Heckhausen, H. (1974): Leistung und Chancengleichheit. Göttingen.

Heid, Helmut (1988): Zur Paradoxie der Bildungspolitischen Forderung nach Chancengleichheit. In: Zeitschrift für Pädagogik, 34 (1/1988) S. 1-17.

Hoke/Reiter (2006): Quellensammlung, http://plato.kfunigraz.ac.at/dp/KONST/DOCS_F/ARBBILD.HTM (Feb 2006).

Liebknecht, Karl (1888): Wissen ist Macht – Macht ist Wissen. Festrede gehalten zum Stiftungsfest des Dresdner Arbeiterbildungsvereins am 5. Februar 1872. Hattingen Zürich 1888.

Marx, Karl/Engels, Friedrich (1983): Im Namen der IAA an die Bakunisten. MEW, Band 16, hg. vom Inst. für Marxismus-Leninismus beim ZK der SED, Berlin (Ost).

Österreichisches Institut für Familienforschung, Sozioökonomische Forschungsabteilung (2006): Bildungschancen – Bildungswahl – Bildungsströme. http://62.116.39.195/ftp/projekte/bildung/bildungs poster.pdf (April 2006)

Schlögl/Schneeberger (Hg.) (2003): Erwachsenenbildung in Österreich.

Länderhintergrundbericht zur Länderprüfung der OECD über Erwachsenbildung. Wien.

Spielauer, Martin (2003): Familie und Bildung. Intergenerationelle Bildungstransmission in Familien und der Einfluss der Bildung auf Partnerwahl und Fertilität. Analysen und Mikrosimulationsprojektionen für Österreich. Österreichisches Institut für Familienforschung, Wien.

Statistik Austria (2004):Lebenslanges Lernen. Ergebnisse des Mikrozensus Juni 2003. Wien.

Die Antwort auf unsere behauptete oder tatsächliche Orientierungslosigkeit ist Bildung ...[1]

Wer Kindern sagt / Ihr habt rechts zu denken / der ist ein Rechter /
Wer Kindern sagt / Ihr habt links zu denken / der ist ein Rechter.
Wer Kindern sagt / Ihr habt gar nichts zu denken / der ist ein Rechter /
Wer Kindern sagt / Es ist ganz gleich was ihr denkt / der ist ein Rechter.
Wer Kindern sagt / was er selbst denkt / und ihnen auch sagt /
dass daran etwas falsch sein könnte / der ist vielleicht / ein Linker.

Erich Fried / Kinder und Linke

Seit der transnationale Kapitalismus Staaten immer stärker in einen Konkurrenzkampf um die maximale »Kapitalverwertungsfreundlichkeit« zwingt und der politische Spielraum für Entscheidungen die nicht der Marktlogik untergeordnet sind, rasch abnimmt, werden auch Argumentationen den Bildungsbereich betreffend, immer einseitiger von »ökonomischer Rationalität« (André Gorz) dominiert. Die Bildungsfähigkeit des Menschen – traditionell mit Vorstellungen individueller Entfaltung oder gesellschaftlicher Emanzipation verknüpft – wird immer selbstverständlicher dem alles überstrahlenden Ziel »Erfolg in der Standortkonkurrenz« untergeordnet. Dem gesamtgesellschaftlichen Monopol des Habens über das Tun und Sein entsprechend, wird auch Bildung der Dimension des Habens zugeschlagen und ihre Funktion nur noch darin gesehen, Menschen »markttauglich« zu machen.
Dementsprechend gilt Bildung heute fast ausschließlich als instrumentelle Kalkulationsgröße des allgemeinen Konkurrenzkampfes. Vom einzelnen wird sie wahrgenommen als Möglichkeit zur Verbesserung seiner Chancen am Arbeitsmarkt und aus Gesellschaftssicht wird sie als Mittel gesehen, um durch ein entsprechend qualifiziertes »Humankapital« die wirt-

schaftliche Prosperität anzukurbeln und damit positive Arbeitsmarkteffekte in Gang zu setzen. In diesem Sinn eint die Behauptung, dass in Aus- und Weiterbildung deshalb investiert werden muss, weil der Bildungsfaktor eine wesentliche Größe für die Entwicklung von Produktivität und internationaler Wettbewerbsfähigkeit darstellt, derzeit auch das gesamte politische Spektrum. Bis auf ein paar Bildungstheoretiker/innen – denen mit dem Hinweis, dass sie es halt nicht schaffen, »ihren« Humboldt aufzugeben, allerdings schnell das Etikett »verschroben und verstaubt« verliehen wird – sind sich nahezu alle im Hervorstreichen des Tauschwertcharakters von Bildung einig; Bildung soll sich im Sinne der Kosten-Nutzen-Kalküle der Warengesellschaft lohnen.

Karl Marx schreibt über den entwickelten Kapitalismus, dass er alle aus vorbürgerlicher Zeit stammenden, »feudalen, patriarchalischen, idyllischen Verhältnisse zerstört [...] und kein anderes Band zwischen Mensch und Mensch [übrig lässt] als die gefühllose bare Zahlung« (Marx/Engels 1983: 464). Auf das Bildungswesen umgelegt bedeutet das, dass auch die Qualität dessen, was weiterhin nobel als Bildung bezeichnet wird, immer stärker über den Marktwert definiert wird. Bildung – in ihrer ursprünglichen Bedeutung an der Entwicklung des humanen Potentials des Menschen orientiert, an dem was den Menschen über andere Kreaturen hinaushebt, seiner grundsätzlichen Fähigkeit, das Leben an Prinzipien auszurichten, die der »Rationalität des Nutzens« übergeordnet sind – wird in den Dienst der Mehrwertproduktionsmaschine genommen. Damit verkehrt sich das was Bildung meinte, allerdings in sein Gegenteil. Was hinter der weiterhin benützten Begriffsfassade zur Geltung kommt, ist die Reduzierung des Menschen auf den Status eines »intelligenten Tieres«. Zunehmend geht es bloß noch um Qualifizierung – das Brauchbarmachen des Menschen für die Erfordernisse seiner profitablen Verwertung. Der heute permanent vorgebrachte Hinweis auf die Wichtigkeit des »Bildungsfaktors« für das wirtschaftliche Geschehen einschließlich dem schönen Slogan vom lebenslangen Lernen legt nur offen worum es tatsächlich geht: Nicht um die »Bildung von Menschen«, sondern einzig um die »Bildung von Kapital« durch die Zurichtung der Individuen, hin auf den Bedarf der Käufer der Ware Arbeitskraft.

Von allem Anfang an war der Kapitalismus im Dilemma gefangen, die Brauchbarkeit der Menschen für den wirtschaftlichen Verwertungsprozess vorantreiben, und zugleich dafür Sorge tragen zu müssen, dass dieser Prozess nicht in befreiende Erkenntnis umschlägt. »Bildung« soll unter kapitalistischen Bedingungen die Revolution der Produktivkräfte forcieren, die Revolution im Bewusstsein der Menschen aber verhindern. Mit dem »Ende der Nationalstaaten« – womit ja nicht deren tatsächliches Verschwinden, sondern ihre irreversible Funktionsreduzierung zu bloßen Garanten juristisch-stabiler Räumen für Verwertungsbedingungen gemeint ist – bekommt diese Paradoxie allerdings eine neue Dynamik. Das Kapital braucht nun gar nicht mehr direkt auf die Funktionalisierung der jeweiligen nationale Schul- und Ausbildungssysteme einzuwirken. Durch die Möglichkeiten der »neuen« Technologien und wirtschaftsliberale Gesetze kann es – grenzüberscheitend und nahezu international – auf das jeweils optimal brauchbare Humankapital zugreifen. Das aber bedeutet, dass sich »Bildung« von einer bloßen Triebkraft zur Steigerung der Kapitalrendite zu einem Faktor wandelt, womit Staaten Kapital ins Land zu locken versuchen (müssen). Verwertbare Arbeitskräfte werden quasi zu einer Bringschuld der Staaten. Diese Umstände lassen jeden Widerstand gegen die Verkürzung von Bildung zu Qualifizierung tatsächlich immer mehr als Anachronismus erscheinen.

Auch bildungspolitische Forderungen, die aus Positionen vorgebracht werden, die sich selbst als »links« oder »fortschrittlich« verstehen, verheddern sind dementsprechend häufig im »Verwertbarkeitsargument«. Verschiedentlich wird von dieser Seite sogar ganz besonders unverständlich auf den Einwand reagiert, dass durch den eindimensionalen Rekurs auf Verwertbarkeit, die Bildungsidee insgesamt ad absurdum geführt wird und das Bildungssystem schlussendlich der Aufrechterhaltung eines gesellschaftlichen Status quo in die Hände arbeitet, der linken Visionen diametral widerspricht. Vergessen scheint die Erkenntnis, dass Bildung per Definition nicht Mittel für fremde Zwecke sein kann, da ein von Erziehung und Ausbildung abgesetzter Bildungsbegriff überhaupt nur Sinn gibt, wenn damit ein Prozess umschrieben wird, in dem sich der Mensch *von allen* an ihn herangetragenen Zwecken emanzipiert und die Fähigkeit erwirbt, sein Leben nach einem selbsterkannten *Sinn* auszurichten In Korrelation zur Tatsache, dass Vorstellungen zur Transformierung des politisch-ökonomischen Systems derzeit ja nicht gerade Hochkonjunktur haben, scheint auch die emanzipatorische Bildungsidee desavouiert zu sein. Dass Bildung ein Vorgang ist, durch den der Mensch Mündigkeit erwirbt und – wie es Heinz-Joachim Heydorn unübertrefflich formuliert hat – sich »als sein eigener Urheber [begreift, und] versteht, dass ihm die Ketten, die das Fleisch aufschneiden, vom Menschen angelegt sind *und dass es eine Aussicht gibt, sie zu zerreißen*« (Heydorn 1979: 10, Hervorhebung E.R.), wagen offenbar auch »Linke« heute kaum mehr zu denken.

Grundsätzlich sollte schon allein die Tatsache zu Denken geben, dass »Linke«, die noch vor wenigen Jahren demonstrierend über Europas Hauptstraßen gezogen sind und dabei lautstark die »internationale Solidarität« eingefordert haben, jetzt vom »Standortvorteil durch Bildung« schwärmen. Abgesehen davon, dass der Rekurs auf die Standortkonkurrenz ja nichts anderes bedeutet, als die Kapitulation vor der Macht des global agierenden Kapitals, das Staaten und Arbeitskräfte immer ungehinderter gegeneinander ausspielt, verträgt sich der Versuch, die eigene Position auf Kosten der Menschen anderer Länder stärken zu wollen, wohl kaum mit dem seinerzeitigen Solidaritätsanspruch. »Solidarität« war ein Parole im Kampf gegen die Inhumanität eines politisch-ökonomischen Systems, in dem Menschen wie Windhunde in ein Rennen jeder gegen jeden, einzig zum Zweck der Steigerung der Kapitalrendite, geschickt werden. Genauso wie Konkurrenz die Zentralfigur der fortschreitenden Durchdringung der Gesellschaft mit kapitalistischem Geist ist, stellt Solidarität den Kern jeder Gegenmacht zu dieser dar. Je mehr das Bildungswesen aber nur mehr konkurrenzlogisch legitimiert und ausgerichtet wird, desto stärker wirkt es mit, die Entwicklung von Gegenvorstellungen zur kapitalistischen Rationalität zu verhindern.

Die Folgerungen, die von Vertreter/innen der verschiedenen Couleurs aus dem Argument abgeleitet werden, dass dem Bildungswesen primär eine Zulieferfunktion für die Wirtschaft zukommt – und seine Qualität dementsprechend an der optimalen Verwendbarkeit seiner Absolvent/innen gemessen werden kann –, unterscheiden sich zwar weitgehend. Jenen Autor/innen, die an den gegebenen gesellschaftlichen Umstände ihre nicht ausreichende soziale »Gerechtigkeit« kritisieren, geht es meist um einen egalitärer gestalteten Zugang zur »Ressource Bildung«, beziehungsweise darum, für alle Gesellschaftsmitglieder eine »gerechte Chance auf maximale Brauchbarkeit« im Rahmen des wirtschaftlichen Verwertungsprozesses zu schaffen. Pointiert dargestellt, kann ihr Ziel darin gesehen werden, das »Windhundrennen« zu demokratisieren und Bildungsabschlüsse einschließlich der dafür versprochenen sozialen Gratifikationen, von sozialen Privilegien unabhängig, einzig von der jeweiligen individuellen Leistungsfähigkeit und -willigkeit abhängig zu machen. Nicht die Überwindung des Systems, in dem Menschen über Menschen herrschen, steht im Zentrum dieser Argumentation sondern seine »gerechte« Gestaltung. Operiert wird mit einem der Konkurrenzlogik verhafteten Gerechtigkeitsbegriff; Bildung gerät dabei zum »Spekulationskapital« des allumfassenden Konkurrenzkampfs.

Der Anspruch der bürgerlichen Emanzipationsbewegung, dass die Chancen für das Erreichen unterschiedlich attraktiver gesellschaftlicher Positionen sich durch das Kriterium »Leistung« bestimmen und nicht von »Geburtsprivilegien« abhängig sein soll, ist ja tatsächlich bis heute nicht wirklich eingelöst. Und da das Bildungswesen untrennbar mit der bürgerlichen Idee des Leistungsprinzips verbunden ist, kommt ihm in Bezug auf die »Chancengleichheitsforderung« eine zentrale Funktion zu. Nur wenn die Erfolgswahrscheinlichkeit im Bildungswesen nicht selbst vom Faktor Herkunft beeinflusst wird, existiert überhaupt die Voraussetzung dafür, dass Leistungswilligkeit und -fähigkeit die Grundlagen gesellschaftlicher Positionsverteilung sind. Tatsache ist jedoch, dass das Bildungswesen keineswegs als ein nur dem Leistungsprinzip verpflichtetes soziales »Rüttelsieb« funktioniert, sondern der Reproduktion der sozialen Schichtung massiv in die Hände spielt. Zwischen der Wahrscheinlichkeit, einen bestimmten Bildungsabschluss und eine damit verbundene soziale Position zu erreichen und der sozialen Herkunft von Individuen bestehen – durch die verschiedenen diesbezüglichen Gegenstrategien nur geringfügig verändert (Vgl. insbes.: Sertl 1998) – deutliche Korrelationen.

Und je mehr sich der derzeit in Ansätzen abzeichnende Trend fortsetzt, dass Schulabschlüsse gar nicht mehr direkt über die Möglichkeit entscheiden, ob jemand seine Arbeitskraft mehr oder weniger lukrativ verkaufen kann, sondern bloß noch Eingangsvoraussetzung für eine diesbezüglich immer notwendigere permanente Weiterbildung sind, desto mehr wird sich die durch das Bildungssystem tradierte »soziale Ungerechtigkeit« sogar noch verstärken. Denn während die durch die öffentliche Hand organisierte Schule einer politischen Legitimation unterworfen ist und damit die prinzipielle Möglichkeit besteht, durch politisch durchgesetzte Maßnahmen dem Anspruch nach »Chancengerechtigkeit« ein wenig näherzukommen, ist das Weiterbildungssystem überwiegend privat organisiert und marktgesteuert. Und der Markt wirkt bekannterweise nicht egalisierend sondern begünstigt immer diejenigen, die sich schon in einer privilegierten Position befinden. Tatsächlich weisen diverse Untersuchungen nach: Je höher die formale (Grund-) Ausbildung und die berufliche Position, desto wahrscheinlicher ist es, dass jemand Weiterbildung frequentiert. Zu Weiterbildungskursen wird man durch einen Arbeitgeber geschickt oder man muss dafür selber zahlen – beides begünstigt Personen, die aufgrund von Schul- und Erstausbildungsabschlüsse im Beschäftigungssystem schon relativ gut positioniert sind[2].

Den angeführten Tatsache entsprechend, muss es wohl unverändert Aufgabe linker Bildungspolitik bleiben, die Zugangsmöglichkeiten und Erfolgschancen sozial Benachteiligter im Hinblick auf Schule und Weiterbildung zu verbessern. Solange das Bildungswesen nicht einmal den bürgerlichen Gerechtigkeitsanspruch einlöst, kann schwer über gesellschaftliche Utopien diskutiert werden, die jenseits des Konkurrenzkapitalismus angesiedelt sind. Andererseits muss klar sein, dass eine einseitige Fokussierung linker Bildungspolitik auf das Argument der Chancengleichheit emanzipatorischen – also letztendlich systemüberwindenden Zielsetzungen – das Wasser abgräbt. Sobald vom »Aufstieg durch Bildung« gesprochen und nicht gleichzeitig thematisiert wird, dass ein »Gewinnen« in einem Konkurrenzsystem immer nur um den Preis möglich ist, dass es Verlierer und An-den-Rand-Gedrängte gibt, gerät Bildung in den Sog ökonomischer Rationalität und mutiert zur systemstabilisierenden Größe. Wenn Bildung mehr bedeuten soll als Zurichtung und Anpassung an die durch das politisch-ökonomische System vorgegebenen Bedingungen, muss sie auch als mehr gedacht werden als ein Vehikel des Aufstiegs.

Wenn die ökonomische Rationalität Pate für bildungspolitischer Forderungen steht, mündet das unweigerlich in der »Qualifikationsfalle«. Damit wird ein Aufrechterhalten linker – im Sinne von systemkritischer – Positionen letztendlich unmöglich. Der Mensch wird in der Logik dieser Argumentation funktionalisiert und zum Produktionsfaktor eines wirtschaftlichen Geschehens reduziert, dessen Prämissen seiner Einflussnahme genau dadurch entzogen sind. In Form ihres Zerrbildes Qualifikation, wird Bildung selbst zentrale Legitimationsgröße gesellschaftlicher Ungleichheit und Basis individueller Aufstiegshoffnungen im Rahmen von Konkurrenzsystem und bürgerlicher Leistungsideologie. Der emanzipatorische Charakter von Bildung schlägt dann in sein Gegenteil um, und die zur Qualifikation verstümmelte Bildung dient – unter dem Anspruch einer aus dem gesellschaftlichen Status quo abgeleiteten, aus linker Sichtweise aber entsprechend hinterfragenswürdigen Vorstellung von Gerechtigkeit – dafür, Menschen zu entmündigen. Klammheimlich wird damit der Grundwiderspruch von Kapital und Arbeit zugunsten des Kapitals entschieden und das zentrale Anliegen jedweder linker Position, die »Dialektik von Herr und Knecht« aufzulösen, aufgegeben.

Die Forderung nach »Bildung für Alle« gibt unter emanzipatorischer Zielsetzung geradezu nur dann Sinn, wenn sie *nicht* über das Versprechen des Aufstiegs oder der erhöhten Arbeitsplatzsicherheit transportiert wird. »Bildung für Alle«, durch den Abbau der mit Hilfe des Begabungsmythos legitimierten sozialen Selektion, tut tatsächlich not. Allerdings nicht zum Zwecke einer »gerechteren« Gestaltung des Konkurrenzsystems und auch nicht dafür, um auch alle jene »Begabungsreserven«, die sonst vielleicht verloren gingen, ihrer optimalen Verwertung als »Humankapital« zuzuführen. Aus einer linken Perspektive gestellt, kann die Forderung nach »Bildung für Alle« nur heißen, allen Menschen jene Rahmenbedingungen zu bieten, die ihnen ermöglichen, ihren Verstand frei von verinnerlichten Zwängen gebrauchen zu lernen. Auch die Forderung nach einem Abbau des – entlang vorgeblicher Begabungen – gegliederten Schulwesens und der Installierung einer »Gesamtschule« gibt nur unter diesem Gesichtspunkt Sinn: Das gegliederte Schulwesen stellt ja im Grunde genommen nichts anderes dar, als die strukturelle

Verkörperung der Konkurrenzideologie, die als »heimlicher Lehrplan« das Bewusstsein Heranwachsender vernebelt und verhindert, dass sie erkennen, welchen Interessen das Begabungsgerede letztendlich wirklich dient.

Menschliches Leben findet unter je spezifischen politisch-ökonomischen Bedingungen statt. Diese Rahmenbedingungen beschränken den Handlungsspielraum der Menschen durch konkrete, materiell vermittelte äußere Zwänge; zugleich jedoch und noch viel wesentlicher dadurch, dass sie zu verinnerlichten Barrieren der Entfaltung ihres Bewusstseins werden. Die Vorstellungen des Menschen über sich selbst sind durch die realen gesellschaftlichen Bedingungen geprägt; menschliche Bewusstsein ist domestiziert durch den Status quo. Wird Bildung als Emanzipation des Menschen von jenen verinnerlichten Zwängen begriffen, die seiner vollständigen Entfaltung im Wege stehen, so ist offensichtlich, dass Bildung und Politik auf das Engste verkoppelt sind. Im Bildungssystem sucht sich die Macht in ihrer jeweils gegebenen Erscheinungsform zu perpetuieren. Das gesellschaftliche Interesse vereinnahmt aber das Bildungssystem nicht bloß, es erzeugt über die die konkreten Machtverhältnisse stützenden Ideologien auch noch die allgemeine Akzeptanz dieser Tatsache.

Denn, dass die Erfolgschancen im Bildungswesen durch soziale Determinanten bestimmt sind, aber vorgebliche Begabungen dafür verantwortlich gemacht werden, ist ja nur der vordergründige Aspekt des Skandals. Dahinter steht die noch wesentlich konsequenzreichere Tatsache, dass der »Fetisch Begabung« verdeckt, dass es in einem Konkurrenzsystem niemals darum gehen kann, das vollständige Potential von Menschen zur Entfaltung zu bringen. Auch für jene, die sich aufgrund irgendwelcher begünstigender Faktoren als »besonders begabt« erweisen und den Durchstieg zu hohen und höchsten Bildungsabschlüssen schaffen, bedeutet dies ja bloß, dass sie nunmehr der Verzweckung auf höherem Niveau würdig sind. Auch die Gewinner im Kampf um lukrative Bildungsabschlüsse unterliegen der – im Titel des vorliegenden Buches angesprochenen – »Armut des Habens«. Auch für sie geht es nicht darum, durch Bildung zum unverstellten Sein zu gelangen; Bildung artikuliert sich auch für sie nur auf der Ebene des »Habens« von Qualifikationen.

Auch für die im Bildungssystem Begünstigten sind erworbene Kenntnisse und Fähigkeiten nur Mittel zu dem Zweck, sich verkaufen zu können; womit aber auch sie selbst nur noch Mittel zum Zweck sind. Privilegiert ist ihre Situation nur innerhalb der »Ideologie des Habens«, weil sie mehr von jener »Ware Qualifikation« besitzen, die sie – allerdings nur solange eine entsprechende Nachfrage am Markt besteht – in Geld und soziales Ansehen eintauschen können. Auch für sie geht es nicht um Bildung, deren Gebrauchswert sich in der Befriedigung der menschlichen Bedürfnisse nach Wachstum und Entwicklung äußert, sondern darum, dass sie – selbst zur Ware reduziert – zum Wachstum der Kapitalrendite beitragen. Der schon weiter oben zitierte Erziehungswissenschafter und exponierte Vertreter der emanzipatorischen Bewegung der Sechzigerjahre, Heinz-Joachim Heydorn, formulierte diesbezüglich in einem seiner Texte: »Die Gesellschaft sucht Menschen für bestimmte, klar definierte Zwecke zu begaben, die sich aus ihrem Interesse, einer gegebenen Machtlage, dem Entwicklungsstand ihrer Produktivkräfte ergeben. Sie begabt ihn nicht als Menschen, sondern immer nur partiell, sie bedarf seiner als Bruchstück« (Heydorn 1979: 12).

Genau hier ist der Punkt an dem linke Bildungspolitik ansetzen muss. Wenn das linke Projekt sich als das Vorantreiben von Demokratie und Humanität charakterisieren lässt, dann zielt linke Bildungspolitik auf den zur vollständigen Entfaltung seines humanen Potentials gelangten Menschen. Es geht ihr um den Menschen, der – Kraft Selbstbewusstsein – durch die »Verführungen des Habens« nicht korrumpierbar ist und der Macht des Menschen über den Menschen nicht mehr bedarf. Im Zentrum linker Bildungspolitik muss dementsprechend das

Zurückdrängen der ökonomischen Rationalität im Bildungsbereich stehen, jener Logik, der entsprechend der Mensch nur
als Anhängsel wirtschaftlichen Geschehens denkbar ist. Die
Frage, um die es geht, heißt nicht, wie können Menschen fit
gemacht werden für die sich verändernden Anforderungen, sondern, wie können Menschen befähigt werden, Veränderungen
im Sinne ihrer ureigensten Lebensinteressen voranzutreiben. Es
geht um Bildung die – im Gegensatz zu Qualifizierung – in sich
einen subversiven Akzent trägt; sie antizipiert den freien
Menschen, der im Widerstreit mit den realen Bedingungen der
Gesellschaft erst heranwachsen muss.

Bildung hat viel mit Politik zu tun. Bildung ist der Prozess,
durch den Menschen ein kritisch-analytisches Verhältnis zu
jenen Bedingungen gewinnen, die ihr Leben bestimmen. Damit
werden die individuellen Voraussetzungen für politisches
Handeln geschaffen. Bildung antizipiert zukünftige Politik, die
von selbstbewussten und mündigen Menschen getragen ist. Im
Sinne eines linken Projekts ist Bildungspolitik somit eminent
wichtig. Problematisch ist allerdings die Vorstellung, Bildungspolitik als politisches Steuerungsinstrument zu verstehen; mit
Hilfe von Bildungspolitik also »direkt« politisch wirken zu
wollen. Linke Bildungspolitik muss sich darauf beschränken,
für möglichst alle Mitglieder der Gesellschaft, in möglichst
hohem Maß Bedingungen herzustellen, die Bildung möglich
machen – ihnen also erlauben, Mündigkeit und Selbstbewusstsein zu entwickeln. Wird jedoch versucht, durch
Bildungspolitik auf Entwicklungen des politisch-ökonomischen Systems – wie z.B. Arbeitslosigkeit, soziale Schichtung,
Wettbewerbsfähigkeit u.ähnl. – direkt Einfluss zu nehmen,
gerät Bildungspolitik unversehens zum Agent bürgerlich-kapi-
talistischer Wertvorstellungen und damit zur systemstützenden
Kraft.

Durch Bildungspolitik können gesellschaftliche Zustände nur
indirekt verändert werden; Bildung und Politik stehen zueinander in einer historisch vermittelten Beziehung. Linke Bildungs-

politik setzt auf Bildung in der Hoffnung, dass damit Menschen heranwachsen, die in der Lage und willens sind, in die Gestaltung der gesellschaftlichen Zustände einzugreifen und damit die Gesellschaft im Sinne linker Utopien zu verändern. Ziel linker Bildungspolitik muss es demgemäß sein, in Schule, Aus- und Weiterbildung Rahmenbedingungen zu schaffen, die ihren Besuchern erlauben, jenes Selbstbewusstsein zu entwikkeln, das sie brauchen, um sich den durch die politisch-ökonomischen Verhältnisse gegebenen Tendenzen der Entmündigung entgegenzustellen. Mündigkeit und Selbstbewusstsein können allerdings nicht »von oben herab« und vortragend vermittelt werden. Wenn das Ziel Emanzipation heißt, dann darf der Weg dorthin nicht anti-emanzipatorisch wirken. So wie die aggressive Faust schlecht zur Liebesbeteuerung passt, kann auch Bildung nur mit Methoden zur Geltung gebracht werden, die mit der emanzipatorischen Zielsetzung korrelieren. Keine Idee ist immun gegen die Form ihrer Vermittlung – sind das Ziel zu Autonomie und Selbstbestimmung fähige Individuen, dann müssen Rahmenbedingungen des Lernens kreiert werden, die diese Zielsetzung nicht korrumpieren.

Hinter allen pädagogischen Bemühungen lassen sich »heimliche« Lehrziele entdecken, die in den offiziellen Lehrplänen nicht aufscheinen und diese sogar häufig konterkarieren. Sie spiegeln sich in den strukturellen Bedingungen und im Selbstverständnis der Bildungseinrichtungen wieder und können – da sie ja tatsächlich manifest vorhanden sind – durchaus als die echten Ziele von Schule, Aus- und Weiterbildung bezeichnet werden. Dieses »strukturelle Curriculum« zeigt sich beispielsweise in der Lernorganisation, den Beziehungsformen, den Berechtigungen, die die Bildungsinstitution vergibt, vor allem aber auch im Legitimationsmuster für die »Veranstaltung Lernen«. Damit wird der tatsächliche Erfahrungsraum der Lernenden abgesteckt, der einen unvergleichlich größeren Lerneffekt besitzt, als alle vordergründig deklarierten Bildungsziele. Es handelt sich um die alte pädagogische

Weisheit: Tatsächliche Veränderung in Hinblick auf Werte, Normen und Verhaltensweisen passieren nicht durch Appelle, Moralpredigten oder ein Auswendiglernen derselben, sondern dadurch, dass man im »Feld« dieser Werte und Normen »badet«, sie schlicht als die Realität erlebt, gegen die jede Gegentheorie schal und blass erscheinen muss.

Dementsprechend greift bei der Beurteilung des emanzipatorischen Potentials von Bildungsbemühungen auch die Unterscheidung in »Allgemeinbildung« und »Berufsbildung« wesentlich zu kurz. Abgesehen davon, dass eine stimmige Differenzierung entlang dieses Kriteriums sowieso kaum möglich ist, können Inhalte aus beiden Bereichen sowohl zur Bewusstseinsbildung beitragen als auch »Bewusstlosigkeit« fördern. Bildung misst sich nicht an tradierten Inhalten oder bestimmten, von der Realität abgekoppelten Bildungsgütern, sondern daran, wieweit Inhalte dafür Anlass sind, die vorfindbare Realität kritisch zu durchleuchten. Die klassischen Schlagwörter der Arbeiterbewegung, wie »Bildung macht frei« oder »Wissen ist Macht« müssen genau unter diesem Gesichtspunkt relativiert werden. Der Erwerb von Wissen ist nur dann ein Weg zur Freiheit, wenn er den Menschen nicht nur befähigt, sich als »Ware Arbeitskraft« am Markt verkaufen zu können, sondern ihm auch hilft, von seinem ihm auferlegten Warencharakter zu abstrahieren. Mündigmachende Bildung hilft dem Menschen die Strukturen von Gesellschaft und Arbeitswelt nicht als Ergebnis schicksalsbedingter Konstellationen zu interpretieren, sondern als Machtverhältnisse, die von Menschen gemacht und somit durch Menschen auch verändert werden können.

Einem Primat von Bildung gegenüber Qualifizierung das Wort zu reden, heißt somit ganz sicher nicht in die Dichotomie von Allgemeinbildung und Berufsbildung zu verfallen. Emanzipatorische Bildungsarbeit entwickelt sich an der konkreten Realität, durch die das Leben der Menschen unter den gegebenen historisch-gesellschaftlichen Umständen definiert ist. Dementsprechend wird sie auch erst möglich, auf der Basis von Wissen und Können, das diesen Bedingungen geschuldet ist. Und die Notwendigkeit, sich mit Hilfe vermarktbarer Qualifikationen auf dem durch Konkurrenz geprägten Arbeitsmarkt behaupten zu müssen, stellt für die Majorität aller Gesellschaftsmitglieder das wohl prägendste Element ihrer Lebensbedingungen dar. Es lassen sich aus dem »Bedarf der Wirtschaft« zwar nicht die *pädagogischen* Zielsetzung eines Bildungswesens ableiten, das Menschen befähigen soll, zu ihrem vollen Bewusstsein zu kommen und sich über die Sklavenmoral der Entfremdung zu erheben, sehr wohl aber stellen die über den Markt vermittelten Qualifikationsanforderungen das konkrete Material dar, an dem sich Bildung abzuarbeiten hat.

Wieweit durch organisierte Lernprozesse der Mut von Menschen gestärkt wird, um selbstbewusst in die Gestaltung der Welt einzugreifen, entscheidet sich wesentlich an den strukturellen Bedingungen, wie Vermittlungsmethoden, Disziplinierungsmechanismen, Zeitstruktur, Auswahl und affektiver Besetzung von Inhalten und ähnlichem, ganz besonders aber am Verhältnis Lehrende-Lernende. Worum es geht, ist ein Verhältnis, das, obzwar unterschiedlich durch den relativen Grad des Wissens, doch immer als ein Verhältnis unter Gleichen gestaltet ist (Heydorn 1980: 74). Nur wenn Bildungsprozesse nicht durch ein »Lehrer/nnen-Schüler/innen Autoritätsgefälle« gekennzeichnet sind, artet »Bildung« nicht in Entfremdung der Lernenden von sich selbst aus. Gefordert sind Rahmenbedingungen des Lernens, wo Lernende von Objekten der Belehrung zu Subjekten des selbstbestimmten Lernens, von »Knechten« zu »Herren« gemacht werden. Wie es Paulo Freire formuliert hat, muss das Verhältnis der Lehrenden zu den Lernenden von einem monologischen zu einem dialogischen, und die Funktion der Lehrenden von der des autoritären Führers in die des kollegialen Begleitens verwandelt werden (Vg. Freire 1973).

Bildungsarbeit, die sich an den pädagogischen Leitvorstellungen vom emanzipierten, autonom denkenden, mündigen

Menschen legitimiert, braucht außerdem noch etwas ganz wesentliches, dem wachstumsorientierten Leistungsdenken diametral entgegen gesetztes: das Fehlen von Zeitdruck. Zeit um Nachzudenken und Auszuprobieren, Zeit zum Entdecken von Fragen und für Gespräche die nicht gleich am kürzesten Weg zu irgendwelchen verwertbaren Lösungen führen müssen; Zeit für etwas, das dem indienstgenommenen Lernen völlig verloren gegangen ist: für die Muße. Zwischen Bildung und Muße besteht ein weitgehend vergessener, nichtsdestotrotz aber untrennbarer Zusammenhang: Bildung braucht zu ihrer Entfaltung unverzweckte Freiräume – sie duldet keinen Zweck außer sich, denn ihren Sinn schöpft sie aus sich selbst; dementsprechend findet sie ihre »methodische« Entsprechung in der Muße, jener zweckfreien, aber im höchsten Maße sinnvollen Tätigkeit. Muße meint dabei »jenen Horizont, in dem der Mensch sich ohne zeitliche Enge als freies Wesen konstituiert und aus der Universalität menschlicher Möglichkeiten seine eigene Ganzheit hervorbringt« (Tewes 1989: 131).

Das optimale »Ausnützen« der Zeit – die Zeitökonomie des Kapitalismus – bestimmt heute auch den Alltag in Bildungsinstitutionen. Damit ist die grundlegende Voraussetzung für Subjektivitätsentwicklung verhindert, den Individuen nämlich jene Zeit zu lassen, die sie für eigene Erkenntnisse, für subjektive Erfahrungen und deren Verarbeitung brauchen. Das Heranwachsen von Selbstbewusstsein und Selbstreflexivität ist kein Prozess, der zeitökonomisch optimierbar ist. Der Mensch, der zwar als »Träger der Ware Arbeitskraft« in Erscheinung tritt, aber sehr wohl mehr ist als bloß ein »Arbeitstier«, kann »ohne Umwegproduktion, ohne qualitative Verdichtung von lebensgeschichtlichen Entwicklungsstufen (Reife, »Zeit totschlagen«, freie Zeit, in der man sich verliert, Regression und Entspannung, Erinnerung, Passivität und so weiter) weder erzeugt noch erhalten werden« (Negt/Kluge 1972: 48). Bildungsprozesse, die diesen Namen wirklich verdienen, weil es dabei nicht bloß um die Herausbildung ökonomisch verwertbaren Arbeitsvermögens, sondern um die Entfaltung des menschlichen Potentials geht, sind mit quantitativer Logik nicht in den Griff zu bekommen. Oder, wie es Karlheinz Geißler ausdrückt: »Bildungserfolg kann nicht – wie im betrieblichen Produktionsprozess der Output – schematisch, durch ein Mehr an Zeit, gesteigert werden« (Geißler 1992: 117).

Insgesamt bedeutet das linke bildungspolitische Ziel – der Ausrichtung von Schule, Aus- und Weiterbildung an ökonomischen Verwertungskriterien entgegenzuarbeiten – das Zurückgewinnen der an Kultur geknüpften Dimension von Bildung. In der Bezeichnung »Schule« lebt noch das griechische »scholé«, das Wort für Muße – für den Ort, der von jeder Verzweckung freigehalten ist – fort. Die Realität des fortgeschrittenen Kapitalismus hat die ursprüngliche Begriffsbedeutung zwar nahezu vollständig in ihr Gegenteil verkehrt, dennoch bleibt die Zielsetzung aufrecht: Die »zweite Natur« des Menschen, seine Befähigung sich über den rohen Nutzen zu erheben und ein kulturelles und soziales Sein zu verwirklichen, braucht, um zur Geltung kommen zu können, einen von Verzweckung freigehaltenen Bereich. Gibt es diesen »Sozialisationsraum der Entfaltung des Menschlichen« nicht mehr, ist der »Rückfall in die Barbarei« die logische Konsequenz.

Die diesbezüglichen Zeichen sind genauso unübersehbar wie die entsprechenden Mahnungen großer Denker unüberhörbar sind. Aber vielleicht ist die »Schmerzgrenze« noch nicht erreicht und Hartmut von Hentig hat recht, wenn er meint:

- Solange ihr Bildung mit Laufbahn oder mit sozialpädagogischer Aufbewahrung oder mit Sicherung des jeweiligen Industriestandortes verwechselt,

- solange ihr nicht seht, dass ihr von euren Bildungsanstalten Unmögliches verlangt: im Gestückelten den Zusammenhang, in der Abhängigkeit den Umgang mit der Freiheit, ohne Erfahrung den richtigen Umgang mit der Theorie, ohne gesellschaftliche Aufgabe gesellschaftliche Verantwortung zu lehren, solange ihr (vor allem sofern ihr Eltern seid) nicht wahrnehmt, was das Schulsystem euren Kindern antut: mit der ständigen Benotung, mit funktionalisierten und überlasteten Lehrern, mit der Fiktion der homogenen Klasse, mit der Dreigliedrigkeit (sprich, der Behauptung, diese werde der Verschiedenheit der Kinder gerecht) statt mit einer Dreihundertgliedrigkeit oder Dreitausendgliedrigkeit, mit dem 45-Minuten-Takt, mit den großen Lerngruppen und ihren notwendigen kollektiven Verfahren,

solange ihr das nicht wahrnehmt, ist die Krise noch nicht weit genug fortgeschritten (1996: 208).

Anmerkungen

1 Hentig 1996:15
2 Neben seiner tradierenden Wirkung in Bezug auf Chancenungleichheit verstärkt das Weiterbildungssystem auch geschlechtsspezifische Disparitäten. Denn wenn die Zunahme des formalen Bildungsniveaus von Frauen und Mädchen heute auch gerne als »stille« Revolution im Bildungswesen bezeichnet wird, spiegelt sich diese ja nur in geringem Maß in gut bezahlten, prestigeträchtigen Arbeitsplätzen und beruflichem Aufstiegschancen für Frauen wieder. Die starken Koppelung von Berufsstatus und Weiterbildung bewirkt nun, dass Frauen im Weiterbildungssystem deutlich unterrepräsentiert sind. Seltener als Männer werden sie vom Arbeitgeber zu Weiterbildung geschickt, müssen also häufiger für Weiterbildung ihre Freizeit opfern und diese aus der eigenen Tasche bezahlen. (Vgl. Gruber 1996).

Literatur

Freire, Paulo (1973): Pädagogik der Unterdrückten. Bildung als Praxis der Freiheit. Reinbek bei Hamburg.
Geißler, Karlheinz A. (1992): Zeit leben; vom Hasten und Rasten, Arbeiten

und Lernen, Leben und Sterben. Berlin (4.Aufl.).

Gorz, André (1989): Kritik der ökonomischen Vernunft. Sinnfragen am Ende der Arbeitsgesellschaft. Berlin.

Gruber, Elke (1996): Weiterbildung als private Dienstleistung, in: »Erziehung heute« 1/1996 17ff.

Hentig, Hartmut von(1996): Bildung. Ein Essay. München/Wien.

Heydorn, Heinz-Joachim (1979): Über den Widerspruch von Bildung und Herrschaft. Bildungstheoretische Schriften, Band 2. Frankfurt a.M..

Heydorn, Heinz-Joachim (1980): Zur bürgerlichen Bildung. Anspruch und Wirklichkeit. Bildungstheoretische Schriften, Band 2. Frankfurt a.M..

Marx, Karl/Engels, Friedrich (1983): Werke, Band 4, hg. vom Inst. für Marxismus-Leninismus beim ZK der SED, Berlin (Ost).

Negt, Oskar/Kluge, Alexander (1972): Öffentlichkeit und Erfahrung. Frankfurt a.M..

Sertl, Michael (1998): Mehr Chancengleichheit durch postmoderne Pädagogik? Anmerkungen zum Stand der Schulreform, in: Preglau/Richter: Postmodernes Österreich? 199ff. Wien.

Tewes, Josef (1989): Nichts besseres zu tun, in: Tewes (Hg.): Nichts Besseres zu tun. Über Muße und Müßiggang, 43ff. Oelde.

Vom Lehrer zum Lerncoach?

Das pädagogische Feld ist ein Subsystem der Gesellschaft. Entwicklungen in diesem Bereich müssen dementsprechend stets in engem Konnex mit der jeweiligen Sichtweise des Menschen, seinen ihm unter den aktuellen politisch-ökonomischen Bedingungen zugestandenen Wert, den sozialen Gegebenheiten sowie den gängigen Prämissen der Lebensgestaltung und der Arbeitserbringung gesehen werden. In diesem Sinn können Vorstellungen über günstiges pädagogisches Handeln auch niemals losgelöst von den Maßgaben des gesellschaftlichen Status quo, unter denen sie entstehen oder sich etablieren können, eingeschätzt werden. Setzt sich ein neues pädagogisches Konzept durch bzw. gewinnt ein bisher wenig beachtetes massiv an Aktualität, sollte das deshalb durchaus auch immer wieder zum Anlass genommen werden, die jeweils Pate stehenden gesellschaftlichen Rahmenbedingungen, das gängige Menschenbild und die aktuellen Wertvorstellungen zu hinterfragen.

Diese untrennbare Verquickung pädagogischer Praxis mit dem gesellschaftlichen Status quo wird von Lehrer/innen und Lehrern gerne ein wenig verdrängt. Dementsprechend ist ihr pädagogisches Handeln über weite Strecken von der Vorstellung geprägt, ihre Schüler/innen über den Weg besonders avancierter Unterrichts*methoden* zu kritischen und selbstbewussten Menschen heranbilden zu können und somit, durch ihr professionelles *Verhalten* in der Schule die politischen Bedingungen gewissermaßen konterkarieren zu können. Es wird so getan, als ob in der Schule eine tatsächliche Entgrenzung der Vernunft möglich wäre, trotz gesellschaftlicher Rahmenbedingungen die für ihr Fortbestehen genau jene Menschen brauchen, die über die Grundprämissen der Gesellschaft – die profitable Verwertung von Allem und Jedem

was sich zu einer Ware machen lässt – möglichst nicht nach-
denken!

Im Folgenden soll das gegenwärtig viel beschworene Konzept
des offenen Unterrichts und die damit einhergehende
Idealisierung der Transformation der Lehrerrolle vom
Vortragenden zum Lerncoach kritisch durchleuchtet werden,
ohne dabei auf die Prämisse zu vergessen, dass sich im pädagogisch Aktuellen stets der aktuelle Gesellschaftszustand spiegelt.
Gewinnt hier tatsächlich ein didaktisches Konzept die
Oberhand, das eine bessere »Bedingung der Möglichkeit« für
die Verwirklichung von Freiheit und Mündigkeit darstellt?
Oder dient das moderne Lehrerleitbild inklusive der korrelie-
renden neuen Methoden – wie es von kritischen Autoren verschiedentlich angemerkt wird (z.B. Henning 1996 oder
Schirlbauer 1996) – bloß der Anpassung an die den ökonomisch-gesellschaftlichen Veränderungen geschuldeten neuen
Qualifikationsanforderungen.

Insbesondere geht es mir um die Frage, ob das neue
Lehrerkonzept getragen ist von der von Paulo Freire schon in
den 60er Jahren des vorigen Jahrhunderts formulierten
Erkenntnis, dass befreiende Bildung durch Lehrende, die sich
primär als »Stoffvermittler« begreifen, systematisch unterbunden wird (Freire 1973). Zielt das heute allerorten aufgestellte
Postulat, dass Lehrer sich von ihrer traditionellen Rolle als
Vermittler von Lehrstoff zurückziehen sollen und stattdessen
mehr als »Lernprozessmanager« agieren sollen – als
Animatoren und Unterstützer von Lernenden bei deren eigenständigen Bemühungen, autonom Lernziele und -inhalte festzulegen und zu bearbeiten – in diesem Sinne tatsächlich darauf ab,
Menschen zur Selbstbefreiung zu ermächtigen?

Freire argumentierte ja, dass es an Lernenden nicht spurlos vorbei geht, wenn sie – wie das im traditionellen Unterricht sehr
häufig geschieht – als bloße Objekte der Belehrung angesehen
und behandelt werden wie Container, die es optimal zu füllen
gilt. Ihre Selbstwahrnehmung wird durch eine solche Behand-

lung derart deformiert, dass sie sich schlussendlich auch hinsichtlich gesellschaftlicher Prozesse nur mehr als passive Objekte begreifen können. Lernarrangements dieser Art verhindern somit systematisch, dass Lernende den relativen Charakter des gesellschaftlichen Status quo erkennen und sich von den Prägungen durch diesen emanzipieren können. Sie wirken – wie es Freire formuliert hat – im Sinne der gesellschaftlichen Zustände domestizierend. Die Kritik Freires richtete sich somit gegen den entmündigenden Charakter des Vermittlungsunterrichts, dagegen, dass durch einen derartigen Unterricht das in jedem Menschen schlummernde Potenzial der Freiheit untergraben wird.

Signalisiert dementsprechend das aktuelle Postulat, Lehrende sollen sich von ihrer traditionellen inhaltsorientierten Rolle verabschieden und zu Prozessmanagern selbstbestimmter Lernprozesse werden, tatsächlich eine Paradigmenwechsel in Richtung echter, Selbstbewusstsein und Mündigkeit fördernder Bildung? Hat die Emanzipationsbewegung im letzten Drittel des 20en Jahrhunderts wirklich derart tief greifende Umwälzungen ausgelöst, dass das souveräne Subjekt, das sich den gesellschaftlichen Zuständen selbstbewusst gegenüberstellt, quasi zum offiziellen Leitbild organisierter Lernprozesse geworden ist? Oder aber bedient sich die neue methodische Forderung bloß der Begrifflichkeit des emanzipatorischen Ansatzes der Sechzigerjahre, neutralisiert diesen aber vielleicht gerade durch die Verkürzung auf einen methodisch-didaktischen »Modetrend«? Offenbart sich im neuen Lehrerkonzept möglicherweise sogar eine besonders avancierte Methode der Anpassung? Ist es im Sinne einer Förderung von Mündigkeit nicht sogar kontraproduktiv, Lehrer und Lehrerinnen auf verändertes methodisches *Verhalten* zu verpflichten, ohne ihnen vorher zu ermöglichen, die verhaltenslegitimierenden *pädagogischen Haltung und Einstellungen* reflektieren und bewusst modifizieren zu können – also ohne ihnen selbst (berufliche) Mündigkeit zu ermöglichen?

Besonders der letzte Punkt erscheint mir sehr wichtig. Ich möchte das was ich damit meine, an einem anderen Beispiel aus der Pädagogik illustrieren: Eines der großen Schlagwörter der 60er Jahre des vorigen Jahrhunderts lautete »Antiautoritäre Erziehung«. Die geistigen Urheber der unter diesem Titel firmierenden Erziehungsbewegung appellierten, auf autoritäre, mit psychischer und physischer Gewalt und manipulativen Maßnahmen verbundene Formen der Erziehung soweit wie nur irgend möglich zu verzichten. Sie argumentierten, dass nur auf diese Art selbstbewusste und mündige Menschen heranwachsen können. Dabei ging es ihnen um die prinzipielle Gleichwertigkeit von Erziehenden und Heranwachsenden und um die Auflösung des autoritären Machtgefälles in der pädagogischen Begegnung. Ganz sicher sprachen sie sich jedoch nicht für eine Umkehrung traditioneller Machtverhältnisse in der Erziehung aus; sie forderten partnerschaftliche Verhältnisse ein, keinesfalls jedoch, dass an die Stelle der Macht der Erziehenden, die Macht der Heranwachsenden über diese tritt.

Genau dieser Effekt hat sich allerdings nur allzu oft eingestellt. Das was viele Eltern unter dem Anspruch, »antiautoritär« zu sein, praktizierten, war sehr häufig nämlich gar nicht Erziehung unter Verzicht auf autoritäre Durchsetzungsformen. Tatsächlich wurden die bis dahin weitgehend üblichen autoritären Erziehungsformen bloß abgelöst von *Nicht-Erziehung*. Was unter antiautoritärer Erziehung firmierte, war in der Tat bloß eine laissez-faire Einstellung der Erzieher, ein weit gehender Rückzug vom Erziehungsgeschäft, begleitet von einer Umkehrung der traditionellen Machtverhältnisse im Verhältnis zwischen Erwachsenen und Kindern. Verunsichert über den aus allen Ecken tönenden erziehungs*methodischen* Appell, dass das Verwenden der bisher üblichen Machtmitteln in der Erziehung nicht mehr *en vogue* sei, verzichteten viele Eltern in der Folge überhaupt weitgehend darauf in eine erzieherische *Beziehung* zu den ihnen Anvertrauten zu treten. Sie zogen sich auf die Position eines innerlich distanzierten Gewährenlassens zurück.

Die Folgen derartigen Nicht-Erziehens kennen wir zur Genüge; die mit dem laissez-faire Verhaltensstil der Erzieher einhergehende Beziehungsarmut führte bei den Heranwachsenden nicht selten sogar zum absoluten Gegenteil dessen, was mit der Idee der Antiautoritären Erziehung intendiert war, nämlich zu nachhaltigen psychischen Störungen.

Wie konnte das passieren? Tatsächlich ist es so, dass Eltern die – aus welchen Gründen auch immer – nicht in der Lage sind, gegenüber ihren Kindern eine akzeptierende und liebevolle Haltung einzunehmen, den Appell, zu erziehen ohne sich dabei autoritärer Verhaltensweisen zu bedienen, letztendlich gar nicht umsetzen können. Es kommt hier derselbe Effekt zum Tragen, der die konsequente Umsetzung eines Vorsatzes zur Änderung eigenen Verhaltens solange hintertreibt, als es einem nicht gelingt, das hinter der ungeliebten Verhaltensweise stehende Motiv – die verhaltenslegitimierende innere Einstellung – ins Bewusstsein zu holen. Verhalten leitet sich aus Haltungen und Einstellungen ab; ohne Reflexion derselben bleiben Versuche der Verhaltensänderung bloß gut gemeinte Vorsätze, deren Umsetzung in der Regel sehr bald zum Scheitern verurteilt ist. Erziehung ist nicht möglich ohne den fortwährenden Dialog zwischen Erziehenden und Heranwachsenden. Wird Erziehung nicht als dialogische Beziehung begriffen, pervertiert sie zur bloßen Menschenzurichtung. Beziehung bedeutet, sich aufeinander einzulassen und sich permanent der Auseinandersetzung um Grenzen – dem Nähe-Distanz-Problem – zu stellen. Kann jemand – aufgrund seiner verinnerlichten Einstellungen gegenüber sich selbst und anderen Menschen – jedoch nur eingeschränkt in Beziehung treten, ist er zu einer dialogischen Auseinandersetzung nicht fähig. Es bleibt ihm somit in der pädagogischen Begegnung nur die Wahl zwischen autoritärem oder laissez-faire Stil. Und wenn – so wie es in den 60er Jahren der Fall war – autoritäre Verhaltensweisen eben gerade »nicht in Mode« sind, dann bleibt nur mehr der Rückzug ins ideologisch überhöhte Gewährenlassen.

111

Ähnliches ist allerdings zu befürchten, wenn Lehrende den Übergang von der Position des Wissensvermittlers zum Lerncoach bloß vollziehen, weil dies angeblich »zeitgemäßen« didaktischen Gesichtspunkten entspricht. Was vom schon weiter vorne zitierten Paulo Freire in seinen seinerzeit so populär gewordenen Texten gefordert wurde, ist ja keine neue Methode des Lehrens, sondern eine veränderte Form der Begegnung zwischen Lehrenden und Lernenden. Sein Appell zielt auf eine vom Geist des Dialogs geprägte Haltung, die selbstverständlich in vielen Fällen auch zu anderen Verhaltensweisen führen wird. Ändern soll sich das Handeln der Lehrenden seiner Meinung nach aber nicht aus irgendwelchen modischen oder utilitaristischen Gründen. Freire zielt weder auf einen effektiveren oder unterhaltsameren Unterricht ab, noch darauf, dass Lernende »nebenbei« für das Funktionieren in der Arbeitswelt wichtige Kompetenzen – in diesem Fall, das selbständige Beschaffen von Informationen – erwerben. Sein Appell zu einer anderen Sichtweise von Unterricht speist sich einzig aus *pädagogischen* Motiven.

Nur wenn diese pädagogisch motivierten Ziele von Lehrenden nachvollzogen und tatsächlich auch »eingesehen« werden, besteht die Chance, dass das neue Lehrerleitbild des Lerncoach tatsächlich einen Schritt zur Verringerung der Entfremdung in gesellschaftlich organisierten Lernprozessen bedeutet.

Es ist allerdings erstaunlich, dass die allgegenwärtige Forderung nach Veränderung der Lehrerrolle in Richtung eines Begleiters und Beraters in Lernprozessen, kaum je mit dem Anspruch begründet wird, damit das pädagogische Metaziel des mündigen Menschen besser verwirklichen zu können. Als Beleg für den Wert eines derart organisierten Unterrichts wird in erster Linie angeführt, dass sich die Schüler/innen dabei wohler fühlen würden und mit mehr Motivation bei der Sache seien. Das neue Lernarrangement wird quasi – wie es der aus Österreich stammende Erziehungswissenschafter Alfred Schirlbauer durchaus kritisch formuliert – im Namen der Humanität eingefordert (Schirlbauer 1996: 13). Diese

Begründung hat durchaus Charme – zu fragen ist allerdings, wieweit der vorgeblich menschenfreundliche Akt, Heranwachsende vom Zwang zum systematischen und reglementierten Lernen, einschließlich dessen Ausrichtung an einem vorgegebenen Kanon an Wissen und Können, zu befreien, nicht klammheimlich genau die der Argumentation zugrunde liegende Idee des Humanen hintertreibt. Das traditionelle, inhaltlichen und strukturellen Vorgaben unterworfene Lernen wurde ja ebenfalls stets mit der Vorstellung der Entfaltung spezifisch menschlicher Potentiale legitimiert. Die eingeforderte Lerndisziplin mag im pädagogischen Alltag zwar verschiedentlich durchaus zum Selbstzweck geworden sein, von der Idee war sie das jedoch niemals. Sie erschien notwendig, um das Ziel der Kultivierung des Menschengeschlechts voranzutreiben.

Das am häufigsten vorgebrachte Argument für den Appell, vom Belehrungsunterricht abzugehen und Unterrichtsformen zu praktizieren, bei denen die Schüler/innen weitgehend selbst gesteuert lernen, ist jedoch die dadurch angeblich gegebene verbesserte Vorbereitung von Lernenden auf veränderte Anforderungen in Gesellschaft und Arbeitswelt. Der gesellschaftliche und ökonomische Wandel gilt ja heute generell als jene große Decke, nach der sich alle zu strecken hätten. Im allgemeinen Bewusstsein wird ihm der Charakter eines Sachzwangs zugeschrieben, dem alle Gesellschaftsmitglieder ausgeliefert sind und dem sich konsequenterweise auch alle andienen müssen. In diesem Sinn wird in der Regel weder das heute von allen Seiten penetrant eingeforderte permanente Lernen, noch die aktuell geforderten offenen Unterrichtskonzepte einschließlich dem propagierten Wandel der Lehrenden zu Lernprozessmanagern damit begründet, Menschen mittels Lernen zur Selbstbefreiung zu befähigen. Stets geht es um Anpassung an vorgeblich unveränderliche neue Anforderungen an die Individuen.

Als Beispiel soll ein Zitat aus einem Artikel mit dem bezeichnenden Titel: Vom »Frontalfeldwebel zum Lernberater« (Schumacher 2002), dienen. In dem Text der Erziehungswissenschafterin Eva Schumacher von der Pädagogischen Hochschule Karlsruhe wird die Forderung nach offener Unterricht abgeleitet aus dem aktuell stattfindenden Abbau gesellschaftlicher Sicherungsmechanismen und dem damit einhergehenden Zwang mit allen Chancen und Risiken, die das individuelle Leben bereithält, heute immer mehr selbst fertig zu werden. Unter Rekurs auf Ulrich Beck argumentiert sie, dass »aktiv, findig und pfiffig werden, Ideen entwickeln, schneller, wendiger, kreativer sein, um sich in der Konkurrenz durchzusetzen – und dies nicht nur einmal, sondern dauernd, tagtäglich«, das ist, was Heranwachsende heute in der Schule lernen müssten. Und derartige Kompetenzen lassen sich – so das Argument von Schumacher – mit traditionellen schulischen Methoden eben nicht ausreichend fördern, woraus sie die Forderung nach einer »Öffnung des Unterrichts und den damit verknüpften Ansprüche an ein verändertes, beratungsorientiertes Lehrerbild« ableitet.

Schuhmacher outet sich mit der zitierten Aussage als eine typische Vertreterin jener, zwischenzeitlich längst die Mehrheit verkörpernden Gruppe von Erziehungswissenschafter/innen, die aufgehört haben, sich dem pädagogischen Grunddilemma von Anpassung und Emanzipation zu stellen. Für diese Forscher/innen geht es in der Pädagogik nur noch um die Frage, wie Lernende – bei einer optimaler Relation von Aufwand und Erfolg – für das tauglich gemacht werden können, was als »Anforderungen der Praxis« umschrieben wird. Dass diese Zielsetzung – konsequent verfolgt – in der Instrumentalisierung des Menschen mündet und seine Selbstbestimmungsmöglichkeit systematisch untergräbt, findet in ihren Überlegungen keinen Platz. Letztlich haben es diese Forscher/innen aufgegeben, Pädagogik als eine Geisteswissenschaft – eine Disziplin, in deren Zentrum die Frage nach dem Wesen des Menschen steht – zu betrachten; ihnen geht es nicht um das Hervorbringen des Menschlichen am Menschen, sondern um seine Zurichtung unter Einsatz naturwissenschaftlicher Erkenntnisse.

Die neuzeitliche Pädagogik – die parallel mit der Möglichkeit des systematischen Wissenserwerbs für alle Gesellschaftsmitglieder entstanden war – war von allem Anfang an im Antagonismus von Geistes- und Naturwissenschaft und damit zwischen zwei einander widersprechenden Zielsetzungen gefangen gewesen: Auf der einen Seite der die Theoriebildung lenkende hehre Anspruch, Menschen zu ihrer Selbstbefreiung befähigen zu wollen, und auf der anderen Seite der die Praxis prägende schnöde Auftrag, sie an die Vorgaben des jeweiligen gesellschaftlichen Ist-Zustandes anzupassen zu sollen. Einerseits das Ideal der zweckfreien Bildung, mit ihrer Orientierung an Autonomie, Mündigkeit und Emanzipation, und andererseits die stets in Dienst genommene Erziehung und Ausbildung mit dem immanenten Ziel, durch eine entsprechende Zurichtung der Heranwachsenden den Status quo fortzuschreiben.

Wohl aus Angst vor den politischen Implikationen eines tatsächlichen Ernstnehmens des Zusammenhangs von Bildung und Freiheit war der angesprochene Grundwiderspruch in der Pädagogik allerdings nur selten in seiner vollen Tragweite reflektiert worden. Zwar können Mündigkeit und Bildung durchaus als Konsensbegriffe der neuzeitlichen Pädagogik bezeichnet werden; jedoch wurde Mündigkeit in der pädagogischen Diskussion nur allzu häufig auf eine unverbindliche Pathosformel reduziert und über »Bedingungen der Möglichkeit von Bildung« wurden vielfach nur sehr marginal und meist nur sehr halbherzig nachgedacht. Hinter der Mündigkeitsfassade ging es oftmals viel eher um *freundlich wirkende Methoden der Anpassung*, um eine – wie es der bekannte Erziehungswissenschafter Heinz Joachim Heydorn einmal formuliert hat: »menschenfeindliche Kinderfreundlichkeit«.

Dennoch verhinderten die aus dem geisteswissenschaftlichen Menschenbild abgeleiteten pädagogischen Leitbegriffe, Bildung, Mündigkeit und Autonomie zumindest, dass Lernprozesse völlig blind und eindimensional unter dem Gesichtspunkt der Zurichtung für Vorgaben, die aus dem ökonomischen Bedarf, den aktuellen Machtverhältnissen oder gängigen Ideologien abgeleitet sind, in den Fokus genommen wurden. Bei pädagogischen Überlegungen schwang immer noch ein wenig die in der Aufklärung fußende Idee des sich selbst zu seiner Entfaltung gebrachten mündigen Subjekts mit – eines Menschen, der sich den ihm aufgeherrschten Bedingungen seines Lebens selbstbewusst und kritisch gegenüberstellt.

In der die aktuelle Diskussion dominierenden naturwissenschaftlich-didaktischen Sichtweise von Pädagogik geht es allerdings bloß noch um ein Lernen, das dafür dient, sich unter den »gegebenen« Bedingungen optimal durchschlagen zu können. Zwar wird im Zusammenhang mit Lernen heute viel über »Empowerment« gesprochen; kaum je ist damit jedoch gemeint, Menschen mittels organisierten Lernens befähigen zu wollen, die sich aus der aktuellen gesellschaftlichen Verfasstheit ergebenden Zumutungen kritisch hinterfragen und eventuell abwehren zu können. Lernerfolg wird nur noch daran gemessen, wieweit Betroffene gelernt haben, unter vorgegebenen Bedingungen friktionsfrei zu funktionieren und sie zu ihrem Vorteil auszunützen. Es geht bloß noch darum, durch Lernen »clever« zu werden; die Befähigung und der Mut zum Zweifel – der Kern dessen, was traditionell unter Intelligenz verstanden wurde – scheint nicht mehr gefragt.

Wird Lernen in dieser Form wahrgenommen, geht es letztendlich einzig um die Frage, wie Lernende am besten dazu gebracht werden können, zu tun, was von ihnen erwartet wird. Im Gegensatz dazu steht im Fokus des Handelns von Lehrenden, die sich als Pädagog/innen und nicht als Expert/innen für Menschenzurichtung begreifen, die Humanisierung der ihnen Anvertrauten. Dabei geht pädagogisches Denken von der Vorstellung aus, dass das im Menschen angelegte humane Potenzial erst über einen Prozess der dialogischen Auseinandersetzung mit anderen Menschen zur Entfaltung kommt. Nur über die Begegnung mit einem »Du« ent-deckt sich der Mensch als das, was er potenziell »von allem Anfang an« ist: Das prinzipiell freie Wesen, das sich Kraft Bewusstsein über alle Determinierungen erheben und sein Leben eigenverantwortlich gestalten kann.

Zwar ist jeder Mensch schon von Geburt aus mit der prinzipiellen Fähigkeit ausgestattet, sich zu einem Mitglied der Gattung Homo sapiens zu entwickeln. Bewusstes Menschsein jedoch – die Herausbildung jenes Wesens, dessen Freiheit sich über die Fähigkeit bestimmt, seine Existenz in all ihren Aspekten in Frage stellen zu können – braucht mehr als diese biologische Prämisse. Der Mensch in seiner vollen Wortbedeutung entwickelt sich erst über den Prozess der Interaktion mit anderen Menschen. Erste rudimentäre Fähigkeiten abstrakter Kommunikation – die allerdings auch zu diesem Zeitpunkt schon deutlich über diesbezügliche Fertigkeiten von Schimpansen hinausgehen – besitzen schon einjährige Kinder. Aber erst zwei bis zweieinhalb Jahre nach der biologischen Geburt, wenn sich ein Kind zum ersten Mal als »Ich« apostrophiert hat, kann davon gesprochen werden, dass sich im Wechselspiel mit der sozialen Umwelt der innerste Kern eines unverwechselbaren Individuums herausgebildet hat.

Selbstverständlich ist der Prozess der Entwicklung des sich seiner selbst bewussten Individuums damit jedoch noch lange nicht zu Ende. Abhängig davon, wie dem Heranwachsenden in weiterer Folge begegnet wird, inwieweit er von den Menschen seiner Umgebung als Kommunikationspartner ernst genommen und in den argumentativen Dialog seiner sozialen Umwelt einbezogen wird, wird sich seine Fähigkeit der Welt selbstbewusst gegenüberzutreten, mehr oder weniger gut weiterentwickeln. Eine ganz wichtige Rolle nehmen in diesem Prozess die Schule und andere organisierte Lernprozesse ein. Systematisches Lernen wird sich im angesprochenen Sinn allerdings nur dann positiv auswirken, wenn es etwas anderes ist, als der Versuch,

Menschen an – wie auch immer definierte – Vorgaben anzupassen. Paulo Freire – den ich schon mehrmals zitiert habe stellt
dazu fest, dass eine »Befreiung des Menschen zu sich selbst«
nur auf der Basis eines dialogischen Unterrichts möglich ist,
eines Unterrichts also, dessen Ziel nicht die Belehrung, sondern
das gemeinsame Ringen um Erkenntnis von Lehrenden und
Lernenden ist.

Damit meint Freire aber nicht bloß, dass Lehrende aufhören
sollen, die zentrale Wissensquelle zu sein und stattdessen ein
Unterricht Platz greifen soll, bei dem sich die Lernenden
Wissen selbständig aus anderen Informationsquellen – z.B. aus
Büchern oder dem Internet – verschaffen. Ihm geht es keines-
wegs bloß darum, dass die Macht der Lehrenden bei der
Interpretation der Wirklichkeit durch eine andere Wissens-
autorität abgelöst wird – das wäre zu wenig um die von ihm
konstatierten »Übermittlungskrankheit zu überwinden. Ein
»Weitergeben« von Wissen im Sinne eines Gütertransports von
A nach B wird einem pädagogisch legitimierten Unterricht in
keinem Fall gerecht. Befreiendes Lernen ist an eigenes
Erkennen gebunden und dialogischer Unterricht versteht sich
als Hilfe zu diesem Erkenntnisprozess, ist letztendlich immer
Hilfe dafür, sich selbst mit Gründen überzeugen zu können.

Dialog verwirklicht sich im Argumentieren – er treibt die
Vernunftbindung der Lernenden weiter, indem er diese ernst
nimmt. Dialogischer Unterricht bestätigt die Lernenden in ihrer
Freiheit, indem sie ständig aufgefordert sind, Argumente zu
prüfen und ihnen geholfen wird, sie auf ihre Stimmigkeit, auf
mögliche Konsequenzen und eventuelle Irrwege hin zu untersu-
chen. Immanuel Kant hat den Anspruch, der hinter einem derartigen Unterricht steht, folgendermaßen formuliert: »Ich kann
einen Anderen niemals überzeugen, als durch seine eigenen
Gedanken. Ich muss also voraussetzen, der Andere habe einen
guten und richtigen Verstand; sonst ist es vergeblich zu hoffen,
er werde durch meine Gründe können gewonnen werden«
(Kant 1867: 619).

Die Forderungen Freires dürfen somit also keinesfalls als bloßer Appell nach neuen *Methoden* des Unterrichtens interpretiert werden. Bei meinem anfänglichen Verweis auf die missverstandene antiautoritäre Erziehung habe ich schon darauf hingewiesen, dass sich eine Erziehung zu Selbstbewusstsein und Mündigkeit nicht an bestimmten erzieherischen *Verhaltensweisen* beweist, sondern primär an bestimmten *Haltungen und Einstellungen* gegenüber den Zu-Erziehenden. Genau dasselbe gilt auch für einen Unterricht, der mit pädagogischen Zielsetzungen korrelieren soll. Ein anderes Umgehen mit Lernenden ist aus pädagogischer Sichtweise nicht deshalb zu fordern, weil die Weitergabe von Wissen und erwünschten Fertigkeiten dadurch effektiver, leichter oder möglicherweise kurzweiliger über die Bühne gehen mag, sondern deshalb, weil das Menschenbild der Pädagogik es verbietet, Menschen ihrem Menschsein zu entfremden und zu verzwecken!

Dialogischer Unterricht ist nicht eine *Methode* neben anderen, sondern ein Prinzip. Lehrende sind dabei in ihrer personalen Existenz gefordert, in ihrer Haltung – nicht im Umsetzen einer angelernten Rolle! Es setzt voraus, unter Lehren nicht eine Strategie zur Steuerung von Unterrichtsprozessen und Menschen zu verstehen, sondern Schüler als souveräne und gleichwertige Gegenüber anzuerkennen. Voraussetzung dafür ist eine von liebevoller Akzeptanz geprägte Haltung von Lehrenden. Anzustreben ist ein Verhältnis, das, obzwar unterschiedlich durch den relativen Grad des Wissens, doch immer als ein Verhältnis unter Menschen gleicher Wertigkeit – d.h. gleicher Möglichkeiten im sozialen Kontext – gestaltet ist. Gefordert sind Rahmenbedingungen des Lernens, in denen Lernende von bloßen Objekten der Belehrung zu Subjekten ihres Lernens, von »Knechten« zu »Herren« gemacht werden. Wie es Paulo Freire formuliert hat, muss das Verhältnis der Lehrenden zu den Lernenden von einem monologischen zu einem dialogischen, und die Funktion der Lehrenden von der eines autoritären Führers in die eines seriösen Dialogpartners verwandelt werden.

Selbstbewusstsein und Kritikfähigkeit entwickeln sich im Prozess des diskursiven Ringens um Erkenntnis, nicht durch ein Aufoktroyieren vorgeblicher Wahrheiten – egal, ob diese von einem Lehrender, einer CD-Rom, dem Internet oder irgendeinem anderen Vermittlungsmedium verbreitet werden. Wenn das Ziel Mündigkeit heißt, dann ist es Aufgabe von Lehrenden jene Autorität zu verkörpern, die es Lernenden ermöglicht, durch die argumentative Auseinandersetzung mit ihr zu wachsen. Wird unter einem Lerncoach ein derartiger Diskurspartner bei der Suche nach Erkenntnis verstanden, dann stellt der postulierte Übergang vom Vortragenden zum Lerncoach tatsächlich eine Chance dar, dass gesellschaftlich organisierte Lernprozesse ein Stück mehr in Richtung souveräner Subjekte wirksam werden. Wird damit allerdings nur intendiert, den alten Wein (der Wahrheitsvermittlung) in neue (methodische) Schläuche zu füllen, dann besteht die Gefahr, dass das Bildungsziel des autonomen Individuums durch die Fassade m(eth)odischen Verhaltens sogar noch ein wenig mehr verstellt wird.

Literatur

Freire, Paulo (1973): Pädagogik der Unterdrückten. Bildung als Praxis der Freiheit. Reinbeck b. Hamburg.

Henning, Günther (1996): Kritik des offenen Unterrichts. Bielefeld, Lernen für die Deutsche und Europäische Zukunft e.V.

Kant, Immanuel (1867): Immanuel Kant's sämmtliche Werke. In chronologischer Reihenfolge. Hg. von Gustav Hartenstein, Leipzig.

Schirlbauer, Alfred (1996): Die große Transformation. In: Schirlbauer: Im Schatten des pädagogischen Eros. Wien.

Schuhmacher, Eva (2002): Vom Frontalfeldwebel zum Lernberater? Offene Unterrichtsformen als Herausforderung für das Selbstverständnis von Lehrkräften, Bildung und Erziehung Heft 12/2002. Zit. nach: http://www.bawue.gew.de/Offener_Unterricht.html#Section1531 (27.8.2004)

Zwangsehe

Vom ewigen Flirt der Pädagogik mit der Emanzipation
und ihrer Zweckheirat mit der Ökonomie[1]

Der Titel der gegenständlichen Veranstaltung »Markt – Macht –
Bildung« signalisiert einen kritischen Blick auf das Verhältnis
von Bildung und marktgesteuerter Ökonomie. Wer Probleme
damit hat, dass Bildungsaktivitäten zu eng mit ökonomischen
Gegebenheiten verkoppelt sind, idealisiert meist eine andere
Ausrichtung der Pädagogik – ihre Orientierung an Mündigkeit
und Emanzipation. Ich möchte mit meinem Vortrag diese
Polarisierung zwischen einer pädagogischen Ausrichtung an
Emanzipation einerseits und an Ökonomie andererseits kritisch
hinterfragen. Ich möchte aufzeigen, dass es keineswegs so ist,
dass die Pädagogik in den letzten Jahren quasi ihren Partner
gewechselt hat und von ihrer ursprünglichen Beziehung mit der
Emanzipation zu einer nunmehrigen mit der Ökonomie
gewechselt hat. Wie der Titel meines Vortrags schon andeuten
soll, hatte die Pädagogik meines Erachtens immer schon ein
ziemlich fixes Verhältnis mit der Ökonomie, und ihre
Beziehung zur Emanzipation bewegte sich stets bloß auf der
Ebene eines oberflächlichen Flirts.
Es besteht natürlich durchaus Grund, schon allein die Tatsache
zu feiern, dass das *schulheft* nach 30 Jahren noch immer existiert und regelmäßige, zum Teil recht kräftige Lebenszeichen
von sich gibt. Trotzdem meine ich, dass es vielleicht gar nicht
so sehr die lange Lebensdauer ist, die heute im Fokus der
Reflexion stehen sollte – viel bedeutsamer scheint mir, dass es
eine derart lange Zeit gelungen ist, mit dem *schulheft* ein
Forum aufrechtzuerhalten, das eigentlich ziemlich bald nach
seiner Gründung schon nicht mehr mit dem pädagogischen
Zeitgeist kompatibel war.

Auf der schulheft-Homepage heißt es, dass die 1976 vorgenommene Gründung der Taschenbuchserie von der Aufbruchsstimmung der 68er-Bewegung getragen war und dass mit dem *schulheft* ein kritisch-pädagogisches Forum geschaffen werden sollte, das Theorie und Praxis verzahnt. Wenn es weiter heißt, dass diese Linie all die Jahre beibehalten wurde, auch wenn die einstigen Herausgeber/innen längst durch neue abgelöst wurden, dann stellt sich spätestens seit den 80er Jahren die Frage, wieso die hier als Initialzündung angeführte pädagogische Aufbruchsstimmung nur in derartigen Mini-Enklaven wie eben beispielsweise dem *schulheft* konserviert werden konnte und im Übrigen so rasch wieder versandet ist. Tatsächlich war dem Geist der kritisch-emanzipatorischen Erziehungswissenschaft, auf die hier rekurriert wird, ja nur ein äußerst kurzer Sommer vergönnt. Zum Zeitpunkt der Gründung des *schulheft* war die Zeit des Aufbruchs eigentlich schon wieder fast vorbei – die neokonservative Wende kündigte sich damals auch in der Pädagogik schon an allen Ecken und Enden an.

Dabei war das *schulheft* ja durchaus nicht die einzige Zeitschrift mit pädagogischem Impetus, die im Umfeld der so genannten 68er-Bewegung entstanden ist. Und es war auch keineswegs ein Zufall, dass diese Bewegung als Nebeneffekt Zeitschriften hat entstehen lassen, deren Ziel es war, nicht bloß eine andere, in irgendeiner Weise »modernere« Erziehung und ein entsprechendes Lernen einzufordern, sondern radikal die Bedingungen zu hinterfragen, unter denen Sozialisation und Erziehung in der bürgerlichen Gesellschaft stattfindet. Die über weite Strecken sehr unterschiedlichen und zum Teil auch widersprüchlichen gesellschaftlichen Experimente und Ansprüche, die heute rückblickend unter dem Sammelbegriff »68er-Bewegung« zusammengefasst werden, verband ja eine gemeinsame Hoffnung: die Überwindung der durch die politisch-ökonomischen Strukturen bedingten Selbstentfremdung des Menschen. Das große Ziel lautete Emanzipation von der den gesellschaftlichen Strukturen innewohnenden Macht, die es den

Menschen derart schwer macht, ihre prinzipielle Freiheit in Anspruch zu nehmen und ein humanes Miteinander zu verwirklichen.

Mit diesem Ziel wurde an die Vorstellung der Selbstbefreiung des Menschen angeschlossen, die untrennbar mit der neuzeitlichen Pädagogik – ja letztendlich mit der Moderne insgesamt – verknüpft ist. Das bildungstheoretisch entworfene Idealbild des bürgerlichen Menschen war das zu eigenverantwortlichem Denken und Handeln befähigte, emanzipierte Individuum gewesen. Aus Gründen, auf die ich in der Folge gleich eingehen werde, blieb dieses Ziel allerdings immer ein ziemlich nebuloses Ideal, das kaum je wirklich in Beziehung zu den konkreten gesellschaftlichen Bedingungen gesetzt wurde. Erst die im Gefolge von 68er-Bewegung und kritischer Gesellschaftstheorie der Frankfurter Schule entstandene – allerdings bald wieder im pädagogischen Untergrund verschwundene – emanzipatorische Pädagogik unterzog die überlieferten pädagogischen Konzeptionen konsequent einer Nagelprobe und entlarvte sie dabei über weite Strecken als bloße Ideologie.

Tatsächlich war die moderne bürgerliche Pädagogik ja von allem Anfang an in einem eigentümlichen Widerspruch gefangen: Als eine Disziplin, die im Zusammenhang mit den tief greifenden gesellschaftlichen Umwälzungen im Zuge der Machtübernahme des Bürgertums ihren eigenständigen Status erhalten hatte, verband sie ihre Leitbegriffe – Mündigkeit, Emanzipation, Verantwortung oder Autonomie – zugleich mit Eigensinnigkeit, mit Widerstand und Aufbegehren, mit gesellschaftlicher Umwälzung und mit Revolution. Die Vision des autonomen, über sich und die gesellschaftliche Ordnung vernünftig bestimmenden Menschen und die Verabschiedung des Glaubens an einen diesbezüglichen göttlichen Plan waren die Grundlagen der bürgerlichen Revolution. Die bürgerliche Kampfansage an die Prämissen der feudalen Ordnung war der im Bildungsbegriff kulminierte, freie, radikale und eigenverantwortliche Vernunftgebrauch. Letztendlich war der Bildungsbegriff nichts anderes als die pädagogische Entsprechung des politischen Kampfes des Bürgertums um gesellschaftliche Emanzipation – oder anders gesagt: Bürgerliche Mündigkeit war der Gründungsimpuls der modernen Pädagogik.

Allerdings erschöpfte sich die bürgerliche Emanzipationsbewegung in der *politischen* Befreiung. Sobald diese erreicht war, indem bürgerlich-demokratische Verhältnisse geschaffen waren, wurde der im Emanzipationsbegriff zum Ausdruck kommende revolutionäre Impuls umgehend wieder entsorgt. Zugleich fiel nun dem Bereich der gesellschaftlich organisierten Bildung die zentrale Reproduktionsfunktion der bürgerlichen Gesellschaft zu. Anstatt der kirchlichen übernahmen ja nun die pädagogischen Instanzen die Aufgabe der Zurichtung der Köpfe der zu Staatsbürgern gewordenen Untertanen. Das Ziel blieb dabei das gleiche – den gesellschaftlichen Status quo in seinem Bestand zu sichern.

Damit war aber das Dilemma der bürgerlichen Philosophie und Pädagogik geboren – nämlich an Begrifflichkeiten orientiert zu sein, deren radikale Ausrichtung letztendlich gar keinen gesellschaftlichen Niederschlag finden kann und darf. Folge dieser Entwicklung ist, dass die Pädagogik als philosophisch-reflektierende Wissenschaft zwar die hehren Ziele der menschlichen Emanzipation ständig wie einen Bauchladen vor sich herträgt, als Praxis jedoch dafür zuständig ist, deren Umsetzung klammheimlich zu verhindern. In letzter Konsequenz ist es somit die Pädagogik selbst, die den ehemaligen bürgerlichen Kampfbegriffen – trotzdem sie sie ständig idealisiert – ihre revolutionäre Brisanz nimmt.

Das ist der Grund, warum Mündigkeit, Emanzipation, Verantwortung, Autonomie und all die anderen erhabenen Leitmaßstäbe der Pädagogik heute weitgehend auf den Status hohler Pathosbegriffe reduziert sind; Begriffshülsen, die letztendlich inhaltslos sind und für die es keine beobachtbaren, dingfest zu machenden Verhaltenskategorien gibt. Als solche leeren Begriffshülsen können sie zugleich aber auch als attraktive Verpackung für nahezu jeden Inhalt herhalten. Dementsprechend leicht ist es ja auch, diese positiv aufgeladenen Leitbegriffe mit Inhalten zu füllen, die den aktuellen politischökonomischen Vorgaben in die Hände spielen – etwas, was z. B. passiert, wenn Autonomie zu einem Kürzel dafür wird, dass Menschen flexibel, mobil und engagiert genau das machen, was sich die jeweilige Machtinstanz von ihnen erwartet.

Die Pädagogik als Wissenschaft erklärt es schlichtweg für unmöglich, konkrete Maßstäbe anzugeben, an denen sich ermessen lässt, ob ein Mensch sich hier und heute mündig verhält und sein Leben selbstverantwortlich führt. Wissenschaftlich ausgedrückt nennt sich das dann »das ungelöste Normproblem in der Pädagogik«. Ein Buch dieses Titels, das der deutsche Bildungswissenschafter Jörg Ruhloff (1979) fast zeitgleich mit der Gründung des *schulheft* herausgebracht hat, weist sehr genau nach, dass es keinem wissenschaftlichen Ansatz der Pädagogik je gelungen ist, verbindliche und aus dem Binnenraum der Pädagogik stammende, inhaltliche Umsetzungen der immanenten Ziele der Pädagogik zu entwickeln.

Sich damit zu beschäftigen, welche Verhaltensweisen von Menschen hier und heute als Indikatoren für mündiges Verhalten gelten könnten bzw. wie sich ein emanzipiertes Individuum den aktuellen gesellschaftlichen Bedingungen idealtypisch gegenüberstellen müsste, würde es der Pädagogik und den Pädagog/innen *selbst* abverlangen, sich gegenüber der Gesellschaft und gegenüber den in ihr eingeschriebenen, konkreten Machtverhältnissen zu positionieren. Und das würde sie ziemlich rasch in ein gewaltiges Dilemma bringen: Da hieße es nämlich gegen eine ganze Reihe von strukturellen Bedingungen des Bildungssystems aufzutreten, was letztendlich bedeuten würde, *politisch* Stellung nehmen zu müssen. In letzter Konsequenz wäre es dafür erforderlich, dass sich *die Pädagoginnen und Pädagogen selbst* von ihrer Anhaftung an dem gesellschaftlichen Status quo emanzipieren. Da ist es natürlich viel bequemer, auf der Mikroebene der pädagogischen

Beziehung zu bleiben und dort nach den »Bedingungen der Möglichkeit von Bildung« zu suchen.

Dem widersprüchlichen Auftrag, auf der einen Seite aufgerufen zu sein, zu Mündigkeit und Emanzipation ihrer Klientel beizutragen, und auf der anderen Seite genau das nicht tun zu dürfen, sind letztendlich alle praktisch tätigen Pädagogen und Pädagoginnen ausgeliefert. Dabei darf allerdings nicht vergessen werden, dass diese Doublebind-Situation einen durchaus praktischen Nebeneffekt schafft: Indem den pädagogischen Praktikern suggeriert wurde, dass sie quasi einen von der kapitalistischen Verfasstheit der Gesellschaft unbeeinflussten Beruf hätten, waren sie auch immer besonders gut korrumpierbar. Die unterschwellig vermittelte, verführerische Botschaft lautet: Während »normale« Arbeitnehmer in den die Triebkraft aller unter kapitalistischen Prämissen organisierter Arbeit darstellenden Prozess der Verwandlung von Geld in mehr Geld eingebunden sind, ist das bei Lehrern und Lehrerinnen nicht der Fall. *Sie* hätten quasi einen unschuldigen Beruf, der nicht auf der Ebene der Mehrwertproduktion, sondern auf der der Zwischenmenschlichkeit angesiedelt ist.

Dass Lehrer und Lehrerinnen die in den letzten Jahren stattgefundenen, sukzessiven Verschlechterungen ihrer Arbeitssituation ziemlich problemlos über sich ergehen ließen, hängt wahrscheinlich zu einem guten Teil mit diesem Glauben zusammen, dass es bei ihrer Tätigkeit tatsächlich um die Verwirklichung emanzipatorischer Ansprüche gehe und sie für ihren Beitrag zur Entwicklung des Menschlichen am Menschen bezahlt würden. Grundsätzlich ist es wohl für jeden Menschen, der seine Arbeitskraft gegen Bezahlung auf den Markt tragen muss, schwer zu akzeptieren, bloß ein Rädchen in der großen Profiterzeugungsmaschine zu sein. Für Arbeitende im pädagogischen Feld, die bei ihrer Tätigkeit mit ihrer ganzen Persönlichkeit gefordert sind und ganz massiv *Beziehung* als Werkzeug einsetzen müssen, ist das ohne Zweifel noch um ein gutes Stück schwerer. Dementsprechend verständlich ist es, dass sie umso krampfhafter an der Idee festhalten, dass es ein richtiges Leben im falschen gebe, – es macht sie allerdings auch besonders manipulierbar.

Wenn man das permanente Gerede von der Wissensgesellschaft ernst nehmen würde, müsste die Tätigkeit von Lehrerinnen und Lehrern zwischenzeitlich zu den prestigeträchtigsten Berufen in unserer Gesellschaft zählen. Sie sind ja ohne Zweifel die Schlüsselpersonen bei der Vermittlung von Wissen und der Bereitschaft zum lebenslangen Lernen. Aber – so wie es Siegfried Bernfeld in seinem Buch »Sisyphos oder die Grenzen der Erziehung« schon Anfang des 20. Jahrhunderts formulierte – hat sich das periodisch auftretende gesellschaftliche Interesse an Erziehung noch niemals zu einer tatsächlichen Wertschätzung pädagogischer Leitmaßstäbe sowie der Pädagoginnen und Pädagogen verdichtet. An sie werden lediglich Erwartungen gerichtet, damit man dann, wenn die gewünschten Resultate nicht erreicht werden, einen Sündenbock namhaft machen kann. »Mit der Bejahung der Ziele der Pädagogik, mit Glauben an ihre Mittel, mit hoher Wertung ihrer Tätigkeit und ihrer Menschen hat dies (...) nichts zu tun«, schreibt Bernfeld (1925:10f).

Ein weiteres Beispiel dafür, wie sich die pädagogische Idealisierung von Leitbegriffen wie Mündigkeit und Emanzipation ziemlich problemlos einer pädagogischen Praxis unterordnet, die diesen Zielvorstellungen Hohn spricht, darf ich – in meiner Funktion als Mitarbeiter am Institut für Bildungswissenschaften der Universität Wien – derzeit tagtäglich miterleben: Wie viele von Ihnen wahrscheinlich wissen, ist die Universität gegenwärtig einem massiven strukturellen Umbau unterworfen. Dieser Umbau, der sicher die grundlegendste Veränderung der Universität seit der Humboldtschen Universitätsreform darstellt, intendiert nichts anderes, als die Universität zu einem nach ökonomischen Kalkülen operierenden Wirtschaftsunternehmen umzugestalten. Zu einem Unternehmen, in dem Forschung und Lehre auf den Status von

Waren degradiert sind, die kostengünstig produziert und teuer verkauft werden, in dem Forschung an ökonomischer Verwertbarkeit orientiert ist – was sich am besten daran beweist, dass es gelingt, für sie Drittmittel einzuwerben – und in dem die Qualität der Lehre an einem möglichst kostengünstig produzierten und im internationalen Ranking möglichst gut gereihten Absolventenoutput gemessen wird.

Selbstverständlich ist auch das Institut für Bildungswissenschaften von den skizzierten Umgestaltungstendenzen massiv betroffen. Und – kraft ihrer fachlichen Kompetenz – ist den dort Tätigen natürlich auch klar, dass der Umbau der Universität zu einem Humankapitalproduktionsbetrieb im Sinne pädagogischer Leitbegriffe massiv zu hinterfragen ist. Und tatsächlich passiert das ja auch vielfach: Da gibt es beispielsweise einen Text des schon vorher erwähnten deutschen Erziehungswissenschafters Jörg Ruhloff (2005), in dem dieser sehr pointiert den aktuellen Umbau der Universität zu einem Wirtschaftsbetrieb als Todsünde an der Idee der Bildung geißelt. Dieser Text wurde von einer ganzen Reihe von Erziehungswissenschaftern des deutschen Sprachraums positiv rezipiert und auch ein großer Teil der wissenschaftlichen Mitarbeiter des Wiener bildungswissenschaftlichen Instituts steht begeistert hinter der Kritik Ruhloffs. Das geht soweit, dass der Text sogar manchmal in Lehrveranstaltungen verwendet wird, um den Studierenden aufzuzeigen, wie sehr doch der aktuelle Universitätsumbau die Bedingungen der Möglichkeit von Bildung konterkariert.

Aber sonst – nichts! Es ist keineswegs so, dass die wissenschaftlichen Pädagoginnen und Pädagogen verbissen Widerstand gegen den aktuellen Umbau ihrer Bedingungen des Forschens und Lehrens leisten. Und sie werden auch nicht permanent vorstellig bei den politischen Entscheidungsträgern, organisieren Protestkundgebungen oder versuchen sonst irgendwie Verbündete für ihren Kampf gegen den Niedergang ihrer pädagogisch gebotenen Möglichkeiten zu finden. Ganz im Gegenteil: In den diversen

Kommissionen, in denen z. B. der Umbau des Studiums mit Hilfe eines Studienplans vorangetrieben wird, der weitgehend verschulte, nach ökonomistischen Kriterien gestaltete Strukturen schafft, wird nicht einmal ernsthaft über die pädagogische Fragwürdigkeit dessen diskutiert, was da aktuell passiert. Man hat sich abgefunden und exekutiert die Vorgaben der Universitätsleitung – weil es doch sowieso keinen Sinn macht, gegen die Auswirkungen eines Zeitgeists anzukämpfen, der sich ja auch sonst in allen Bereichen der Gesellschaft zeigt. Die Ideale Mündigkeit und Emanzipation werden nichtsdestotrotz selbstverständlich weiter hochgehalten.

Es ist ja nicht so, dass die wissenschaftlichen Pädagoginnen und Pädagogen die aktuell herrschenden, entfremdenden gesellschaftlichen Mechanismen nicht registrieren. Erst kürzlich ist von Mitarbeitern des Wiener Instituts für Bildungswissenschaft ein »Pädagogisches Glossar der Gegenwart« (Dzierzbicka/Schirlbauer 2006) erschienen, in dem eine ganze Reihe von Bildungswissenschaftern und Bildungswissenschafterinnen beklagt, dass es um die Sache der Bildung derzeit nicht gut steht. Anhand der unterschiedlichsten, die Diskussion um Bildungsfragen aktuell dominierenden Zauberbegriffen wie z. B. Autonomie, Employability, Humankapital, Modularisierung, Lebenslanges Lernen oder Qualitätsmanagement wird aufgezeigt, dass es heute kaum je darum geht, Menschen im Bildungswesen zu Mündigkeit zu verhelfen. Derartige kritische Analysen, von denen es eine durchaus erkleckliche Zahl gibt – zu nennen wäre da insbesondere noch ein kürzlich vom Wiener Philosophen Liessmann herausgegebenes Buch mit dem Titel »Theorie der Unbildung« (2006) –, sind durchaus nachvollziehbar. Sie leiden bloß an zwei gravierenden Mängeln: Sie verklären zum einen implizit die Vergangenheit und weigern sich zum anderen standhaft, Schritte in eine bessere Zukunft aufzuzeigen.

Einerseits wird bei diesen Analysen in typisch kulturpessimistischer Manier so getan, als ob es seit Bestehen der bürgerlichen

Pädagogik schon wesentlich bessere Zeiten für die Sache der Bildung mit ihren Zielparametern Mündigkeit und Emanzipation gegeben hätte. Als ob erst das fortschreitende Zutage-Treten der neoliberalen Ökonomie die Ursache dafür wäre, dass die Prämissen der Bildung nachhaltig untergraben wurden, früher aber tatsächlich die Förderung des mündigen Individuums stattgefunden hätte – in den vorgeblichen »guten, alten Zeiten«, als die Autorität der Lehrer noch etwas gegolten hat, die Universitäten noch wirkliche Bildungsstätten und nicht Massenbetriebe waren und – vor allem – das unschöne Kosten-Nutzen-Kalkül angeblich noch nicht auf Bildungsprozesse angewandt wurde. Als ob damals massenhaft emanzipierte, kritische und selbstbewusste Menschen die Schulen und Universitäten verlassen hätten. Letztendlich bewegt sich die Kritik, die in derartigen Analysen transportiert wird, auf dem Niveau einer rückwärtsgewandten Utopie, in der alte Zeiten idealisiert werden, bei deren genauerer Betrachtung allerdings unschwer erkennbar ist, dass sie im Sinne pädagogischer Zielvorstellungen zwar anders, aber um kein Jota besser waren als die heutigen.

Andererseits bewegen sich derartige Stellungnahmen letztendlich auch stets in einem argumentativen Zirkelschluss: Da wird auf der einen Seite moniert, dass Mündigkeit im Erziehungs- und Bildungsbereich deshalb nicht wirklich gefördert werden kann, weil die gesellschaftlichen Verhältnisse, die von Ungleichheit, Machtstrukturen und den unterschiedlichsten Formen von Abhängigkeit und Herrschaft gekennzeichnet sind, dies nicht zulassen. Und auf der anderen Seite kann eine Veränderung der unzulänglichen gesellschaftlichen Bedingungen von den betroffenen Menschen nicht angegangen werden, weil durch die gegebenen gesellschaftlichen Strukturen systematisch ihre Mündigkeit untergraben wird. Im Sinne der Erkenntnis, dass Erziehung zum einen stets Ursache und zum anderen auch Wirkung ist – also immer gleichzeitig Bedingung und Bedingtes –, bleibt die Kritik in einem hermetischen

Argumentationszirkel gefangen, der letztendlich eher zur Perpetuierung denn zur Überwindung der beklagten Zustände beiträgt.

Das Aufsprengen genau dieses Zirkelschlusses war im Grunde genommen das Ziel der kritisch-emanzipatorischen Pädagogik der späten 60er Jahre. Sie setzte sich von der bürgerlichen Pädagogik in erster Linie dadurch ab, dass sie das von dieser vorausgesetzte Postulat einer pädagogischen Autonomie radikal in Frage stellte. Es wurde die Vorstellung über Bord geworfen, Erziehung und organisiertes Lernen könnten umstandslos zu einer Humanisierung der gesellschaftlichen Verhältnisse beitragen. Da die Entwicklung pädagogischer Theorien und pädagogisches Handeln in den aktuell gegebenen politisch-ökonomischen Kontext eingebunden sind, gleicht jeder Versuch, aus dem Binnenraum der Pädagogik Postulate für eine Praxis im Dienste menschlicher Emanzipation und Mündigkeit zu entwickeln, der Bemühung, sich am eigenen Schopf aus dem Sumpf zu ziehen. Bevor Pädagogen und Pädagoginnen emanzipatorische Schritte anleiten können, müssen sie sich erst selbst über ihre Instrumentalisierung als Vehikel der Reproduktion defizitärer gesellschaftlicher Verhältnisse bewusst werden, d. h. sie müssen sich erst einmal selbst emanzipieren.

Kritisch-emanzipatorische Pädagogik kann als der Versuch umschrieben werden, sich von der Ebene des Lamentierens über Oberflächenphänomene des bürgerlichen Erziehungs- und Bildungsgeschehens zu verabschieden und den kritischen Blick auf die dahinter wirksame Grundprämisse der bürgerlichen Gesellschaft – die Verwertungslogik des Marktes – zu richten. Damit wird es auch obsolet, das permanente Misslingen des Anspruchs, Menschen zu Mündigkeit und Emanzipation zu befähigen, durch noch avanciertere Maßnahmen innerhalb dieser Rahmenbedingung lösen zu wollen bzw. die auf der Verwertung von allem und jedem beruhende bürgerliche Ordnung durch eine Prise sozialer Gerechtigkeit und Chancengleichheit im Bildungswesen konterkarieren zu wollen. Ein Transzendieren bürgerlicher Denkstrukturen kann nicht in der Sphäre einer Pädagogik geschehen, die ja selbst tragendes Element der bürgerlichen Ordnung ist und die deren Grenzen nur um den Preis ihrer Selbstaufgabe überschreiten könnte.

Nimmt man diesen Ansatz ernst, relativiert sich allerdings auch die aufgeregte Klage über die derzeit vorgeblich stattfindende Ökonomisierung der Bildung. Zwar ist es tatsächlich so, dass heute allerorten verstärkt bildungsökonomisch argumentiert wird, dass ganz offen gesagt wird, dass sich die Investitionen im Bildungswesen in Form verwertbaren Humankapitals rentieren müssen und dass Bildungseinrichtungen genauso betriebswirtschaftlich optimiert werden können – und auch sollen – wie Betriebe, in denen für den Markt Kühlschränke, Schuhe oder Langstreckenraketen erzeugt werden. Und tatsächlich lässt sich heute ja nicht nur eine Tendenz zur Verbetriebswirtschaftlichung aller organisierten Bildung konstatieren, der Trend geht noch viel weiter, nämlich dahin, die Arbeitskräfteaufzuchtanstalten aller Ebenen überhaupt gleich von privaten Unternehmern führen zu lassen. Seit es *state of the art* ist, dass das Qualifikationsniveau des nationalen Arbeitskräftepotentials einen wesentlichen Einfluss auf die Chance von Ländern und Regionen hat, im internationalen Konkurrenzkampf gut abzuschneiden, ist Bildung zum zentralen Argument der Wettbewerbsstrategen verschiedenster Couleur geworden.

Aber eine großartige Neuigkeit ist die Verschränkung von Ökonomie und Pädagogik trotzdem nicht. Im Grunde genommen wird mit der derzeitigen Entwicklung bloß kenntlich, was von allem Anfang gegolten hat – Mündigkeit und Autonomie bedeuten in der bürgerlichen Pädagogik letztendlich nie etwas anderes, als sich innerhalb der Marktgesellschaft souverän verhalten zu können. Und mit Emanzipation war stets bloß *politische* Emanzipation gemeint, von der Marx einmal geschrieben hat, dass sie nichts anderes ist, als »die Reduktion des

Menschen, einerseits auf das Mitglied der bürgerlichen Gesellschaft, *auf das egoistische Individuum*, andererseits auf den Staatsbürger, auf die moralische Person«. (Marx 1971: 199) *Politische* Emanzipation zielt auf bürgerliche Freiheit, und die erschöpft sich im Wesentlichen in der Handelsfreiheit. Sie vereinzelt Individuen und macht sie zu Konkurrenten, die sich bestenfalls noch dafür zusammenschließen, um einen Wettbewerbsvorteil gegen andere Humankapitalgruppen zu haben.

Die Unterordnung der Bildung unter die Ökonomie beginnt nicht erst mit der Verbetriebswirtschaftlichung des Bildungswesens und auch nicht erst damit, dass nun auch der Bildungsbereich verstärkt der Kapitalverwertung zugänglich gemacht wird. Bildung ist eine Ware, seitdem der Besuch von Schulen und Universitäten zum Aufstiegsvehikel im Kampf um vorteilhafte gesellschaftliche Positionen geworden ist. Dass Bildungseinrichtungen zunehmend wie Kaufhäuser organisiert sind, wo Lehrende ihre Waren feilbieten und das Bildungswesen insgesamt immer mehr einer einzigen Kadettenanstalt zur Aufzucht von Arbeitskräften gleicht, ist bloß die logische Konsequenz der Vorstellung von der gerechtfertigten Besserstellung der so genannten Tüchtigen in der Gesellschaft. Der Wert von Menschen bestimmt sich in der bürgerlichen Gesellschaft anhand ökonomischer Dimensionen – mehr wert ist, wer besser verwertbar ist. Und die Verwertbarkeit von Menschen wird – zumindest dem Anspruch nach – im Bildungswesen geklärt, was letztendlich allerdings nichts anderes bedeutet, als dass Bildung und Ökonomie in der bürgerlichen Gesellschaft in eins zusammenfallen!

Wenn in Bildungseinrichtungen bis jetzt der raue Wind des Marktes nicht ganz so intensiv zu spüren war, hängt das nicht damit zusammen, dass der Bildungsbereich bis jetzt losgelöst von der ökonomischen Sphäre funktioniert hätte, sondern damit, dass im Zuge der Intensivierung des allgemeinen Konkurrenzkampfes die ökonomische Generalmobilmachung nun eben auch diesen Bereich eingeholt hat. Und wenn Bildung heute kaum je mehr als Vorbereitung »auf das Leben«, sondern nahezu ausschließlich als Vorbereitung »auf das Leben als Arbeitskraft« wahrgenommen wird, hängt das eben damit zusammen, dass es heute generell kaum mehr einen Aspekt des Lebens gibt, der nicht der Ökonomie untergeordnet ist.

Zusammenfassend lässt sich also sagen: Trotzdem die Pädagogik immer einen ganz verliebten Blick bekommt, wenn sie von der Emanzipation schwärmt, bestand zwischen ihr und der bürgerlichen Ökonomie immer schon eine unauflösliche Zweckverbindung. Seit sie zu einer eigenständigen Disziplin herangewachsen ist, ist die Pädagogik mit der Ökonomie fix verheiratet. Von der *menschlichen* Emanzipation hat die Pädagogik immer nur romantisch geschwärmt, ohne sich jemals auch nur ansatzweise damit auseinander zu setzen, welche Konsequenzen eine ernsthafte Beziehung mit ihr wirklich haben würde.

Ich bin damit am Ende meiner Ausführungen angelangt. Eine ziemlich schwierige Aufgabe habe ich allerdings noch zu bewältigen: Eine Kollegin, die in derselben Abteilung wie ich an der Uni arbeitet und meine Art zu argumentieren dementsprechend gut kennt, hat mich nämlich dringend gebeten, mein Referat mit einem positiven Ausblick zu beenden.

Und Sie können mir glauben – es hat mich ziemlich viel Zeit gekostet, eine solche positive Abschlusswendung zu finden. Aber schlussendlich ist mir eingefallen, dass es ja genau solche Veranstaltungen wie diese sind, die uns Mut machen können, an die Möglichkeit wirklicher und systemtranszendierender Veränderung zu glauben. Wie schon gesagt, besteht mit dem *schulheft* seit 30 Jahren ein Forum, in dem genau derartige, quer zum pädagogischen Mainstream stehende Überlegungen Platz finden. Und es gibt keineswegs einen Mangel an Autoren und Autorinnen, die bereit sind, sich aus thematisch sehr unterschiedlichen Richtungen mit dem Spannungsverhältnis von Pädagogik und politisch-ökonomischen Verhältnissen zu beschäftigen. Eine große und durchaus nicht stagnierende Zahl an Menschen, die das auch lesen wollen, gibt es ebenfalls – und das ist doch Grund genug, um positiv in die Zukunft zu blicken! Und noch eine positive Botschaft für alle, die das *schulheft* noch nicht so gut kennen – es sind nicht alle Artikel so radikal wie das, was ich Ihnen heute vorgetragen habe.

Anmerkungen

1 Vortrag bei der Tagung 30 Jahre *schulheft*: Markt – Macht – Bildung, am 24. Februar 2007 in der AK-Wien.

Literatur

Bernfeld, Siegfied (1925): Sisyphos- oder die Grenzen der Erziehung. Leipzig/Wien/Zürich.

Dzierzbicka, Agnieszka/ Schirlbauer, Alfred (2006): Pädagogisches Glossar der Gegenwart. Wien.

Liessmann, Konrad Paul (2006):Theorie der Unbildung. Die Irrtümer der Wissensgesellschaft. Wien.

Marx, Karl (1971) : Zur Judenfrage. In ders. : Die Frühschriften. Hg. von S. Landshut, Stuttgart.

Ruhloff, Jörg (1979): Das ungelöste Normproblem der Pädagogik. Heidelberg.

Ruhloff, Jörg (2005): Die Universität ist kein Wirtschaftsbetrieb. In: Vierteljahrsschrift für wissenschaftliche Pädagogik 81 (2005). Paderborn: Ferdinand Schöningh Verlag. S. 446-452.

Schulheft, pädagogische Taschenbuchreihe. Studienverlag, Innsbruck.

Elite ist man eben

Warum in der Bildungspolitik neuerdings wieder so gerne mit Begabung und Elite argumentiert wird

Der französische Soziologe Pierre Bourdieu, hat – im Zuge seiner umfangreichen Forschungen zur Reproduktion sozialer Ungleichheit in der Gesellschaft– in einem 1978 erschienen kurzen Text, die Kategorie eines »Rassismus der Intelligenz« eingeführt (Bourdieu 1993). Im Sinne seiner Analyse, bei der er davon ausgeht, dass es die invariante Funktion von Rassismen ist, gesellschaftlichen Gruppen für die jeweils spezifische Form ihrer Existenz eine Rechtfertigung zu liefern, brandmarkt er den Rassismus der Intelligenz als den »Rassismus der herrschenden Klasse«. Die Herrschenden der bürgerlichen Gesellschaft, deren Reproduktion aufs Engste mit der Weitergabe kulturellen Kapitals verknüpft ist, eines – wie er betont – »ererbten Kapitals, dessen Merkmal es ist, ein *inkorporiertes*, also scheinbar natürliches, angeborenes Kapital zu sein«, schafft sich mit Hilfe des Rassismus der Intelligenz eine Rechtfertigung für ihre Privilegien in der von ihnen beherrschten sozialen Ordnung. Er beschreibt den Rassismus der Intelligenz als das, »was den Herrschenden das Gefühl gibt, in ihrer Existenz als Herrschende gerechtfertigt zu sein; das Gefühl, *Wesen höherer Art* zu sein.« Er ist »die charakteristische Form der Soziodizee[1] einer herrschenden Klasse, deren Macht zum Teil auf dem Besitz von Titeln wie den Bildungstiteln beruht, die als Gewähr für Intelligenz gelten und in vielen Gesellschaften sogar beim Zugang zu den ökonomischen Machtpositionen an die Stelle der alten Titeln wie etwa der Eigentums- oder Adelstitel getreten sind« (ebd. 252f.). Angesichts dessen, was insbesondere in den letzten Jahren an rassistischen Behauptungen (wieder) en vogue geworden ist, ist die Frage, ob die »Ideologie der Begabung« mit dem Begriff »Rassismus« tatsächlich adäquat charakterisiert wird, sicher berechtigt. Ohne Zweifel sind die vielfältigen Erscheinungsformen des Ethnorassismus wesentlich brutaler – für die durch ihn Verurteilten besteht überhaupt keine Chance der rassistischen Kategorisierung zu entkommen und sie gehen oft auch noch mit Vernichtungs- und Vertreibungsdrohungen einher. Derartiges ist für die Ideologie der Begabung kaum der Fall. Und auch Bourdieu betont ausdrücklich, dass der »Rassismus der Intelligenz« sich »durch eine ganze Reihe von Merkmalen von dem unterscheidet, was man üblicherweise als Rassismus bezeichnet«, dem – wie er ihn nennt – »kleinbürgerlichen Rassismus« (ebd. 252). Was allerdings durchaus berechtigt, im Zusammenhang mit der Begabungsideologie von Rassismus zu sprechen, ist, dass auch in diesem Fall vorgeblich unbeeinflussbare biologische Tatsachen als Legitimation für unterschiedliche gesellschaftliche Bewertungen von Menschen und sozialen Gruppen herangezogen werden. Dass – trotz des eindeutig rassistischen Kriteriums der biologistischen Argumentation – die Verwendung des Begriffs Rassismus im Zusammenhang mit der Begabungsideologie vielfach geradezu reflexartige Abwehr hervorruft, hängt wohl primär mit der faktisch allgemeinen Akzeptanz des Begabungsglaubens zusammen.

Zum Stellenwert, den höhere Bildungsabschlüsse hinsichtlich der gesellschaftlichen Bewertung von Menschen genießen, konstatiert Bourdieu in einem anderen Text: »Der Hochschulabschluss ist nicht nur ein bildungsmäßiger Adelstitel, vielmehr gilt er gesellschaftlich als Ausweis einer natürlichen Intelligenz und Begabung. In dieser Hinsicht hat die ›neue Ökonomie‹ alle Merkmale, um (im Sinne Aldous Huxleys) als beste aller Welten zu erscheinen: Sie ist global, wie diejenigen, die sie beherrschen, international, polyglott und multikulturell sind; sie ist ›immateriell‹, sie produziert immaterielle Gegenstände, Informationen, Kulturprodukte und bringt sie in Umlauf. Von daher kann sie als eine Ökonomie der Intelligenz erscheinen, die intelligenten Menschen vorbehalten ist (das sichert ihr die Sympathie von JournalistInnen und ManagerInnn, die ›in‹ sind). An diesem Punkt nimmt die Soziodizee die Form eines Rassismus der Intelligenz an. Die Armen sind nicht mehr wie noch im 19. Jahrhundert arm, weil sie sorglos und verschwenderisch usw. sind (im Gegensatz zu den ›deserving poor‹), sondern weil sie dumm, intellektuell unfähig sind. Mit einem Wort, von ihrer Ausbildung her »haben sie das, was sie verdienen«. Manche Ökonomen [...] sehen im Neodarwinismus, der die von der Theorie postulierte Rationalität zum Resultat einer natürlichen Auslese der Besten erklärt, eine unwiderlegbare Rechtfertigung dafür, dass tatsächlich ›the best and brightest‹ am Ruder sind« (Bourdieu 2000). Obwohl es zwischenzeitlich eine in die Legion gehende Zahl an Studien gibt, die allesamt zeigen, dass Bildungssysteme – in verschiedenen Ländern zwar mit unterschiedlicher Deutlichkeit, aber tendenziell überall in gleicher Form – primär dahingehend wirken, dass Kinder den sozialen Status ihrer Eltern übernehmen, hält sich hartnäckig der Mythos, dass es in Schule und Ausbildung primär um das Hervorbringen von Begabungen ginge und die dort erworbenen Abschlüsse Intelligenz indizieren würden. Auch die PISA-Studien haben kürzlich wieder einmal in allen (teilnehmenden) Industrieländern zum Teil äußerst enge Beziehungen zwischen sozialer Herkunft von SchülerInnen und ihren schulischen Leistungen gezeigt. Konkret heißt das, dass die Wahrscheinlichkeit mit der ein Heranwachsender einen bestimmten Bildungsabschluss erreicht, viel eher mit dem sozialen Status seiner Herkunftsfamilie als mit einer mehr oder weniger vorhandenen Begabung korreliert. Dass es trotz derartiger Belege der sozialen Steuerungswirkung des Schulsystems möglich ist, das System der »Bildungsapartheid« (Kincheloe/Sünker 2004) ohne großen Widerstand aufrechtzuerhalten, lässt sich nur mit der allgemeinen Verblendung durch die Ideologie der Begabung erklären. Obwohl ihr unwissenschaftlicher Charakter in Expertenkreisen weitgehend geklärt ist, ist sie in der Auseinandersetzungen um die gesellschaftliche Vormachtstellung unvermindert wirksam. Indem insbesondere die gesellschaftlich Benachteiligten und um Lebensmöglichkeiten Betrogenen in blindem Glauben daran festhalten, dass Erfolg und Misserfolg im Bildungssystem mit Begabung, Intelligenz und Leistung zu tun hätte, ist es für die Begünstigten dieses Systems möglich, sich als eine »natürliche« Elite darzustellen, deren privilegierte Position sich aus sich selbst erklärt.

Kaum jemand zweifelt heute daran, dass es Menschen gäbe, die in besonderem Maß das Zeug zur Elite in sich hätten und es die Pflicht der Gesellschaft wäre, diesen potentiellen Eliteangehörigen auch entsprechende Entfaltungsmöglichkeiten zu bieten. Über alle Parteigrenzen hinweg avancierte die Förderung von Menschen mit besonderem Potential für beruflich-fachliche Leistungen in den letzten Jahren zu einer Forderung, die sich nicht mehr besonders legitimieren muss. Uneins ist man sich verschiedentlich bloß darüber, in welcher Form die Elitenförderung erfolgen soll, damit durch die eingesetzten Ressourcen die potentiellen Leistungsträger möglichst effektiv zutage gefördert werden. Eine ganz Reihe von Maßnahmen im Bildungswesen, die in den letzten Jahren in die Wege geleitet wurden, wurden auch mehr oder weniger offen mit dem Argument transportiert, mehr für die Entfaltung der für Wirtschaft und Gesellschaft unabdingbaren Spitzenbegabungen tun zu müssen. Kaum je wird im Zusammenhang mit der Forderung nach Begabungsförderung die dabei verwendete biologistisch-diskriminierende Argumentation in Frage gestellt, die in der Annahme besteht, dass denen die da besonders gefördert werden sollen, ihre Elitenhaftigkeit nämlich schon *vor* den Resultaten der Förderung anzumerken sei. Die BesucherInnen von Eliteschulen und Eliteuniversitäten werden auf diese Art und Weise zu einer Art von »Geburtselite« hochstilisiert, die – im Unterschied zur restlichen Bevölkerungsmehrheit – eine besondere Leistungsfähigkeit in sich trügen. Genau aus diesem

Grund würde es sich eben auch »auszahlen« ihnen eine spezielle Förderung angedeihen zu lassen, während bei allen anderen Förderung ja bald auf »natürliche Grenzen« stößt und deshalb nur vergeudetes Geld sei.

Längst ist es nicht mehr bloß die durch den IQ indizierte, vorgeblich angeborene Begabung zu rationalen Leistungen, von der behauptet wird, dass durch sie der gesellschaftliche Erfolg wesentlich beeinflusst wird. Zwischenzeitlich geistern die verschiedensten Intelligenzdimensionen herum, die jeweils nur bestimmten Menschen in je unterschiedlichem Ausprägungsgrad eigen sein sollen. Da wird z.B. mit theoretischer, praktischer und natürlicher Intelligenz argumentiert oder eine emotionale von einer Sozialintelligenz unterschieden. Wobei alle diese unterschiedlichen »Intelligenzen« dann wieder als Elemente einer ganzheitlichen oder – und hier wird auch deutlich worum es eigentlich geht – »Erfolgsintelligenz« gesehen werden. Bei all den Unterschieden bezüglich des Stellenwerts, der den in unterschiedliche Intelligenzdimensionen aufgespalteten Fähigkeiten von Menschen zugestanden wird, ist sich die ganze Intelligenzglaubensgemeinschaft nämlich über zwei Dinge ziemlich einig. Darüber, dass Intelligenz etwas mit (angeborener) Begabung zu tun hat, also zumindest zu einem wesentlichen Teil genetisch vorgegeben ist; und darüber, dass die im Sinne der unterschiedlichen Intelligenzdimensionen identifizierbare, besondere Leistungsfähigkeit von Menschen tatsächlich eine wesentliche Voraussetzung für gesellschaftlichen Erfolg darstellt. Der Mythos, an den fast alle glauben, lautet, dass man gesellschaftliche Spitzenpositionen durch hervorragende Tüchtigkeit erreicht und dieser Zusammenhang nur in leistungsfeindlichen Gesellschaften nicht oder nicht ausreichend gegeben ist.

Nicht zuletzt wegen seiner biologistischen Konnotation und der damit zusammenhängenden Affinität zu grundlegenden Elementen der faschistisch-rassistischen Ideologie und den dort verankerten Vorstellungen des Heranzüchtens eines nationalsozialistischen Führungskaders war der Begriff Elite hierzulande bis in die 1980er Jahre weitgehend tabuisiert (vgl. Hartmann 2002: 10ff.). Umso unverblümter wird dafür heute wieder von Elite gesprochen – im Zuge des zwischenzeitlich erfolgten Siegeszugs neoliberalen Denkens wurde der Begriff sowohl in der öffentlichen als auch der wissenschaftlichen Diskussion nicht bloß weitgehend rehabilitiert, er ist am besten Weg zu einem bildungspolitischen Schlüsselbegriff zu avancieren. Die Vorstellung, dass es Menschen gäbe, die von Natur aus mit spezifischen Begabungen (Intelligenzen) für das Bekleiden von »Verantwortungspositionen« ausgestattet wären, sowie, dass die Aufstiegswahrscheinlichkeit in die oberen gesellschaftlichen Ränge mit einer derartigen Eignung und entsprechender Leistungsbereitschaft korreliert, sind zwei untrennbar miteinander verbundene Elemente neoliberaler Legitimation der kapitalistischen Marktwirtschaft und des ihr entsprechenden Bildungssystems.

Tatsächlich zeigen entsprechende Untersuchungen allerdings, dass Menschen, die im Bildungswesen zwar besondere Tüchtigkeit beweisen, denen aber »der richtige« soziale Hintergrund fehlt, keineswegs auch nur annähernd gleiche Chancen auf eine gesellschaftliche Topposition haben, wie jemand der nicht bloß die höheren Bildungsweihen sondern auch einen bürgerlichen Sozialhintergrund hat. In einer groß angelegten Studie zur Rekrutierung von Spitzenmanagern hat z.B. der Soziologe Michael Hartmann, Professor an der TU Darmstadt, eindrucksvoll nachgewiesen, dass die Angehörigen sozial begünstigter Schichten nicht nur mit weitaus höherer Wahrscheinlichkeit als sozial Benachteiligte einen höheren Bildungsabschluss erreichen, sondern diesen auch noch in deutlich höherem Maß in entsprechende Berufskarrieren ummünzen können. Pointiert fasst Hartmann seine Studienergebnisse zusammen: »Wenn man promoviert hat und als Arbeiterkind und als Kind eines leitenden Angestellten zur selben Zeit studiert hat, an derselben Uni, dasselbe Fach, mit derselben

Geschwindigkeit mit genauso vielen Auslandssemestern, mit allem was sonst noch an Variablen zu berücksichtigen wäre, dann hat das Kind eines leitenden Angestellten eine zehnmal so hohe Chance, in die erste Führungsebene eines deutschen Unternehmens zu kommen als das Kind eines Arbeiters« (Hertweck/Kratzmeier: 2004).

Grund dafür ist, dass bei der Besetzung von Leitungspositionen in Wirtschaft, Politik, Justiz und Wissenschaft unvermindert herkunftsbezogene Kriterien den Ausschlag geben. Wer das richtige Elternhaus hat, bekommt die besseren Einstiegsjobs, steigt schneller auf und erreicht insgesamt höhere Berufspositionen. Das hängt mit dem berühmten »Vitamin B« zusammen sowie mit Persönlichkeitsmerkmalen, die im Rahmen der familiären Sozialisation erworben werden. Pierre Bourdieu hat diese, für das Erreichen attraktiver sozialer Ränge Ausschlag gebenden Größen schon vor mehr als 40 Jahren unter dem Titel »soziales und kulturelles Kapital« analysiert. Während das soziale Kapital durch die aktivierbaren sozialen Beziehungen verkörpert wird, manifestiert sich das inkorporierte Kulturkapital als klassenspezifischer »Habitus«. Dieser kann verstanden werden als geronnene Lebensgeschichte, als von sozialen und familiären Umfeld bewirkte Prägung hinsichtlich Sprache, Geschmack, kulturellen Vorlieben und Abneigungen, Umgangsformen und Denkweisen; »ein Besitztum, das zu einem festen Bestandteil der Person, zum Habitus geworden ist; aus ›Haben‹ ist ›Sein‹ geworden« (Bourdieu 1983: 187). Angesichts dieser Erkenntnisse passt es doch sehr gut, dass in den letzten Jahren »entdeckt« wurde, dass beruflich-gesellschaftlicher Erfolg eben nicht bloß vom Schulerfolg begünstigenden IQ abhängig ist. Wer sich im Bildungssystem zwar erfolgreich schlägt, es aber dann doch nicht in eine Spitzenposition schafft, dem fehlen eben andere Intelligenzdimensionen – der eklatante Zusammenhang zwischen Aufstiegswahrscheinlichkeit und sozialer Herkunft lässt sich somit weiterhin getrost ignorieren!

Letztendlich dient das Gerede von den Eliten und der Notwendigkeit ihrer Förderung einem einzigen Zweck – das System sozialer Ungleichheit zu legitimieren und zu perpetuieren: Wenn jemand den Weg nach oben nicht schafft, dann hat das nichts mit gesellschaftlichen Strukturen und Mechanismen zu tun, denn es ist naturgegeben, ob jemand zur/zum GewinnerInnen oder VerliererInnen wird. Im Grunde genommen sind (Hoch-)Begabung, Intelligenz, Elite nichts anderes als politische Kampfbegriffe, durch die der Skandal der gegenwärtig sogar noch deutlich anwachsenden sozialen Kluft zwischen denen die Oben sind und der »breiten Masse« durch ein objektives Mäntelchen neutralisiert wird. Theodor Adorno hat den Elitebegriff ganz in diesem Sinn auch schlicht als »Phrase« bezeichnet, deren »Unwahrhaftigkeit besteht darin, dass die Privilegien bestimmter Gruppen teleologisch für das Resultat eines wie immer gearteten objektiven Ausleseprozesses ausgegeben werden, während niemand die Eliten ausgelesen hat als etwa diese sich selber« (Adorno 1977: 33). Und der Sozialpsychologe Morus Markard hat in einem Vortrag dazu vor einiger Zeit festgestellt, dass die heute so beliebte Rede von der Elite bloß eine perfekte Methode ist, um den Unterwerfungs- und Unterdrückungszusammenhang zwischen den Eliten und dem Rest der Gesellschaft in Personalisierungen aufzulösen. »Herrschaft als gesellschaftliches Strukturmoment verschwindet in unterschiedlichen Eigenschaften von Menschen; das Vorhandensein von Oben und Unten, von Elite und Lumpen, soll verständlich werden aus unterschiedlichen, entgegengesetzten Eigenschaften – nicht bloß als Tatsache, sondern als eine quasi natürliche oder sachlogische Notwendigkeit« (Markard 2004).

Interessant ist, warum der Begabungsideologie ihre Geltung – im Gegensatz zu anderen (rassistischen) Versuchen, eine besonders begünstigte oder benachteiligte Stellung einer gesellschaftlichen Gruppe durch vorgeblich naturgegebene Tatsachen zu legitimieren – kaum je streitig gemacht wird. Bourdieu erklärt das in seinem schon angesprochenen Text zum Rassismus der Intelligenz damit, dass dieser mit der heute üblichen Form der Rechtfertigung rassistischer Ansichten – der Scheinverwissenschaftlichung – geradezu optimal kompatibel ist. Während im Falle anderer Rassismen zumeist bloß eine kleine Zahl an Wissenschaftern zur Euphemisierung bereit ist und viele andere als Kritiker auftreten, erweist sich im Falle des Rassismus der Intelligenz nahezu die gesamte Wissenschaft als korrumpiert. Eine Macht, die nicht durch offenkundige äußerliche Merkmale der MachtinhaberInnen, mythologisch legitimierte Verfahren oder schlichtweg durch rohe Gewalt, sondern auf Basis wissenschaftlicher Grundlagen begründet wird, muss mit der Wissenschaft logischerweise einen Deal eingehen, damit diese ihr permanent aufs Neue die Grundlagen ihrer Macht bestätigt. Auf diese Art steckt die Wissenschaft – wie es Bourdieu bezeichnet – mit dem was sie rechtfertigen soll, quasi unter einer Decke. Wissenschaft und gesellschaftliche Macht haben hinsichtlich der Bezugnahme auf Intelligenz als (vorgebliches) Kriterium gesellschaftlicher Bewertung gleiche Interessen und stützen sich gegenseitig in subtiler Form. So wie die Kirche für die Feudalherrscher wesentliche Stützfunktionen erfüllte, stellt heute die Wissenschaft eine ganz maßgebliche strukturelle Stütze für die sich mit besonderer Leistungsfähigkeit legitimierenden Machthaber der bürgerlich-kapitalistischen Gesellschaft dar.

Abschließend stellt sich schließlich noch die Frage, warum die Ideologie von Begabung und Elite gerade in den letzten Jahrzehnten wieder derart stark in den Vordergrund der gesellschaftlichen und bildungspolitischen Argumentation getreten ist. Bourdieu, der in seinem diesbezüglichen Artikel bereits vor 40 Jahren ein »Wiederaufleben des Rassismus der Intelligenz« konstatiert hatte, meinte damals, dass dies vielleicht damit zusammenhängt, »weil viele Lehrer oder Intellektuelle – die von den Rückwirkungen der Krise des Bildungssystems mit voller Wucht getroffen wurden – heute eher geneigt sind, etwas in ganz brutaler Form zum Ausdruck zu bringen oder zum Ausdruck kommen zu lassen, was bisher nur ein Elitegebaren der guten Gesellschaft (will sagen, der guten Schüler) war« (Bourdieu 1993: 255). Und er schreibt weiter: »Meiner Meinung nach hängt das großenteils damit zusammen, dass sich das Bildungssystem in jüngster Zeit mit Problemen konfrontiert sieht, die es bisher mehr oder weniger nicht gegeben hat, nämlich mit dem Einbruch von Leuten in das Schulsystem, die nicht über die von ihm stillschweigend vorausgesetzten, sozial ausgebildeten Prädispositionen verfügen; Leute vor allem, die durch ihre Zahl erst die Bildungstitel und dann auch noch die Stellen entwerten, die sie dank dieser Titel bekommen. Daher der in einigen Bereichen wie der Medizin bereits verwirklichte Traum vom *numerus clausus*. Alle Rassismen sind gleich. Der *numerus clausus* ist genauso eine protektionistische Maßnahme wie die Einwanderungsbeschränkung, eine Reaktion auf die ›Überfüllung‹, die wahnhafte Vorstellung, von der großen Zahl der Überschwemmung durch die große Zahl, an die Wand malt« (ebd.).

Der deutsche Soziologe Oskar Negt beantwortet die Frage, warum die Elite- und Begabungsdiskussion sich gerade in den letzten Jahren so massiv verstärkt hat damit, dass in Zeiten gesellschaftlicher Beschleunigung, die angewachsenen Bedürfnisse nach Orientierung auf schnell beschreitbare (vermeintliche) Auswege drängen. Seiner Meinung nach ist der Ruf nach den Eliten nichts anderes als eine vornehmere Variante der Stammtischforderung nach dem »starken Mann«. Und er führt weiter aus, dass der Ruf nach Eliten umso lauter erschalle, je aussichtsloser die Lage erscheine, man bestehende Macht- und Herrschaftsverhältnisse aber nicht antasten wolle (zit. n. Markard 2004: 5). Tatsächlich ist in der aktuellen gesellschaftliche Situation ja ein Trend unübersehbar: Einer kleinen Gruppe quasi »pragmatisierter« Gewinner steht eine anwachsende Zahl an Menschen gegenüber, deren Leben von zum Teil massiven Unsicherheiten geprägt ist. Wie im Märchen »Alice im

Wunderland« müssen sie sich permanent bis an die Grenze ihrer Belastbarkeit verausgaben – also gewissermaßen so schnell laufen wie sie nur können – um gerade einmal ihre gesellschaftliche Position halten zu können und nicht zurück oder überhaupt gleich ganz aus der Verwertungsmaschinerie heraus zu fallen. Damit in einer solchen Situation nicht allzu viele Menschen an der »Gerechtigkeit« des gesellschaftlichen Systems zu zweifeln beginnen, ist es verstärkt notwendig, die Legitimität der sozialen Hierarchie ideologisch in den Köpfen der Menschen abzusichern. Der Rassismus der Intelligenz ist eine solche systemstützende Ideologie, durch die es möglich ist, die abgehobene Stellung der Privilegierten der rationalen Diskussion weitgehend zu entziehen und zu legitimieren.

Anmerkungen

1 Bourdieu lehnt sich mit diesem Begriff offensichtlich an den von Gottfied Wilhelm Leibnitz eingeführten Begriff Theodizee an. Leibnitz verwendet diesen Begriff, der sich von den Wörtern theos = Gott und díke = Gerechtigkeit ableitet, um darzustellen, dass diese Welt die beste aller möglichen Welten sei und deshalb die Existenz des Bösen in der Welt nicht der Güte Gottes widerspreche. Sinngemäß ist mit Soziodizee somit die Legitimierung der sozialen Ordnung im Sinne einer höheren Gerechtigkeit gemeint.

Literatur

Bourdieu, Pierre (1993): Der Rassismus der Intelligenz. In: Bourdieu, Pierre: Soziologische Fragen, S. 252-256. Frankfurt/Main.

Bourdieu, Pierre (2000): Neoliberalismus und neue Form der Herrschaft, http://www.trend.infopartisan.net/trd1200/t061200.html (Nov 2006)

Bourdieu, Pierre (1983): Ökonomisches Kapital, kulturelles Kapital, soziales Kapital. In: Kreckel, Reinhard (Hg.): Zur Theorie sozialer

Ungleichheit. Soziale Welt Sonderband 2. Göttingen.

Adorno, Theodor W. (1977): Das Bewusstsein der Wissenssoziologie. In: Prismen, Gesammelte Schriften Band 10.1, S. 31- 46. Frankfurt a,M.

Markard, Morus (2004): Die Eliten und der Rest: Zur Funktion der Elitediskussion in einer ungleichen Gesellschaft. Vortrag beim Verein »Gegenentwurf«, München, 27.10.2004. In: http://www.gegenentwurf-muenchen.de/mormareli.html (Nov 2006), S. 2f.

Kincheloe, Joe/ Sünker, Heinz (2004): Begabungsideologie, Hegemonie der Eliten und Bildungspolitik. In: Widersprüche 24 (2004), Heft 93.

Hartmann, Michael (2002): Der Mythos von den Leistungseliten. Frankfurt/Main.

Hertweck, Manuela/ Kratzmeier, Ute (2004): Chancengleichheit und Elite. in: blz. Mitgliederzeitung der GEW-Berlin. 6/04, http://www.gew-berlin.de/blz/3373.htm (Nov 2006)

Mythos Intelligenz

Welchem Interesse dient das Tradieren der Anlage-Umwelt-Kontroverse?

Gibt man in der Internet-Suchmaschine Google die Wortkombination »Intelligenz angeboren« ein, erhält man Verweise auf mehr als 2400 Websites. Ähnlich hohe Trefferquoten liefert die Suche nach »Intelligenz genetisch bedingt« oder nach sonstigen Kombinationen von Stichwörtern, mit denen die Fragestellung einzufangen versucht wird, ob die menschliche Intelligenz durch natürliche Anlagen oder durch Umwelteinflüsse verursacht sei. Regelmäßige diesbezügliche »Aufreger« am Buchmarkt sowie die Häufigkeit, mit der das Thema in Zeitschriften angesprochen wird, zeigen ebenfalls, dass die Anlage-Umwelt-Thematik allgemein, und dabei speziell die Frage nach der genetischen Bedingtheit von Intelligenz, geradezu als ein Dauerbrenner der erziehungswissenschaftlich-psychologischen Forschung bezeichnet werden kann. Auch in allen Ausbildungen für praktische pädagogische Tätigkeiten ist die Frage, ob die unterschiedlich hohe Intelligenz von Menschen primär angeborenen Faktoren und natürlichen Reifungsprozessen oder gesellschaftlichen Umständen und damit korrelierenden Entwicklungsmöglichkeiten geschuldet ist, eines der großen Metathemen.

Und so gibt es wohl keine/n Kindergärtner/in, keine/n Lehrer/in und keine/n Sozialarbeiter/in, die/der in ihrer/seiner Ausbildung nicht umfangreichst mit Theorien und Spekulationen zur angesprochenen Thematik konfrontiert worden wäre. Verschiedentlich wird in den diversen Ausbildungsgängen von den Lehrenden sogar mahnend darauf aufmerksam gemacht, dass die Haltung, die pädagogische Praktiker im Rahmen der Anlage-Umwelt-Kontroverse einnehmen, in hohem Maß für ihr konkretes Handeln gegenüber den ihnen Anvertrauten ausschlaggebend sei. Denn logischerweise könne »positives Denken« hinsichtlich pädagogischer Maßnahmen nur entwikkeln, wer dem »optimistischen« Erziehungsverständnis der Umwelttheorie anhängt und im Sinne eines »dynamischen Begabungsbegriffs« daran glaubt, dass eine Förderung der Intelligenz seiner Schützlinge grundsätzlich möglich ist. Wer hingegen das »pessimistische« Erziehungsverständnis der Anlagetheoretiker vertritt, würde sich bei seinem vorgeblichen Auftrag, »Anwalt der Lernenden« zu sein, quasi permanent selbst im Wege stehen, da ihn die Vorstellung paralysiert, dass einer Förderung von Intelligenz sowieso sehr enge Grenzen gesetzt sind.

In einem erstaunlichen Missverhältnis zur Häufigkeit, mit der die Anlage-Umwelt-Thematik angesprochen und ihre herausragende Bedeutung für pädagogisches Verhalten beschworen wird, steht allerdings die Abstinenz, sich mit dem »hinter« der Fragestellung verborgenen erkenntnisleitenden Interesse zu beschäftigen. Dabei wäre das Hinterfragen der Triebkräfte des seit Jahrzehnten ungebrochenen Interesses an der Ursachenerforschung der Intelligenz durchaus interessant. Tatsächlich geht es bei der vielfach als zentrale pädagogische Kontroverse bezeichneten Argumentation in der Regel ja bloß um Prozentgewichtungen. Denn dass Intelligenz *ausschließlich* genetisch determiniert wäre und auch durch intensive Förderung nicht mehr beeinflusst werden könnte, wird in der Pädagogik heute sowieso von niemandem ernsthaft behauptet. Und auch die These, dass Intelligenz – völlig unabhängig von genetischen Vorgaben – durch entsprechende Umwelteinflüsse quasi beliebig herstellbar wäre, nimmt gegenwärtig wohl kein pädagogischer Praktiker oder Theoretiker seriös an.

Sowohl die ausschließliche Anlage- als auch die ausschließliche Umwelttheorie stellen in der pädagogischen Szene Extrempositionen dar, zu denen sich heute kaum jemand bekennt; faktisch durchwegs wird die Auffassung des »Sowohl-als-Auch« vertreten (Vgl. Huisken 1991: 97ff). Die Differenzen zwischen den zu diametral einander gegenüberstehenden Positionierungen hochstilisierten Ansichten liegen somit bloß auf der Ebene der Gewichtung der beiden Einflussfaktoren. Es geht bei der permanent aufgewärmten Anlage-Umwelt-Diskussion einzig um die Frage, ob der eine oder der andere Faktor mehr Einfluss hat – ob jeweils die Gene oder die Umwelt mit 20 Prozent, 50 Prozent, oder vielleicht gar mit 80 Prozent zu Buche schlagen. Die sogenannten Genetiker unterscheiden sich von den Umwelttheoretikern nur darin, dass sie den Erbanlagen – in Relation zur Umwelteinwirkung – ein höheres Gewicht beimessen. Und umgekehrt argumentieren auch Umwelttheoretiker bloß mit einem dominanteren Einfluss der Aufwuchsbedingungen gegenüber den Genen.

Würde man nämlich tatsächlich die Anlage als die finale Ursache geistiger Leistungen annehmen, müsste ja *jeder* Versuch, Heranwachsenden etwas beibringen zu wollen, von vornherein als absurd abgetan werden. Dementsprechend wird auch von den Anlagetheoretikern immer wieder hervorgestrichen, dass Anlagen eben bloß Optionen seien und *für sich allein* noch gar nichts entscheiden. Selbstverständlich bedarf es erzieherischer Beachtung und Förderung, damit aus den angelegten Potenzialen feststellbare und vor allem auch solche Leistungen werden, die unter den konkreten ökonomisch-gesellschaftlichen Umständen als *relevant* gelten. Nur damit lässt sich ja auch erklären, wieso jemand eine *genetisch angelegte* Hochbegabung annehmen und sich dennoch für spezifische, *fördernde schulische Bedingungen* für »Hochbegabte« einsetzen kann. Die Anlagetheoretiker müssen der Umwelt quasi »über die Hintertür« einen gewissen Einfluss zugestehen. Auch in ihrer Theorie nützen die besten Anlagen nichts, wenn durch die Umwelt deren Entfaltung nicht ausreichend animiert wird.

Umgekehrt kommen aber auch die Umwelttheoretiker für ihre Überzeugung nicht ohne die Annahme eines angeborenen

Lernvermögens aus, einer Fähigkeit des Menschen, Erfahrungen – über bloße Wenn-dann-Reaktionen hinausgehend – *sinnbezogen* verarbeiten zu können. Denn wäre das Kind anfangs tatsächlich jene »tabula rasa«, als die es von einzelnen Radikalvertretern dieser Theorie verschiedentlich schon bezeichnet wurde, wäre schlichtweg unerklärlich, wieso Einflüsse der Umgebung überhaupt zum Anlass für Lernprozesse werden können. Dass und ob das was im Umfeld eines Kindes passiert Ursache für verändertes Handeln wird, setzt nämlich eine »menschliche Begabung zur einsichtigen Veränderung« voraus. Eine derartige »Anlage« des Menschen, sich mit den Tatsachen der Welt »vernünftig« auseinander zu setzen und daraus Handlungspostulate ableiten zu können – womit ja etwas ganz anderes angesprochen wird als eine bloße Adaption – muss selbst von Hardcore-Vertretern der Umwelttheorie vorausgesetzt werden. Für ihre Vorstellung, den Menschen durch Umwelteinflüsse weitgehend formen zu können, brauchen auch sie zumindest eine genetische Anlage – eine *angeborene* »Plastizität« des Menschen.

Die Behauptung, dass es in der Pädagogik eine Gen-Umwelt-Kontroverse gebe, in der die Vertreter der Gen- und der Milieutheorie einander unversöhnlich gegenüberstünden und aus der sich so etwas wie eine pädagogische Positionszuschreibung ergebe, kann – im Sinne des von beiden Seiten verkündeten »Sowohl-als-Auch« – somit durchaus als Mythos bezeichnet werden. Beide vorgeblichen Kontrahenten argumentieren damit, dass Anlage und Umwelt einander *quantitativ* ergänzen. Was sich jedoch vordergründig wie ein weitgehender Konsens anhört, birgt bei genauerer Betrachtung in sich eine äußerst gravierende, in der Regel allerdings geflissentlich übersehene *Gemeinsamkeit* der beiden Ansichten. Tatsächlich wird über die Diskussion, *in welchem Ausmaß* Umwelt und Gene zur Genese geistiger Leistungen beitragen, bloß ein Streit zwischen vorgeblich gesellschaftspolitisch konträren – »links« beziehungsweise »rechts« angesiedelten – Positionen suggeriert. Bei genauerem Hinsehen zeigt sich jedoch, dass die beiden Theorien gar nicht in einander diametral gegenüberstehenden Lagern verankert sind. Denn nicht nur, dass sie einander bedingen und ohne Rückgriff auf die jeweils andere nicht auskommen, sie sind in letzter Konsequenz sogar *desselben Geistes Kind!*

Die Fokussierung des Streits auf die Frage, ob die Gene oder die Umwelt prozentuell mehr oder weniger zur Intelligenzausprägung beitragen, offenbart nämlich vor allem, dass beide Theorien fest in der Tradition des das bürgerlich-kapitalistische System begründenden *dualistischen* Weltbilds verankert sind. Körper und Geist, bzw. Natur und Kultur werden strikt geschieden. Dabei macht es keinen Unterschied, ob der Mensch als »Produkt« genetischer Ausstattung oder als ein solches der Umwelteinflüsse wahrgenommen wird – von einer Aufspaltung in »passives Rohmaterial« und »programmierende Instanz« wird in beiden Fällen ausgegangen. Für die einen ist es die genetische Programmierung, die ein mehr oder weniger rationelles Reagieren auf die dem Menschen äußerlich gedachte Umwelt möglich macht; für die anderen ist dazu die Programmierung durch eine arrangierte Umwelt notwendig. Die Gentheoretiker postulieren ein Programm, das sich aus der evolutionären Entwicklung ableitet, im Menschen somit schon als angelegtes Potenzial schlummert und durch die Umwelt bloß aktualisiert werden muss – selbstverständlich aber nur im programmgemäßen Umfang geweckt werden kann. Die Umweltapologeten sehen im Menschen dagegen eine für nahezu jede Software geeignete Hardware, ihr Hauptaugenmerk richtet sich somit auf die Rahmenbedingungen der Programmierung.

In Form eines Bildes aus der aktuellen Situation am Computermarkt nehmen die Anlagetheoretiker quasi an, dass – in einer ähnlichen Form, wie es PCs und Apple- Computer gibt – auch die »Maschine Mensch« in unterschiedlichsten Hardwarekonfigurationen »auf den Markt kommt«. Jede

Hardwareeinheit kann dementsprechend nur mit den ihr entsprechenden Programmen »zum Funktionieren gebracht« werden. Die Umwelttheoretiker gehen hingegen davon aus, dass es bloß eine einzige universelle »Hardwarekonfiguration Mensch« gibt, auf der alle Programme – egal ob Windows, Linux oder Mac – »laufen«. Demgemäß bedarf es eines unbeschränkten Zugangs zu möglichst vielen Programmen und geschickter Programmierer, damit die Maschine zum »brauchbaren Funktionieren« gebracht werden kann. Das von beiden Gruppen mit unterschiedlicher Gewichtung vorgebrachte »Sowohl-als-Auch« bezüglich der Ursachen von Intelligenz fußt somit im gleichen Software-Hardware-Dualismus. Beiden Theorien wohnt die Ansicht inne, dass der Mensch eine nach Ursache-Wirkungs- Relationen funktionierende biochemisch-mechanische Einheit darstellt, die kraft einer ihr *gegebenen* Intelligenz mit einer außerhalb und unabhängig von ihr existierenden Wirklichkeit in Relation tritt.

Die Ansicht einer derartigen, quasi »frei schwebenden« Intelligenz wird zwischenzeitlich allerdings sogar von jenen Naturwissenschaftern, die an der Entwicklung von sogenannter »künstlicher Intelligenz« arbeiten, als ein absurdes Konstrukt erkannt. Ihnen wird zunehmend klar, dass es Intelligenz nicht anders als in »verkörperter Erscheinungsform« geben kann. Mit dem Ansatz, hochkomplexe Maschinen zu entwickeln und diese mit Hilfe ihnen implementierter Programme realitätstüchtig zu machen, die »die Logik der Welt« in einem Meta-Modell abbilden, sind sie bei den Versuchen, künstliche Intelligenz zu kreieren, nämlich sehr schnell an unüberwindliche Grenzen gestoßen. Am Artifical Intelligence Laboratory am Massachusetts Institute of Technology arbeitet man deshalb neuerdings an der Entwicklung von Robotern, die über vielfältige Sensorsysteme direkt an der »Auseinandersetzung mit der Welt« lernen, indem sie die unterschiedlichen Folgen ihrer Strategien speichern, *ohne* die Welt in einem Meta-Modell zu repräsentieren. Die in einem solchen Roboter »verkörperten«

Erfahrungen sind genauso wenig als Programm erfass- und übertragbar wie die Erfahrungen eines Menschen, die sich in der Struktur der Synapsen seines Gehirns einprägen (Vgl. Brodbeck 2001: 2ff)

Erkennt man allerdings an, dass sich Intelligenz vom (verkörperten) Verhalten nicht trennen lässt, muss man auch akzeptieren, dass es Intelligenz als abstrakte Größe überhaupt nicht gibt. Intelligenz in der Vorstellung einer mehr oder weniger gegebenen Annäherung an ein ideales (Reaktions-)Programm ist eine Chimäre. Was intelligentes Verhalten ist, bestimmt sich einzig über die agierende Person und ihren subjektiven Kontext zur Situation, in der es zu handeln gilt – jede objektive Bewertung ist unmöglich. Selbstverständlich kann davon ausgegangen werden, dass es *individuell-genetische Faktoren* gibt, die in irgendeiner Form mit den unterschiedlichen Reaktionsweisen von Menschen auf Probleme korrelieren. Im Sinne einer Wenn-dann-Relation daraus allerdings abzuleiten, dass sich darin eine höhere oder niedrigere Intelligenz widerspiegelt, wäre grotesk. Intelligenz ist eben kein objektiv-abstraktes Programm, das – im Sinne von Richtig-Falsch-Maßstäben, die ein »höherer Programmierer« irgendwann festgelegt hat – Menschen mehr oder weniger adäquat auf die Umwelt reagieren lässt. Sofern der Begriff überhaupt Sinn gibt, kann Intelligenz nur als das Vermögen des Menschen umschrieben werden, in der Auseinandersetzung mit der Umwelt zu *eigensinnigen* Reaktionen fähig zu sein, zu solchen also, die *nicht automatisch* einem durch irgendjemand anderen vorhersagbaren Muster folgen.[1]

Wenn mit Intelligenz begrifflich jenes Besondere des Menschen ausgedrückt werden soll, das ihn aus der restlichen Natur heraushebt, darf sie nicht einseitig an *rationellem* Verhalten orientiert sein. Mit anderen Worten: Intelligenz darf *nicht* mit Logik gleichgesetzt werden! Der Mensch hat Bewusstsein, er ist somit nicht bloß fähig, sich, wie ein Tier, im Sinne *auferlegter* Reaktionsweisen – also logisch – zu *verhalten*. Er kann, auf Basis seiner Fähigkeit zur *rationalen* Verarbeitung seines Wissens sowie zur Orientierung an jeweils souverän gesetzten Zielen, *autonom handeln*. Eine Interpretation von Intelligenz, die dieser prinzipiellen Freiheit des Menschen gerecht wird, müsste somit an der Fähigkeit ausgerichtet sein, Wissen *selbstbestimmt* einsetzen und *eigensinnige* Antworten auf Fragen finden zu können. Wird Intelligenz jedoch – so wie es in der Anlage-Umwelt- Kontroverse *von beiden Parteien* gemacht wird – darüber definiert, wieweit den (fremdbestimmten) Vorgaben irgendwelcher Tests entsprochen wird, dient der Begriff per se dazu, Menschen zu instrumentalisieren und ihnen ihre Würde zu nehmen. In diesem Sinn ist die Behauptung, Intelligenz ließe sich in Form einer Zahl dingfest machen, unmittelbarer Ausdruck der Absicht, Menschen hinsichtlich ihrer Brauchbarkeit zur Erzielung von Gewinn *berechenbar* zu machen – letztendlich gilt in dieser Logik als intelligent, wer im Verwertungsprozess profitabel einsetzbar ist!

Der Bedeutungsgehalt von Begriffen ist stets ein Korrelat konkreter gesellschaftlich-historischer Bedingungen. Auch Intelligenz ist kein überhistorisches Prinzip, sondern kann nur im Zusammenhang mit den aktuellen politisch-ökonomischen Strukturen begriffen werden. Wer den Begriff Intelligenz unhinterfragt benützt, hat sich allerdings schon auf die Ebene jener Prämissen begeben, durch die das aktuelle System bestimmt wird. Und da ist Intelligenz eben nur in der Bedeutung »instrumenteller Vernunft« fassbar. In der Marktgesellschaft mündet jede Frage nach Qualität oder Güte stets in Überlegungen nach der ökonomischen Verwertbarkeit. Es ist völlig egal, ob Produkte irgendwelcher Fertigungsprozesse, zwischenmenschliche Handlungen, die Natur oder Menschen bewertet werden, letztendlich geht es immer um die Frage, wieweit sich das »Bewertete« für die »Verwertung« eignet; wieweit es also dem Profit-Machen dienstbar gemacht werden kann. Der Tatsache entsprechend, dass in der Marktgesellschaft der Gebrauchswert in allen Bereichen zunehmend vom Tauschwert überlagert wird, tritt als Wert schlussendlich überhaupt nur mehr ins Bewusstsein, was sich in Form von Geld ausdrücken lässt.

Wie schon weiter vorne angesprochen, wird die Haltung zur »Anlage-Umwelt- Kontroverse« oft als ein Streit zwischen gesellschaftspolitisch »links« und »rechts« angesiedelten Positionen interpretiert. In diesem Sinn sind jene, die die Vorstellung eines dynamischen Begabungsbegriffs vertreten, meist auch davon überzeugt, dem gesellschaftlichen Status quo besonders kritisch gegenüberzustehen und das »emanzipatorisch-linke Fähnchen« hoch zu halten. Tatsächlich wirkt jedoch schon das Aufgreifen des Intelligenzbegriffs immanent antiemanzipatorisch. Auch in der Auseinandersetzung um die Ursachenzuschreibung von Intelligenz zeigt sich – so wie ja bei vielen anderen Fragen –, dass die humanitäre Linke den Boden der grundsätzlichen Akzeptanz des herrschenden Konkurrenzkapitalismus nie verlassen hat. Sie bewegt sich im selben Argumentationskorsett wie die von ihr häufig als »rechts« gescholtenen Anlagetheoretiker. Gehuldigt wird von beiden Seiten dem Fetisch Markt. Uneins ist man sich bloß darin, ob die geeigneten Konkurrenzmonaden für die verschiedenen Bereiche des Kampfes jede/r gegen jede/n primär durch ein pädagogisch verbrämtes Zurichtungs- oder doch eher durch ein Ausleseverfahren (beziehungsweise in naher Zukunft vielleicht auch durch ein genetisches Optimierungsverfahren) gewonnen werden sollen.

Auch die Umwelttheoretiker wehren sich nicht dagegen, dass die gravierenden Unterschiede in den Lebensbedingungen von Menschen in der bürgerlich-kapitalistischen Gesellschaft mittels einer unterschiedlich ausgeprägten Tüchtigkeit (= Fähigkeit, sich den Verwertungsvorgaben anzupassen) schöngeredet werden.[2] Es stört sie bloß, dass Menschen mit dem Argument einer geringeren *angeborenen* Begabung von vornherein nur eingeschränkt zum Kampf um attraktive gesellschaftliche Positionen zugelassen werden sollen. Ihre Argumentation lässt kaum je erkennen, dass sie etwas gegen eine Gesellschaft hätten, in der jeder und jede dem Markt- und Konkurrenzprinzip unterworfen ist und die gesellschaftliche Hierarchie durch Gewinnen und Verlieren im vorgeblichen Leistungswettbewerb legitimiert wird. Nicht gegen das gesellschaftliche Ausleseprinzip des *»survival of the fittest«* treten sie auf; sie wollen bloß nicht anerkennen, dass die Startpositionen im allumfassenden Konkurrenzkampf schon durch die Natur verteilt worden sein sollen. Ihr Ruf nach Chancengleichheit – oder noch entlarvender: nach Chancen*gerechtigkeit* – affirmiert den allgemeinen Verdrängungswettkampf, gefordert werden bloß »gerechte Trainingsbedingungen für alle«. Dem »Windhundrennen« soll ein fairer Anstrich gegeben werden, indem quasi »ganz am Anfang« nicht gelten soll, was diese Gesellschaft insgesamt zusammenhält – der Glaube an die Gerechtigkeit des profitökonomisch orientierten Auslesesystems.

Die Prämissen der Argumentation sind bei den Umwelttheoretikern dieselben wie bei den Anlagetheoretikern, auch für sie gibt es keine Welt außerhalb des durch das Verwertungsdiktat vorgegebenen Horizonts und auch sie gehen von einem Bild des Menschen als einem »Konkurrenzwesen« aus. Indem sie das gesellschaftliche Auslesekriterium Intelligenz anerkennen und sich auf die Diskussion einlassen, wo die Ursachen dafür liegen, dass dieses Merkmal unterschiedlich verteilt ist, haben sie sich argumentativ bereits darauf eingelassen, Menschen auf den Status von Humankapital – einen Buchungsposten in der konkurrenzökonomischen Gewinn-/Verlustrechnung – zu reduzieren. Eigentlich handelt es sich beim angeblichen Grundkonflikt der Pädagogik somit bloß um einen Fraktionskampf innerhalb der Konkurrenzglaubensgemeinschaft. Denn wer immer mit einem Begriff argumentiert, der unter den aktuellen gesellschaftlichen Bedingungen einzig und allein dafür dient, um die höchst ungleichen Zugangsmöglichkeiten der Menschen zu den vorhandenen Gütern und Lebensmöglichkeiten zu rechtfertigen, hat bereits

klammheimlich die Gleichsetzung des sozialen Werts von Menschen mit ihrer ökonomischen Verwertbarkeit akzeptiert.[3]
In letzter Konsequenz macht es keinen Unterschied, ob man sich dem Thema Intelligenz aus der Richtung der Umwelttheorie oder jener der Anlagetheorie annähert. Gelernt soll unter den aktuellen politisch- ökonomischen Bedingungen nicht werden, um sich als »freies Wesen« zu verwirklichen und derart einen Beitrag zur ewigen Frage zu liefern, was Mensch-Sein bedeutet und in welcher Form sich der Mensch verwirklichen kann. Sowohl das Lernvermögen des Menschen als auch alle gesellschaftlich vermittelten Zielvorgaben organisierten Lernens sind letztendlich an der Frage der Brauchbarkeit im Prozess der Verwandlung von Geld in mehr Geld orientiert. Bildungseinrichtungen haben auch gar keine Chance hier irgendwie auszuscheren, weil sie unter den zwischenzeitlich auch für das Bildungswesen geltenden Marktbedingungen ansonsten sehr schnell vom Markt verdrängt wären. Organisierte Wissensvermittlung ist – *obwohl* und zugleich *weil* die meisten Lehrenden subjektiv das Beste für ihre Klientel wollen – nicht dem Ziel der Entfaltung des Mensch(lich)en untergeordnet. Sie dient dem Umwandeln von Humanressourcen in verwertbares Humankapital. Das von den Umwelttheoretikern für sich monierte *emanzipatorische Erkenntnisinteresse* stellt einen Selbstbetrug dar; hinter dem Fraktionsstreit der Intelligenzfetischisten lässt sich in jedem Fall nur *technisches Erkenntnisinteresse* ausmachen.
Über viele Jahre waren die Leitwissenschaften im Prozess der Herstellung verwertbaren Humankapitals eine weitgehend zur *Didaktik* verkürzte Pädagogik und eine zur Reparaturwissenschaft reduzierte Psychologie. Die willigen Vollstrecker der jeweils neu verkündeten Erkenntnisse hinsichtlich der Zurichtung von Humanressourcen für deren betriebswirtschaftliche Verwertung stellte das »Fußvolk der Humankapitalmechaniker/ innen« (Kindergärtner/ innen, Lehrer/innen, Erziehungs- und Bildungsberater/innen, EB-Trainer/innen etc.).

Im Sinne der Tatsache, dass bisher alle an der Frage nach den Ursachen unterschiedlicher Verwertbarkeit der Humanressourcen Interessierten die Notwendigkeit effektiver Lernarrangements außer Zweifel gestellt haben, gipfeln die Gen-Umwelt Diskussionen stets in didaktisch manipulativen Vorstellungen: Bringt es etwas, Heranwachsende ihrer »Individuallage« entsprechend getrennt zu beschulen oder lässt sich auch durch gemeinsamen Unterricht ein lohnender Ertrag erreichen; gibt es Psychotechniken und Unterrichtsformen, die besonders zu einer Steigerung der »Selbstausbeutungsbereitschaft« beitragen; welche Lehr/Lernarrangements versprechen bei spezifischen Zielgruppen die höchste Effektivität; u. Ä.? Was bei derartigen Fragen jeweils als »besser« oder »schlechter« zu gelten hat, entscheidet sich stets anhand ökonomischer Rationalitätskriterien.

Zwischenzeitlich sind allerdings die Versprechungen der Naturwissenschafter unüberhörbar, bald schon in der Lage zu sein, »Dummheit« ähnlich einer (Erb)Krankheit zu *heilen*. Derzeit vergeht ja kaum eine Woche, in der nicht verlautbart wird, dass die genetische Ursache für irgendeine menschliche Eigenschaft oder Verhaltensweise erforscht worden sei. Ob es nun asoziales Verhalten ist, das angeblich durch ein Aggressions-Gen[4] verursacht wird, (homo-)sexuelle Vorlieben, Alkoholismus oder die Wahrscheinlichkeit, sich in einer Partnerschaft treu zu verhalten[5], alles wird neuerdings genetischer Programmierung zugeschrieben. Da konnte es selbstverständlich nicht lange dauern, bis auch »mangelnde intellektuelle Verwertbarkeit« zu einem genetisch bedingten Defekt erklärt wurde. Und tatsächlich hat der Genforscher James Watson, der vor Jahren die DNA, die Struktur des menschlichen Erbguts entschlüsselt und dafür einen Nobelpreis erhalten hatte, kürzlich auch verkündet, dass »Dummheit eine genetische Krankheit« darstelle und dementsprechend bald auch »heilbar« sein werde.[6] Somit kann wohl davon ausgegangen werden, dass bald die nächste Runde der Anlage-Umwelt-Prozentediskussion eingeläutet werden wird. Durchaus möglich wird damit auch, dass den auf pädagogisch-psychologischer Basis arbeitenden Humankapitalmechaniker/innen schon bald ernsthafte Konkurrenz in Form von Gentechniker/innen ins Haus steht. Damit eröffnen sich völlig neue Möglichkeiten und Gefahren der Manipulation von Menschen. Hinsichtlich dessen, was Intelligenz tatsächlich ist – die Fähigkeit des Menschen sich kraft Vernunft von allen Abhängigkeiten zu befreien und sich selbst als freies Wesen zu kreieren – braucht man sich vor dieser Entwicklung allerdings nicht zu fürchten. Die in Dienst genommene Pädagogik und die Schule haben es in ihren über Jahrhunderte gehenden diesbezüglichen Anstrengungen nicht geschafft, Menschen das kritische Denken auszutreiben. Auch über den Weg gentechnologischer Manipulation wird es nicht zu schaffen sein, den Menschheit ins »Paradies der unbewussten Einheit mit der Natur« zurückzutreiben. So wie es der Erziehungswissenschafter Wolfgang Fischer einmal formuliert hat, findet Bildung – die Selbstbefreiung des Individuums – zwar tatsächlich nur selten *mit Hilfe* der Schule, aber dennoch immer wieder *trotz* ihr statt (Vgl. Fischer 1978: 158ff). Es kann davon ausgegangen werden, dass sich auch durch die Gentechnologie die »zweite Natur« des Menschen – seine Fähigkeit, die dem »Plusmachen« verhaftete Nutzendimension zu transzendieren und sein Leben an Kriterien zu orientieren, die er kraft autonomer Erkenntnis als sinnvoll definiert hat – nicht ausmerzen lassen wird!

Anmerkungen

1 Den deutlichsten Ausdruck findet diese Sichtweise von Intelligenz in der Fähigkeit des Menschen, bewusst die Unwahrheit zu sagen. Dementsprechend betonen viele Forscher nicht nur, dass Lügen ein essentieller Bestandteil der Intelligenz ist, sie gehen sogar so weit zu

folgern, dass der Mensch die im Laufe seiner Evolution stattgefundene Vergrößerung seines Gehirns der Notwendigkeit verdankt, unter den sozial zunehmend komplexer gewordenen Lebensumständen auch immer raffinierter lügen zu müssen. (Der Standard 2003).

2   Selbstverständlich wird auch behauptet, dass der berufliche Erfolg und somit die soziale Situation von Menschen mit derselben prozentuellen Gewichtung wie die Intelligenz von Erbanlagen bzw. Umwelteinflüssen bestimmt ist. (Vgl. Medical Tribune 1978)

3   Die Umwelttheorie nimmt, gepaart mit einer grundsätzlichen Akzeptanz des Konkurrenzsystems, durchaus auch menschenverachtende Züge an. Nicht die grundsätzliche Akzeptanz des Gegenübers als mündiges Wesen leitet dann das Verhalten der Erziehenden an; Erziehung reduziert sich auf den Aspekt einer Technik, mit der eine gewünschte Entwicklung in Bezug auf Nützlichkeit und Brauchbarkeit hervorzubringen versucht wird.

4   So meint z. B. der Direktor des anthropologischen Instituts der Universität Kiel/BRD, Hans Wilhelm Jürgens, dass bestimmte Formen asozialen Verhaltens, wie »parasitäres Verhalten auf Kosten der Öffentlichkeit« nicht nur durch elterliches Vorbild, sondern auch durch die Erbsubstanz weitergegeben würde. Er befindet sich mit dieser Ansicht im gleichen Lager wie der Humangenetiker Hans-Hilger Ropers, Direktor des Max- Planck-Instituts für Genetik in Berlin, der behauptet, ein so genanntes Aggressions- Gen isoliert zu haben, das sich ausschließlich bei Kriminellen nachweisen ließe. (Vgl. Sierck 1998)

5   Beim 10. Internationalen Kongress für Zwillingsforschung in London/UK wurde eine Studie der beiden Forscher Jerskey und Lyon präsentiert, bei der durch einen Vergleich der Heirats- und Scheidungsraten eineiiger Zwillinge mit den entsprechenden Daten nicht-eineiiger Zwillinge eine genetische Beeinflussung von Verehelichungs- und Scheidungsmustern »errechnet« worden war. (Vgl. Muir 2001)

6   Wes Geistes Kind der hoch dotierte Wissenschafter ist, lässt sich daran ermessen, dass er auch noch darüber nachdenkt, menschliche Hässlichkeit gentechnisch zu »heilen«. Konkret will er den von ihm als »großartig« charakterisierten Zustand herstellen, dass »alle Frauen schön« seien. (Vgl. RP-Online 2003)

Literatur

Brodbeck, Karl-Heinz (2001): Zur Ethik der Intelligenz. In: Ethik-Letter 4/2001, S. 2-5. In: http://home.t-online.de/home/ brodbeck/intellig.htm

Der Standard, 19. Feb. 2003: Die Lüge eine intellektuelle Höchstleistung.

Fischer, Wolfgang (1978): Bildung trotz Schule. In: Ders.: Schule als parapädagogische Organisation. Kastellaun.

Huisken, Freerk (1991): Die Wissenschaft von der Erziehung. Einführung in die Grundlügen der Pädagogik, Teil 1. Hamburg.

Medical Tribune 5/1978. In: http://www.medical-tribune.de/GSM/ bericht/03_02_1978_IQ

Muir, Hazel (2001): Divorce is written in the DNA. New Scientist, 12. Juli 2001, http://www.newscientist.com.

RP-Online (2003): Gentherapie für klügere und schönere Menschen. 21.03.2003, http://www.rp-online.de/public/article/wissen/gesundheit/507/Gentherapien-fuer-kluegere-und-schoenere-Menschen.html.

Sierck, Udo (1998): Zucht und Ordnung. Von völkischen Idealen zu biopolitischen Vorstellungen: Biopolitik und die »Neuen Rechten«. In: Jungle World 23, 27. Mai 1998.

Wer bitte sind hier die Bildungsfernen?

Wer heute schwerwiegende Mängel in den Grundkompetenzen des Lesens, Schreibens, Rechnens sowie der Verwendung von Informations- und Kommunikationstechnologien hat, gehört zu den programmierten Verlierern des Arbeitsmarktes. Denn zum einen haben die technologischen Entwicklungen der letzten Jahrzehnte den Großteil jener Tätigkeiten zum Verschwinden gebracht, bei denen derartig gehandicapte Personen früher problemlos eingesetzt werden konnten, und zum anderen haben die erreichten Produktivitätsfortschritte den Bedarf an menschlicher Arbeitskraft generell verringert. Das dadurch bedingte Überangebot an Arbeitskräften erlaubt Arbeitgebern heute durchaus auch schon bei der Besetzung anspruchsloser beruflicher Positionen wählerisch zu sein. Die Grenzqualifikation für das Ergattern eines Erwerbsarbeitsplatzes steigt auf diese Weise sukzessive an – zunehmend rückt schon der »bloße« Pflichtschulabschluss in die Nähe des Analphabetentums. Der deutsche Soziologe Ulrich Beck beschrieb dieses Phänomen, das zwischenzeitlich allerdings noch deutlich an Dynamik gewonnen hat, schon vor mehr als 20 Jahren: »Im achtzehnten Jahrhundert war es noch ›selbstverständlich‹, *ohne* Kenntnis des Alphabets seinen Lebensunterhalt verdienen zu können. Im Laufe des neunzehnten Jahrhunderts wird die Beherrschung des Lesens und Schreibens mehr und mehr zur Einstiegsvoraussetzung in das expandierende industrielle Beschäftigungssystem. Im letzten Viertel des zwanzigsten Jahrhunderts reicht schließlich sogar der Hauptschulabschluss *allein* immer weniger hin, um arbeitsmarktvermittelt die materielle Existenz zu sichern« (Beck 1986: 245/246).

Auch die Statistik spricht hier eine ganz eindeutige Sprache: Von der nachlassenden Fähigkeit des Kapitalismus zur Vernutzung menschlicher Arbeitskraft sind – logischerweise –

an erster Stelle diejenigen betroffen, die am Arbeitsmarkt das relativ geringste Verwertungspotential einbringen können. Auf der Strecke bleiben die »Verwertungsgehandicapten« – Behinderte, Alte, z. T. Frauen und in besonderem Maße Personen, die nicht oder nur gering qualifiziert sind. Zwischen der Höhe des Bildungsabschlusses, den jemand nachweisen kann, und seinem statistisch zu erwartenden Arbeitslosigkeitsrisiko besteht eine enge Korrelation. So waren in Österreich im September 2007 13,3 Prozent jener Personen arbeitslos, die über maximal einen Pflichtschulabschluss verfügen, was bedeutet, dass sich aus dieser Bevölkerungsgruppe nahezu die Hälfte aller Arbeitslosen rekrutiert. Und selbstverständlich sind innerhalb dieser Risikogruppe jene Personen, die nicht einmal das letzte Pflichtschuljahr positiv abgeschlossen haben oder gravierende Mängel in den oben genannten Grundkompetenzen des Lesens, Schreibens, Rechnens und der Verwendung von Informations- und Kommunikationstechnologien haben, noch um ein Vielfaches mehr gefährdet arbeitslos zu werden. Trotzdem liegt es auf der Hand, dass diese Menschen bloß »Symptomträger« eines gesamtgesellschaftlichen Problems sind, dass ihre »Auffälligkeit« also nicht als isolierte, individuelle Störung betrachtet werden kann, sondern quasi stellvertretend für das »kranke« System, in dem sie existieren. Gelingt es ihnen, sich von ihrem Verwertungshandicap zu befreien, kann das ihre persönliche Situation zwar deutlich verbessern, am allgemein stagnierenden Arbeitskräftebedarf ändert sich dabei jedoch gar nichts – es sind dann eben bloß andere, die wegen irgendeiner Verwertungseinschränkung vom System der Arbeitskraftvernutzung ausgesondert werden.

In diesem Sinn müssen auch die aktuell kolportierten Prozentsätze von – funktionalen – Analphabet/innen in den Industrieländern interpretiert werden. Sie ergeben sich nicht in Relation zu einem aus dem kulturellen Status quo abgeleiteten Standard, sie spiegeln bloß die relative »Unbrauchbarkeitsrate« des Arbeitskräfteangebots im Verwertungsprozess wider. Mit dem Begriff »Grundbildungsmangel« wird nicht ein kulturelles, sondern ein arbeitsmarktspezifisches Handicap angesprochen! Schwierigkeiten, einen komplexen Text sinnverstehend zu lesen – etwa einen solchen, der mit dem Begriff »klassische Literatur« angesprochen wird –, haben wahrscheinlich (nicht nur hierzulande) wesentlich größere Teile der Bevölkerung als jene, die in der Statistik als funktionale Analphabet/innen ausgewiesen werden. Nicht umsonst finden Zeitschriften, die in ihrer Berichterstattung um eine differenzierte und damit notgedrungen auch schwieriger zu lesende Darstellung bemüht sind, keine großartige Verbreitung. Dennoch gelten derartig um ihre »kulturellen Teilhabemöglichkeiten« geprellte Menschen noch lange nicht als Analphabet/innen – mit diesem Etikett werden sie erst gebrandmarkt, wenn sie den aktuell bestehenden Verwertungsbedingungen nicht ausreichend entsprechen. Das heißt nichts anderes, als dass der (Arbeits-)Markt definiert, wer ein/e Analphabet/in ist, bzw. was als (Grund-)Bildungsmangel zählt – damit letztendlich aber auch, was überhaupt als Bildung gilt!

Funktionale Analphabet/innen

Das nicht aus den Augen zu verlieren, ist insofern wichtig, als ja sehr oft darauf hingewiesen wird, dass funktionale Analphabet/innen nahezu durchwegs aus sogenannten »bildungsfernen« Bevölkerungsgruppen stammen. Mit dem Begriff »Bildungsferne«, der in den letzten Jahren – vielfach im Zusammenhang mit den Detailauswertungen der PISA-Studien – Eingang in die bildungspolitische Diskussion gefunden hat, soll hervorgestrichen werden, dass bei den diversen Schulleistungsvergleichsuntersuchungen besonders häufig solche Heranwachsende schlecht abschneiden, deren Eltern über keinen oder nur über einen sehr niedrigen Schulabschluss verfügen. Die dem Begriff innewohnende These lautet: Da bildungsferne Eltern das in weiterführenden Bildungsgängen vermittelte Wissen sowie die dort für ein erfolgreiches Bestehen notwendigen Einstellungen selbst nicht besitzen, ist es für sie auch nicht möglich, ihren Kindern das für das »höhere« Bildungssystem nötige Wissen bzw. die dort herrschenden Praktiken und Möglichkeiten zu vermitteln, was dazu führt, dass deren Schulleistungen auf niedrigem Niveau stagnieren. Abgesehen davon, dass durch die Fokussierung auf die Tatsache der Bildungsferne die Schuld für die Benachteiligung von Kindern aus niedrigen sozialen Schichten klammheimlich auf deren Eltern abgewälzt und von Übervorteilungsmechanismen in der Gesellschaft bzw. im Bildungssystem abgelenkt wird, transportiert der Begriff Bildungsferne auch eine aus der Interessenslage sozial Benachteiligter äußerst problematische Sichtweise von Bildung: Bildung wird gleichgesetzt mit dem Erreichen höherer Schulabschlüsse bzw. dem Nachweis der im Rahmen von Schulleistungsvergleichsuntersuchungen getesteten funktionalen Kompetenzen; als gebildet gilt, wer den – oftmals mit kulturellem Nimbus verbrämten – Brauchbarkeitsvorgaben des Verwertungssystems entspricht.

Interessant in diesem Zusammenhang ist, dass der Begriff Bildungsferne so neu gar nicht ist. Er wurde schon vor etwa einem dreiviertel Jahrhundert im Roman »Schöne neue Welt« von Aldous Huxley (1953) verwendet – jedoch mit einer weitgehend anderen Sinnzuschreibung. Der Sinngehalt, mit dem Huxley den Begriff Bildungsferne eingesetzt hat, sollte meines Erachtens allerdings zu einem kritischen Hinterfragen seiner heutigen Verwendung anregen. In seinem Roman beschreibt Huxley ein Gesellschaftssystem, in dem es gelungen ist, ein (nahezu) friktionsfrei funktionierendes – friedliches – Zusammenleben der Menschen zu erreichen. Neben einer Reihe von Maßnahmen, die zur Verwirklichung dieses Ziels beitragen, wie die frühe Konditionierung der Menschen im Sinne des herrschenden Menschen- und Gesellschaftsbildes, ein durch strikte Zuchtwahl quasi genetisch abgesichertes

Kastensystem, hedonistische Freizügigkeit sowie ein politisches System, das in verführerisch-freundlichen Formen totalitär ist, trägt in der schönen neuen Welt das Prinzip der Bildungsferne ganz wesentlich zum »friedlichen« Zusammenleben bei. Gemeint ist damit, dass Bildung sich auf einen pragmatischen, eindimensional aus den Erfordernissen des Funktionierens innerhalb der gegebenen Gesellschaft abgeleiteten Wissenserwerb beschränkt. Ihr Ziel ist es nicht, Menschen zu befähigen und anzuregen, Unzulänglichkeiten der Gesellschaft entdecken oder verändern zu wollen. Ziel von Bildung ist die Übernahme von Funktionen innerhalb der gegebenen Ordnung und nicht die Befähigung zum Hinterfragen derselben. Die Methode, um eine kritische Sichtweise auf die Welt – die ja nur auf Basis des Wissens um ihre Geschichtlichkeit möglich ist – zu verhindern, besteht darin, Bildung im Sinne einer bewussten Auseinandersetzung mit Überliefertem (Geschichte, Kultur, …) systematisch zu unterdrücken. Konsequenterweise lautet daher einer der Leitsätze der »Weltregierung«: Geschichte ist Mumpitz« – übrigens ein bekannter Ausspruch von Henry Ford, den Huxley in seinem Roman nicht zufällig als den allgemein verehrten *Godfather* der schönen neuen Welt fungieren lässt.

Der Begriff Bildungsferne bei Huxley korreliert somit stark mit dem, was Adorno viele Jahre später mit dem Begriff Halbbildung umschrieben hat. Halbbildung äußert sich nach Adorno nicht in irgendwelchen gravierenden Wissensmängeln, sondern darin, dass jemand, der möglicherweise sogar sehr viel gelernt hat, sein Wissen – im Gegensatz zu jemandem, auf den die Bezeichnung Bildung zu Recht angewandt wird – bloß in verdinglichter, domestizierter Form gebraucht. Es dient ihm nicht dafür, das »gute Leben« anzustreben, sondern stellt nur ein Überlebensmittel im Rahmen vorgegebener Verhältnisse dar. Indem Wissen bloß strategisch eingesetzt und nicht in Relation zu einem selbst erkannten Sinn gesetzt wird, ist der Mensch diesem ausgeliefert. Anstatt dass ihm sein Wissen ermöglicht, sich zum Gestalter der Welt zu machen, unterjocht es ihn und macht ihn zum Sklaven der Verhältnisse. Nach Adorno ist »Bildung [...] nichts anderes als Kultur nach der Seite ihrer subjektiven Zueignung« (Adorno 2006: 9), und Kultur selbst wieder durch einen unauflöslichen Doppelcharakter bestimmt – »Geisteskultur« einerseits und »Gestaltung des realen Lebens« im Sinne einer »Bändigung des animalischen Menschen« andererseits, also seine Anpassung zum Zwecke der Stärkung des »fortdauernd prekären Zusammenhang[s] der Vergesellschaftung« (Ebd.:11). Als Prozess der Aneignung von Kultur darf sich in diesem Sinn dann auch Bildung nur solange als solche bezeichnen, als sie den Doppelcharakter von Widerstand und Anpassung aufrechterhält.

Verwertungsdiktat

Allerdings konstatierte Adorno bereits Ende der 1950er Jahre, dass Anpassung im Zuge der fortschreitenden Ausweitung des kapitalistischen Prinzips auf alle Lebensbereiche in anwachsendem Maß totalitär wird. Heutzutage bedarf es keiner besonderen Analysefähigkeit mehr, um zu erkennen, dass Bildung im alltäglichen Diskurs nahezu völlig mit der Fähigkeit gleichgesetzt wird, sich auf allen Ebenen möglichst optimal den Bedingungen des marktgesteuerten Systems unterwerfen zu können; Bildung ist im allgemeinen Bewusstsein zur kauf- und verkaufbaren Ware im allumfassenden Konkurrenzkampf geworden. Genau genommen war es um den Doppelcharakter von Bildung allerdings schon sehr bald, nachdem sie als Legitimation für den Befreiungskampf des Bürgertums ausgedient hatte, schlecht bestellt gewesen. Denn mit der Etablierung der bürgerlichen Gesellschaft – die hierzulande ja nicht das Ergebnis einer siegreichen Revolution war, sondern über den Weg des »Scheiterns der revolutionären Bewegungen, die in

170

den westlichen Ländern den Kulturbegriff als Freiheit verwirklichen wollten« (Adorno 1998: 94), stattfand –, mit dem Entstehen des Proletariats und der bald erfolgten Abgrenzung des Bürgertums gegenüber den lohnabhängig Arbeitenden wurden die dialektische Verschränkung der beiden Momente Geist und Anpassung aufgelöst und beide Aspekte zum Fetisch jeweils unterschiedlicher Statusmöglichkeiten degradiert. Für alle, die es sich leisten können, gibt es das prestigeträchtige Dekor einer wertfreien »Allgemeinbildung« – am »Wahren, Guten und Schönen« orientiert und vom Anspruch gesellschaftlicher Relevanz weitgehend »gereinigt«. Im Übrigen fungiert »Ausbildung« als Anpassung an das Verwertungsdiktat – sie stellt die Grundlage für Entfremdung und das hilflose Bemühen dar, im Konkurrenzkampf um optimale Verwertbarkeit möglichst gut abzuschneiden.

Wie schon weiter vorne angesprochen, stellt unter diesen Umständen auch die Bezeichnung »Bildungsferne« bloß einen Hinweis auf die mangelnde Verwertbarkeit derjenigen dar, die mit diesem Etikett versehen werden. Was in einer bestimmten historisch-gesellschaftlichen Epoche mit dem Begriff Bildung bzw. seiner Negation angesprochen wird, steht in unmittelbarem Zusammenhang mit der jeweiligen Vorstellung über das Wesen des Menschen, darüber also, was ihn definiert und aus der restlichen Natur heraushebt. Heute nehmen sich Menschen selbst aber nahezu ausschließlich nur mehr als Träger von »Wert« wahr – die aktuellen gesellschaftlichen Umstände zwingen ihnen ein derartiges Selbstverständnis geradezu auf. Die Sichtweise ihrer eigenen Person und die anderer Menschen leitet sich – kaum je hinterfragt und nahezu unmittelbar – aus ihrer Rankingposition im Bereich von Arbeit und Konsum ab. Auch im Rahmen politischer Maßnahmen kommt der Mensch heute faktisch nur als (Human-)Ressource im Rahmen einer Ökonomie in den Fokus, die sich darin erschöpft, aus allem und jedem Profit zu schlagen. In dieser Situation wirkt es entsprechend antiquiert, darauf zu bestehen, dass das Problem einer Distanz

zu Bildung bzw. einer Distanz zu Kultur nicht primär in redu-
zierten Verwertungsmöglichkeiten kulminiert, sondern in ein-
geschränkten Möglichkeiten, Selbstbestimmungsfähigkeit entwickeln zu können. Der noch von Adorno urgierte Aspekt von
Bildung, Freiheit inmitten der und vor allem im Widerspruch zu
den jeweils bestehenden Vergesellschaftungszwängen zu
ermöglichen, ist heute weitgehend verdrängt. Verdrängt ist
damit aber auch die Vorstellung, dass Bildung etwas zu tun hat
mit einer die politischen Herrschaftsverhältnisse und -interes-
sen einbeziehenden und enthüllenden emanzipatorischen
Befreiung des Menschen zu sich selbst[1].

Würde man Bildung nämlich derart fassen – als die Befähigung, sich gegenüber den aus den aktuellen Machtverhältnissen resultierenden Systemzwängen der Gesellschaft
behaupten zu können –, bekäme auch der Begriff Bildungsferne
eine völlig andere Notation. Sich gegen die totalitäre
Ausrichtung des Lebens an einer möglichst erfolgreichen
Performance in Arbeit und Konsum zu stellen, würde implizieren, die Natur nicht bloß als Ausbeutungsobjekt und
Mitmenschen nicht nur als Konkurrenten wahrzunehmen.
Menschen, die in einem derartigen Sinn gebildet wären, würden
es nicht zulassen, dass die Zahl der Ausgesonderten und Über-
flüssigen in der Gesellschaft immer mehr anwächst und die
soziale Kluft zwischen den in beispiellosem Euphemismus zu
Gewinnern und Verlierern Schöngeredeten immer größer wird
und dabei immer mehr Menschen um jene Lebensmöglichkeiten betrogen werden, die aufgrund des aktuellen Standes
der Produktivkraftentwicklung möglich wären. Dann dürften
aber auch nicht jene als bildungsfern bezeichnet werden, die
aufgrund eines niedrigen Schulabschlusses oder unzureichender Grundbildung nur eingeschränkt verwertbar sind. Es würde
offensichtlich, dass Bildungsferne ein Massenphänomen ist,
das einen bestimmenden Faktor der gegenwärtigen Gesellschaftsformation darstellt und von dieser systematisch produziert wird. Wenn Kultur in der oben angedeuteten Form als

eine Gestaltung der Welt nach humanen Gesichtspunkten gesehen und der Zusammenhang von Kultur und Bildung im Sinne von zwei Seiten ein- und derselben Medaille ernst genommen wird, dann ist Bildungsferne nämlich nichts anderes als Ausdruck kultureller Verarmung. Einer kulturellen Verarmung, die sich darin zeigt, dass soziale Ausgrenzung und Inhumanität in einer Gesellschaft stillschweigend hingenommen werden, ja letztendlich von denen, die vom Verwertungssystem (noch) nicht ausgespuckt wurden, sogar mit klammheimlicher Freude quittiert werden müssen. Schließlich ist in einem Gesellschaftssystem, in dem die Lebensmöglichkeiten der Gesellschaftsmitglieder per Konkurrenzmechanismen geklärt werden, die eigene gute Position nur um den Preis des Untergangs anderer zu haben!

Der vorliegende Text geht von der Aussage aus, dass, wer heute schwerwiegende Mängel in den Grundkompetenzen des Lesens, Schreibens, Rechnens sowie der Verwendung von Informations- und Kommunikationstechnologien hat, zu den programmierten Verlierern des Arbeitsmarktes gehört. Dem entsprechend, was innerhalb der Konkurrenzgesellschaft an Gerechtigkeit möglich ist, kann nur gefordert werden, diesen Menschen jedwede nur mögliche Unterstützung angedeihen zu lassen, um ihre Grundbildungsmängel reduzieren und auf diese Art ihr Verwertungspotential steigern zu können. Selbst eine solche Forderung bedeutet ja schon, über den eigenen durch den Gesellschaftscharakter gebildeten sprichwörtlichen Schatten zu springen. Dennoch ändert eine derartige Hilfe – wie schon dargestellt – nichts am grundsätzlichen Problem, dass in einer Gesellschaft, die den Prämissen von Verwertung und Profitmaximierung unterworfen ist, mit rückgängigem Arbeitskraftbedarf nur durch Ausgrenzung der jeweils am wenigsten Verwertbaren umgegangen werden kann. Diesen Skandal zu überwinden und Bedingungen zu schaffen, in der sich Produktivitätsgewinne in Form erweiterter Lebensmöglichkeiten und weniger Arbeit für alle niederschlagen, bedarf es gebildeter Menschen. Solcher nämlich, die ein Bewusstsein über die wirklichen Verhältnisse der Gesellschaft erworben haben und sich – aufgrund ihres unverstellten Konnexes zu ihren Lebensbedürfnissen – mit den Surrogaten des Kapitalismus im Tausch für reale Lebendigkeit nicht zufrieden geben. Dazu bedarf es tatsächlich einer Überwindung der gesellschaftlich geförderten Bildungsferne, indem – wie es Hartmut von Hentig in einem seiner Texte ausdrückt – Menschen durch Belebung und authentische Erfahrungen Selbstfindung und Selbstbestimmung gegenüber dem Systemcharakter der Gesellschaft ermöglicht[2] wird.

Anmerkungen

1 Brockhaus-Enzyklopädie unter Bezugnahme auf Herwig Blankertz, http://www.brockhaus.de/infothek (Februar 2008)
2 Brockhaus-Enzyklopädie unter Bezugnahme auf Hartmut von Hentig, http://www.brockhaus.de/infothek (Februar 2008)

Literatur

Adorno, Theodor W. (1998): Negative Dialektik (1966); in: Ders. : Gesammelte Schriften, Band 6; Darmstadt.
Adorno, Theodor W. (2006): Theorie der Halbbildung. Suhrkamp Verlag, Frankfurt a. M.
Beck, Ulrich (1986): Risikogesellschaft. Auf dem Weg in eine andere Moderne. Suhrkamp-Verlag, Frankfurt a. M.
Huxley, Aldous (1953): Schöne neue Welt. Frankfurt a. M.

Alphabetisierung –
bloß berufliche Notwendigkeit oder mehr?

Fast reflexartig ist heutzutage faktisch jede Bildungsbemühung von der Frage nach ihrem ökonomischen Nutzen begleitet. Ob es sich um Volkschulkinder, Studierende oder Besucher von EB-Kursen handelt – von allen wird in Zusammenhang mit Lernen heute geradezu reflexartig die Frage nach dem gesellschaftlichen Tauschwert bzw. Marktwert von Lernbemühungen gestellt. Bildung scheint generell nur mehr als eine Investition in die »Ressource Mensch« in den Fokus zu gelangen, auf einen darüber hinausgehenden, humanitäre oder politische Dimension von Bildung wird derzeit kaum je Bezug genommen. Diese Aussage gilt selbstverständlich auch für Maßnahmen der Alphabetisierung. Auch Bemühungen, die nicht oder nicht ausreichend gegebene Literarität jener durchaus nicht kleinen Bevölkerungsgruppe zu verringern, auf die in den Industrieländern in irgend einer Form die Bezeichnung »Analphabeten« zutrifft, werden heute fast ausschließlich unter dem Gesichtspunkt des gesellschaftlichen Tausch- bzw. Marktwerts argumentiert.

Aus diesem Grund erscheint es mir wichtig, gleich am Anfang meiner Ausführungen klar zu stellen, dass die Hauptzielrichtung dieses Textes eine andere ist. Auch wenn ich in meiner Argumentation ebenfalls auf den Wert der Kulturtechniken im Rahmen der ökonomischen Verwertung menschlicher Arbeitskräfte Bezug nehmen werde, geht es mir um etwas, was die ökonomische Dimension weit übersteigt: Ich möchte darauf aufmerksam machen, dass die Befähigung von Menschen zur schriftlichen Kommunikation wesentlich mehr bedeutet, als ihre Zurichtung zu verwertbarem Humankapital. Alphabetisierung ist – das lässt sich m.E. ohne Übertreibung sagen – ein ganz grundsätzlicher Aspekt der Menschwerdung des Menschen und hat einen Wert, der den durch ökonomische Kosten-Nutzen-Kalkulationen eruierbaren weit übersteigt. Sie erst ermöglicht dem einzelnen Individuum eine echte Teilhabe am kulturellen und gesellschaftlichen Leben, ermöglicht darüber hinaus und darauf aufbauend aber auch die fortschreitende Emanzipation des Menschengeschlechts insgesamt.

Denn die Teilhabemöglichkeit an der menschlichen Gemeinschaft ist nicht bloß ein Vorteil unter anderen, der sich auf der gleichen Ebene wie die Möglichkeit befindet, durch die Befähigung zum Lesen, Schreiben und Rechnen seine Arbeitskraft lukrativ verkaufen zu können. Es geht dabei um wesentlich mehr – in letzter Konsequenz um die Emanzipation des Menschen von der »Notdurft des Daseins« (Josef Pieper), die unter den aktuell gegebenen politisch-ökonomischen Strukturen in der alles dominierenden Verwertungsprämisse ihren Ausdruck findet; also um die Überwindung genau jener ökonomistisch-verkürzten Sichtweise des Menschen, mit der die Notwendigkeit einer fundierten und nachhaltigen Alphabetisierung heute zumeist begründet wird.

Tatsächlich spielen sich ja die Anstrengungen von Menschen, jene Qualifikationen zu erwerben, die sie zur attraktiven Ware am Arbeitsmarkt werden lassen, im Rahmen eines Nullsummenspiels ab. Wer durch Lernen oder andere Bemühungen seine Verwertbarkeit am Arbeitsmarkt steigert, mag es zwar schaffen, sich individuell eine bessere Position zu verschaffen. Am gesellschaftliche Skandal, dass die in den letzten Jahren möglich gewordenen Produktivitätsfortschritte nicht zu mehr Freizeit für Alle, sondern bloß zu einem verschärften Konkurrenzkampf um Arbeitsplätze auf der einen Seite und einer anwachsenden Arbeitslosigkeit auf der anderen Seite geführt haben, ändert sich dadurch jedoch gar nichts. Selbstverständlich sind es in Zeiten des Arbeitskräfteüberschuss die jeweils am wenigsten Brauchbaren, die aus dem Arbeitskraftverwertungsprozess herausfallen und dazu gehören vor allem auch Menschen, die mit Ihren Fähigkeiten im Bereich der Grundbildung nicht (mehr) an die Mindestanforderungen des Arbeitsmarktes heranreichen. Aber klar ist, auch wenn alle potenziellen Arbeitskräfte optimal geschult wären und genau das könnten, was im wirtschaftlichen Verwertungsprozess angeblich gebraucht wird, würde damit letztendlich kein einziger zusätzlicher Arbeitsplatz entstehen!

Das genau ist der Grund, warum es auch bei der Bekämpfung des Analphabetismus nicht ausreicht, diesen bloß unter dem Gesichtspunkt beruflicher Notwendigkeiten und erhöhter Arbeitsplatzchancen zu betrachten. Erst wenn sich Alphabetisierungsbemühungen an jenem Besonderen des Menschen orientieren, seiner Fähigkeit, die ihm auferlegte »Notdurft des Daseins« abzuschütteln, dienen sie der Bildung der Betroffenen und nicht der Vernebelung ihres Denkens. Sie bekomme dann eine emanzipatorische, damit allerdings auch – das möchte ich mit aller Deutlichkeit betonen – eine systemsprengende Potenz.

Das Ziel von Bildung kann sich niemals darin erschöpfen, Menschen zu befähigen, sich vorgegebenen Bedingungen besser anzupassen – entweder sie zielt auf die Selbstbefreiung des Menschen oder sie führt den Namen Bildung zu unrecht. Auch wenn in der allgemein verschärften Konkurrenzsituation der letzten Jahre die Idee der Bildung weitgehend dem alles überstrahlenden Ziel der ökonomische Verwertbarkeit untergeordnet wurde, sollte nicht vergessen werden, dass ihr endgültiges Aufgeben bedeuten würde, die Vorstellung des Menschen als Souverän seiner selbst über Bord zu werfen.

Die Arbeitsmarktintegration von Personen mit unzureichend ausgebildeten Fähigkeiten in der Beherrschung des Lesens und Schreibens wird derzeit in der Tat immer schwieriger. Noch bis in die 70er Jahre war es für Menschen mit nur mangelhaft oder gar nicht gegebenen Schreib- und Lesefähigkeiten kein gravierendes Problem, trotz unzureichender Literarität einen Erwerbsarbeitsplatz zu finden. Zum einen gab es aufgrund der damaligen Arbeitsorganisation noch eine ausreichende Zahl entsprechend anspruchsloser Arbeitsplätze und zum anderen war die Bereitschaft von Unternehmen, Menschen mit einem derartigen Handycap anzustellen, schon allein deshalb wesentlich größer, weil das damalige Arbeitskräfteangebot vielfach deutlich unter der entsprechenden Nachfrage lag.

Die durch die Informations- und Kommunikationstechnologien bedingten, gewaltigen Produktivitätsfortschritte, sowie die ebenfalls den neuen Technologien geschuldeten Veränderungen der Arbeitsplatzanforderungen führten allerdings zu einem generellen Schrumpfen des Arbeitsplatzangebots für Menschen mit geringer Qualifikation. Besonders Personen mit unzureichend gegebenem Alphabetisierungsgrad geraten in dieser Situation immer häufiger unter die Räder des verschärften Konkurrenzdrucks am Arbeitsmarkt. Der Rückgang anspruchsloser Jobs verbunden mit einem Anstieg der qualifikatorischen Anforderungen der verbleibenden Arbeitsplatzangebote und ein gleichzeitiger Anstieg der Zahl gut qualifizierten Arbeitsplatzbewerber ließen sie zu einer Hauptverlierergruppe im Verdrängungswettkampf um Arbeitsplätze werden.

Die Situation, dass besser ausgebildete Arbeitskräfte Personen mit einem jeweils niedrigeren Ausbildungsstand von ihrem Arbeitsplatz verdrängen, lässt sich seit einigen Jahren generell am Arbeitsmarkt beobachten. Die letztendlichen Verlierer dieses Verdrängungswettkampfes sind selbstverständlich diejenigen, die den Anforderungen der Arbeitswelt am wenigsten entsprechen. Wie immer gilt auch hier: »Den Letzten beißen die Hunde«. Für Personen dieser Gruppe geht es zwischenzeitlich ums nackte Überleben am Arbeitsmarkt, d.h. darum, ob sie überhaupt einen Zugang zum Arbeitsmarkt finden oder von diesem dauerhaft ausgesperrt sind. Fragen der Arbeitsplatzqualität stellen sich für sie längst schon nicht mehr.

Sogar für Personen, die zwar einen Pflichtschulabschluss, aber keine darüber hinausgehende Ausbildung nachweisen können, von denen aber durchaus zu erwarten ist, dass sie die Kulturtechniken im ausreichenden Maß beherrschen, ist es zwischenzeitlich schon recht eng am Arbeitsmarkt geworden:

Ihr Arbeitslosigkeitsrisiko ist doppelt so hoch wie das der restlichen Bevölkerung. Zwar signalisiert die Gesellschaft, indem sie Heranwachsende aus der verpflichtenden Bildung entlässt, die Erwartung, dass diese über eine ausreichende Ausbildung zur Bewältigung ihres Lebens verfügen; tatsächlich sind die Chancen von Pflichtschulabsolvent/innen, oder von Personen, die gar nur der Hauptschule abgeschlossen haben, hinsichtlich ihrer Möglichkeit durch den Verkauf ihrer Arbeitskraft eine akzeptable gesellschaftliche Position zu erringen, allerdings alles andere als rosig. Zudem zeigen Untersuchungen, dass in dieser Personengruppe der Anteil der Unkundigen in den Kulturtechniken noch anwächst.

In Anlehnung an ein Bild des deutschen Soziologen Ulrich Beck stellt der Abschluss einer Lehre oder einer weiterführenden Schule zunehmend bereits die Minimalvoraussetzung dar, um überhaupt ins »Vorzimmer des Arbeitsmarktes« zu gelangen und dort am Konkurrenzkampf um Arbeitsplätze – also quasi um einen Platz im Wohnzimmer – teilnehmen zu dürfen. Allerdings kann man auch diese »Teilnahmeberechtigung am Konkurrenzkampf« schnell wieder einbüßen, wenn man nicht bereit ist, seine Qualifikation mit Hilfe von lebenslangem Lernen permanent einem Update zuzuführen und sich solcherart employabel zu halten. Letztendlich stellt jedoch auch die durch Grundausbildung und Weiterbildungsbereitschaft erreichte Position im »Vorzimmer des Arbeitsmarktes« keine nachhaltige Jobgarantie dar; viele weitere Faktoren, wie z.B. die Geschlechtszugehörigkeit, Alter oder körperliche Einsetzbarkeit beeinflussen noch zusätzlich die Chancen für das Ergattern und Behalten eines Arbeitsplatz.

Personen, die nicht einmal die Minimalerfordernisse in den Kulturtechniken beherrschen, haben im Sinne dieses Bildes nicht bloß eine nicht ausreichende Grundqualifikation um ins Vorzimmer des Arbeitsmarktes vorgelassen zu werden, ihnen fehlen auch wesentliche Voraussetzungen für das lebenslange Lernen. Denn das lebenslange Lernen stellt ja keineswegs bloß eine lineare Fortsetzung der Grundbildung dar; lebenslanges Lernen funktioniert nur auf Basis selbstständigen Wissenserwerbs und setzt insbesondere die Fähigkeit zum Umgehen mit schriftlich vermittelten Informationen voraus. Zum lebenslangen Lernen benötigt man ausreichende Grundbildung und Literarität; wer über diese verfügt, ist in der Lage, selbständig zu lernen und seine Grundbildung laufend zu verbessern. Umgekehrt heißt das: Wer nicht ausreichend über Grundbildung und Literarität verfügt, kann nur eingeschränkt selbständig lernen, womit für ihm auch die Teilhabe am lebenslangem Lernen – zumindest in der aktuell geforderten Form der Anpassung an Modernisierungsprozesse – nur sehr eingeschränkt möglich ist.

Es gibt also wirklich Grund genug, unter Hinweis auf die Nachteile am Arbeitsmarkt, mit denen Menschen ohne ausreichende Literarität heutzutage konfrontiert sind, verstärkte Alphabetisierungsmaßnahmen zu fordern. Soziale Lage und Analphabetismus hängen auf das Engste zusammen – wobei allerdings nicht vergessen werden darf, dass es sich dabei um einen wechselseitigen Zusammenhang handelt: Es ist nicht nur so, dass Menschen, die nicht ausreichend Lesen und Schreiben gelernt haben, deutlich verringerte Chancen haben, am gesellschaftlichen Reichtum partizipieren zu können. Menschen aus sozial benachteiligten Bevölkerungsgruppen haben auch von vornherein ein wesentlich höheres Risiko, keine ausreichende Bildung zu erfahren. Diese Aussage wird durch viele Untersuchungen zum Zusammenhang zwischen Bildungsstand und sozialer Lage belegt. Die Ursachen für Analphabetismus sind im Detail zwar noch viel zu wenig erforscht, aber ohne die sicher vorhandenen weiteren Einflussfaktoren außer Acht zu lassen, steht fest: Materielle Armut ist auch in den Ländern der sogenannten Ersten Welt die primäre Ursache für einen geringen Bildungsstand und selbstverständlich auch für Analphabetismus. Und, dass sich die soziale Schere in den Industrieländern derzeit rasch weiter öffnet, ist für Sie wahrscheinlich keine

Neuigkeit. Einem insgesamt steigenden gesellschaftlichen Reichtum steht eine anwachsende Zahl von Menschen gegenüber, die arm oder armutsgefährdet sind. Auch in Österreich – einem Land, das zu den sogenannten reichsten der Welt gehört – fallen etwa eine Million Menschen unter der Armutsgefährdungsschwelle, das sind immerhin 13,2% der Gesamtbevölkerung. Fast die Hälfte davon lebt sogar in verfestigter Armut mit entsprechend massiven Einschränkungen des Alltagslebens. Und sehr oft sind das selbstverständlich Menschen, die hinsichtlich ihrer arbeitsmarktrelevanten Qualifikationen ein Handicap nachweisen.

Die Chance dieser Menschen auf einen Erwerbsarbeitsplatz durch Maßnahmen der Nachschulung zu erhöhen und ihnen damit zu helfen, ihre materielle Situation zu verbessern, ist unbestritten äußerst wichtig. In diesem Sinn können auch Alphabetisierungsmaßnahmen zur sozialen Integration von Menschen beitragen – allerdings nur im Rahmen und unter den Bedingungen der Gesellschaft wachsender Ungleichheit! Es ist somit mindestens genauso wichtig, die Grundsatzfrage nach den Kriterien der Verteilung des gesellschaftlichen Reichtums zu stellen. Denn die Gesellschaft zerfällt nicht deshalb in vorgebliche Gewinner und Verlierer, weil die einen besser und die anderen schlechter gelernt haben, was sie brauchbar am Arbeitsmarkt macht. Die Aufteilung des Arbeitsproduktes auf die Gesellschaftsmitglieder und die Frage, welcher Relation zwischen deren unterschiedlichen materiellen Bedingungen akzeptiert wird, ist politischer Natur, dementsprechend kann sie auch nur politisch und nicht durch Qualifizierungsmaßnahmen gelöst werden!

Genau deshalb ist es wichtig, dass das Selbstverständnis von Bildungsmaßnahmen nicht einseitig aus der Absicht abgeleitet wird, Menschen fit für den ökonomischen Konkurrenzkampf machen zu wollen, sondern, dass sie sich an einem Menschenbild orientiert, in dem der Wert des Menschen außerökonomisch definiert ist. Die Idee der Bildung stellt eines der letzten Refugien dar, in denen in modernen Gesellschaften die Vorstellung Asyl gefunden hat, dass jeder Mensch eine aus sich selbst begründete Würde hat, die unabhängig von seinem gesellschaftlichen Nutzen und seiner Brauchbarkeit gegeben ist. Bildungsbemühungen nur mehr unter dem Gesichtspunkt des Zurichtens für den Kampf um attraktiven gesellschaftliche Positionen zu argumentieren, impliziert das Akzeptieren einer Gesellschaft, in der Menschen zu Humankapital reduziert sind und keine Würde, sondern bloß noch einen Wert haben, der sich linear aus ihrer Verwertbarkeit im Prozess des Verwandelns von Geld in mehr Geld ableitet. Eine Gesellschaft also, in der es nur mehr einen Wert gibt – nämlich den, der sich in barer Münze ausdrücken lässt und in der demgemäß auch der Mensch gerade noch so viel Wert hat, wie er finanziell einbringt. Eine Gesellschaft schlussendlich, die die Hoffnung aufgegeben hat, allen Gesellschaftsmitgliedern eine gleichberechtigte Teilhabe an den historisch jeweils gegebenen Entfaltungsmöglichkeiten zu ermöglichen.

Dies alles zu durchschauen und sich aus dieser Erkenntnis für eine Gesellschaft jenseits der Verwertungsprämisse einzusetzen, setzt wieder Bildung voraus. Eine Bildung allerdings, die Menschen nicht zu Konkurrenzmonaden erzieht, sondern ihnen hilft, sich als Wesen zu begreifen, deren Besonderheit darin liegt, den in der Natur allgegenwärtigen Kampf Jeder gegen Jeden überwinden zu können. Den Verlierern im Konkurrenzkampf muss die Chuzpe der ideologischen Behauptung bewusst werden, dass Alle – Tüchtigkeit und entsprechendes Bemühen vorausgesetzt – zu den Gewinnern gehören können; denn sie sind es, auf deren Rücken diese Illusion aufrechterhalten wird. Erst wenn das passiert, besteht die Chance für eine Weiterentwicklung der Gesellschaft in Richtung von mehr Humanität. Im Sinne des großen Erwachsenenpädagogen Paulo Freire geht es bei Maßnahmen der Alphabetisierung in besonders hohem Maß um das Wecken von kritischem Bewusstsein bei jenen, die durch die gesellschaftlichen Strukturen in ihrer Macht beschnitten sind. Erst dann wird Alphabetisierung zu einem – wie er es ausdrückt – revolutionären Akt, der dazu führt, dass Menschen sich ihrer prinzipiellen Freiheit bewusst werden und Kraft dieses Bewusstseins auch deren gesellschaftliche Umsetzung – die Überwindung des Werts als gesellschaftliche Steuerungskategorie – einfordern.

Kann der Glaube Berge versetzen, oder hilft er bloß das prinzipiell Unerträgliche durchzustehen?

Überlegungen zu Ursache und Wirkung des Glaubens, dass das Bewusstsein das Sein bestimmt

> *So whatsoever the need of the moment, the sannyasin goes with the moment, flows with the river. He does not go upstream. He does not have any idea how things should be. He has no »ought«. He has no commandments in his mind to be fulfilled, to be followed.*[1]

In Zeiten elementarer gesellschaftlicher Umbrüche – wenn traditionelle Sinnbestände sich als nicht mehr ausreichend geeignet erweisen um Sicherheit zu suggerieren – haben Sinnstifter Hochkonjunktur. Und die in den vergangenen Jahrhunderten gängigen sinnstiftenden »großen Erzählungen« – religiöser oder säkular-diesseitiger Art – stellen sich derzeit in anwachsendem Maß als untauglich heraus, um im ökonomischen Totalitarismus der globalen Warengesellschaft die Sehnsucht der Menschen nach Sinn zu befriedigen. Die Vorstellung, die den Kern aller neuzeitlichen Sinnkonzepte dargestellt hat, dass das individuelle Dasein aus seinem Beitrag zum allgemeinen Fortschritt – also aus dem Mitwirken an der zunehmenden »Befreiung des Menschengeschlechts« – Sinn schöpft, erscheint unter den Bedingungen des fortgeschrittenen Kapitalismus immer absurder. Die im Gefolge der gewaltigen Steigerung der Produktivkräfte herangewachsene Utopie eines »Reichs der Freiheit«, jenseits aller dem Menschen durch Natur und Gesellschaft auferlegten Zwänge, hat demgemäß in den letzten Jahrzehnten seine Glaubwürdigkeit nachhaltig eingebüßt. Zwar waren es die durch die bürgerlich-kapitalistische

Gesellschaftsformation geschaffenen Möglichkeiten, die die Hoffnung auf ein derartiges irdisches Paradies entstehen ließen, doch das mit derselben Gesellschaftsformation untrennbar verbundene und alles überstrahlende profitökonomische Nutzenkalkül hat die Vision der Freiheit inklusive der daraus abgeleiteten Sinnzuschreibung menschlichen Lebens schlussendlich auch wieder zu Fall gebracht.

Die durch Industrialisierung und Verwissenschaftlichung freigesetzten Produktivkräfte, die eine Befreiung von Zwang und Bann der Natur versprachen, lagen von allem Anfang an der Kandare der profitorientierten Ökonomie. Triebkraft der bürgerlich-kapitalistischen Gesellschaftsentwicklung war stets die Steigerung der Profitrate und niemals die Befriedigung der menschlichen Sehnsucht nach freier Entfaltung, Liebe, Lust und Lebendigkeit. Und so wurde das Leben, das in der Moderne durch einen gewaltigen Schritt im Begreifen der Natur deren Fremdbestimmung ein Stück weit entzogen worden war, klammheimlich immer umfassenderen gesellschaftlichen Sekundärzwängen unterworfen. Allerdings erlaubt die globalisierte Warengesellschaft immer weniger, diese Zwänge als gesellschaftliche zu identifizieren; im gleichen Maß in dem die Verwertungslogik totalitär wird, nimmt sie den Nimbus einer Naturgesetzlichkeit an. So bleibt – scheinbar unabänderlich – schlussendlich kein Bereich der menschlichen Existenz vom Vermarktungszwang verschont; dem Sozialwesen Mensch wird immer perfekter die Charaktermaske des Konkurrenzwesens aufgeherrscht. Die Utopie eines jemals erreichbaren »Reichs der Freiheit« und das stets genau darauf abgestellte Fortschrittsversprechen erscheinen unter solchen Umständen absurd. Und auch die aus der Fortschrittshoffnung abgeleiteten Sinnangebote der Moderne verlieren ihre Glaubwürdigkeit. Jene Vorstellung, die seit der Renaissance zunehmend Platz gegriffen hatte und die das wesentlichste Kennzeichen der Moderne dargestellt hatte, dass der Mensch Verantwortung für die Geschichte seiner Gattung trägt und der Sinn seines Daseins darin bestünde, kraft Vernunft und Willenskraft seine fortschreitende Befreiung voranzutreiben, erscheint zunehmend unhaltbar.

Weitgehend blind gegenüber der Tatsache, dass das unschuldig präsentierte Etikett »Fortschritt« in der gesamten Moderne stets nur dafür gedient hat, um die für die Richtung der gesellschaftlichen Entwicklung tatsächlich den Ausschlag gebenden Durchsetzungsmöglichkeiten divergierender Interessen möglichst zu verdecken, erhält für eine anwachsende Zahl von Menschen der Versuch einer mündigen Gestaltung der Zukunft selbst eine bedrohliche Dimension. Immer weniger Menschen glauben heute noch, dass die Instrumente des Fortschritts – Wissenschaft, Technik und Politik – ein Leben in Freiheit und Glück herzustellen vermögen. Das allgemeine Lebensgefühl wird dagegen immer mehr von Unsicherheit und Unbehagen gegenüber den aufklärerischen Verheißungen einer Zukunft, in der es den Menschen zunehmend besser gehen wird, dominiert. Zugleich geht mit dem sukzessiven Verfall der Fortschrittsidee aber auch die Hauptstütze des neuzeitlichen Vertrauens in die Sinnhaftigkeit der Geschichte – und damit die »Geschichtlichkeit des Menschen« insgesamt[2] – verloren. Eine anwachsende Zahl von Menschen wird im Zuge des skizzierten Bewusstseinswandels zu dankbaren Abnehmern eines neuen Glaubens an eine vorgegebene allumfassende Ordnung und einen vom Menschen unbeeinflussbaren kosmischen Prozess der Evolution, dem es sich bloß vertrauensvoll zu unterwerfen gilt.

Mit der Uraufführung des Musical »Hair«, am Broadway im Jahre 1968, wurde die neue Hoffnung erstmals publikumswirksam formuliert: die kosmische Konstellation des Wassermann, die nach astrologischen Berechnungen irgendwann in den Sechzigerjahren des vergangenen Jahrhunderts begonnen hat, wird ein neues, besseres Zeitalter – ein »New-Age« – hervorbringen; und während das vorherige Zeitalter der Fische, das mit der Geburt von Jesus Christus begonnen hatte, eine unruhige, von Destruktion und Gewalt gekennzeichnete, rationalistische und kopfbeherrschte Epoche gewesen ist, wird der warme, gefühlvolle Wassermann eine Zeit der Harmonie bringen, in der ohne Kampf und Parteienstreit eine Entwicklung des Menschen zu einem höheren und edlen kosmischen Bewusstsein stattfinden wird. Die Strukturen des alten Zeitalters werden – so die Propheten des »New-Age« – nicht durch Kampf, sondern durch eine »sanfte Verschwörung« überwunden werden, die an keine Organisation und bürokratische Form gebunden ist, sondern von einem Netzwerk aus Menschen getragen wird, die sich dem neuen spirituellen Bewusstsein gegenüber bereits geöffnet haben. Und je mehr Menschen bereit sind, im Einklang mit der kosmischen Energie zu »schwingen«, desto mehr werden auch neue, humane gesellschaftliche Strukturen entstehen.

Die plakative Aussage der gesellschaftskritischen Protestbewegung der sechziger Jahre des abgelaufenen Jahrhunderts, dass *das Bewusstsein von Menschen durch die Umstände ihres gesellschaftlichen Seins bestimmt* wird, wurde damit vollständig ins Gegenteil verkehrt. Der nunmehrige neue Glaubenssatz – in dem das gesamte New-Age Gedankengebäudes kulminiert – lautet, dass *das Sein durch das Bewusstsein bestimmt* wird. Der Appell zum kritischen Denken wurde abgelöst durch einen zum *positiven Denken* und dieser ist zwischenzeitlich zum Standardinhalt in Managementseminaren, Erwachsenenbildungsveranstaltungen und Schulen avanciert. Die in verschiedensten Abwandlungen verkündete Botschaft lautet: was man *wirklich* will, das kann man auch erreichen – der Glaube versetzt Berge! So wird je nach Problemlage empfohlen, mit Hilfe von »Affirmationen« das eigene Selbstbewusstsein zu stärken, das angeblich in jedem Menschen verborgene und weise »innere Kind« zu hegen, statt auf rationalistische Medizin lieber auf die Selbstheilungskräfte der Seele zu setzen, für den Frieden zu beten und sich – je nach Bedarf – einen Park- oder einen Arbeitsplatz herbeizuimaginieren. Sollte sich der Szeneslogan, *»you can get it if you really want«* dabei allerdings doch nicht bewahrheiten, dann war der Wunsch nicht von *völliger innerer Klarheit* getragen, die Wunscherfüllung war durch negatives Karma aus vorigen Leben verbaut oder »das Universum« hat ganz einfach entschieden, dass man die Sache, nach der das beschränkte Bewusstsein so giert, tatsächlich gar nicht braucht. Denn – wie später noch genauer dargestellt wird – die Kraft des hochgelobten positiven Denkens liegt an der Kandare des vorgeblich alles bestimmenden kosmischen Plans. Nur das *klare*, sich mit dem Kosmos im Einklang befindliche Bewusstsein bestimmt das Sein. Positives Denken hilft immer – »einzige« Ausnahme: eine zu »niedrige« Bewusstseinslage des Wünschenden!

Im Gegenzug zur anwachsenden Skepsis gegenüber dem technisch-naturwissenschaftlichen Fortschrittsglauben erfreut sich heute alles was sich dem rationalen Begreifen entzieht, zunehmenden Interesses. Ansichten, die noch vor einem Viertel Jahrhundert rundweg als Aberglaube abgelehnt worden wären, werden neuerdings öffentlich diskutiert, stellen seriös aufbereitete Inhalte diverser Zeitgeistmagazine dar und finden in Form von Büchern, Vorträgen und Seminaren reißenden Absatz. Traditionelle Mystizismen wie Astrologie, Hellsehen, Kontaktaufnahme mit Geistern oder Tarotkartenlegen werden dabei genauso vermarktet wie Versatzstücke diverser Religionen, vorgebliche Geheimlehren oder fernöstliche, indianisch-schamanistische, keltische oder aus irgend einem anderen Winkel der Welt oder einer vergangenen Epoche entlehnte »spirituelle Weisheiten«. Besondere Bedeutung kommt dabei einer – von immer wieder verblüffender Naivität getragenen – oberflächlichen Rezeption des Buddhismus, bzw. dessen, was dafür gehalten wird, zu.[3] Täglich wird der Supermarkt der neuen Gläubigkeit ein Stück größer und längst zählt zu den Abnehmern nicht mehr bloß ein kleiner Kreis esoterischer Grenzgänger. Nach Untersuchungen in Deutschland haben etwa fünfzig Prozent der Bevölkerung Interesse an Themen, die im weitesten Sinne des Wortes als übersinnlich bezeichnet werden können. Eine diesbezüglich in Österreich durchgeführte Repräsentativumfrage ergab, dass von der hiesigen Bevölkerung 29 Prozent an Astrologie, 37 Prozent gar an Wunder sowie 34 Prozent daran glauben, dass es Menschen gibt, die Zukünftiges vorhersagen können.[4] Aber auch bei jenen, die vom verbreiteten Interesse an Okkultem und als esoterisch bezeichneten Wissen (noch) nicht unmittelbar angesteckt sind, lässt sich ein anwachsender Vorbehalt gegen die rationale Wissenschaft und die Innerweltlichkeit moderner Gesellschaften beobachten. Nur so lässt sich der Boom erklären, den zum Beispiel alternative, in ihrer Wirkung und ihren Wirkmechanismen größtenteils kaum untersuchte und einander oft auch widersprechende Heilmethoden, wie Bachblütenbehandlungen oder traditionelle chinesische und ayurvedische Medizin, verschiedenste Psychobeeinflussungstechniken, Meditation und meditative Entspannungstechniken sowie das Bewandern traditioneller Wallfahrtswege oder christliche Einkehrtage derzeit erleben[5]. Aber auch fernab aller vordergründiger neuen Gläubigkeit lässt sich ein Trend weg von der rationalen Herangehensweise an Fragen des menschlichen Lebens und gesellschaftlicher Zusammenhänge beobachten. Wesentliches Beispiel dafür ist die zunehmend um sich greifende Idealisierung der Natur zu einer Art objektivem Wertmaßstab, wie sie sich im neuen Glaube an natürliche Hierarchien und an geborene Führerpersönlichkeiten sowie an eine weitgehende Determinierung des Menschen durch seine Biologie widerspiegelt. Die vor wenigen Jahrzehnten in Form eines Buchtitels proklamierte »sanfte Verschwörung« (Ferguson 1992) war offenbar auf ganzer Linie erfolgreich, die Ideologie des New-Age hat sich klammheimlich in faktisch allen gesellschaftlichen Bereichen eingenistet.

Es wurde schon darauf hingewiesen, dass eine wesentliche Ursache für das Umsichgreifen der neuen Transzendenzorientierung im zunehmenden Zweifel an bisher weitgehend anerkannten, diesseitsgerichteten Sinnversprechungen und

Erlösungshoffnungen gesehen werden kann. Es ist das, wovon die Analysten der Postmoderne sprechen, wenn sie das »Ende der großen Erzählungen« konstatieren: jener Vorstellungen, die den Menschen Jahrhunderte lang Sinn und Orientierung für ihr Leben suggeriert haben – die »Götter der Moderne« – haben ihre Strahlkraft eingebüßt. Die Wurzeln dieser nun offensichtlich an ihr Ende kommenden Vorstellungen reichen bis in die Renaissance zurück. Damals war eine Entwicklung in Gang gekommen, die schlussendlich zum totalen Bruch mit der mittelalterlichen Auffassung geführt hatte, dass das irdische Leben bloßes Durchgangsstadium wäre, dessen Sinn sich einzig aus der Orientierung am Jenseits ableiten ließe. Im Gegenzug zu einer sukzessiven Relativierung der Macht der Vorsehung entwickelte sich damals ein zunehmendes Vertrauen in die Kraft der Vernunft und in die Freiheit des Menschen, was dazu führte, dass der Sinn des menschlichen Dasein immer mehr aus seiner Fähigkeit abgeleitet wurde, das Schicksal seiner Gattung durch Intelligenz und Willenskraft selbst zu bestimmen[6]. Der Mensch begann, sich als verantwortlich für seine Geschichte zu empfinden – ein entscheidender Bewusstseinswandel, der unzweifelhaft berechtigt damals den Beginn einer neuen Epoche anzusetzen.

Doch genau dieses die Moderne kennzeichnende Paradigma wird heute zunehmend wieder infrage gestellt. Seit dem letzten Viertel des zwanzigsten Jahrhunderts lässt sich beobachten, dass das Bewusstsein einer anwachsenden Zahl von Menschen von der Vorstellung geprägt ist, dass das bisherige Generalrezept der Moderne – das Vorantreiben der Entwicklung auf der Basis rational entwickelter Vorstellungen einer »guten« Zukunft – für die großen gesellschaftlichen Probleme nicht bloß ungeeignet ist sondern diese überhaupt erst verursacht hat. Die drei großen Umbrüche – die *wirtschaftliche Globalisierung* mit einer weitgehenden Kastration der politischen Möglichkeiten der Nationalstaaten, der *informationstechnologische Entwicklungsschub* mit seinen tiefgreifenden Irritationen hinsichtlich der Fähigkeit der Menschen sich in Zeit- und Raum zu verorten und schließlich die *genetische Revolution* mit der Horrorvision der industriellen und an Abnehmerinteressen ausgerichteten Produktion von Menschen, lassen einer anwachsenden Zahl von Menschen eine durch Wissenschaft, Technik und Politik hergestellte, positive Zukunft immer unwahrscheinlicher erscheinen. Das Vertrauen in die Kraft der menschlichen Vernunft ist tiefgreifend gestört. Immer häufiger wird die Angst artikuliert, dass die Fähigkeit des Menschen die Natur zu überformen, nicht Schritt hält mit seinen Möglichkeiten die Folgen seines Tuns abzuschätzen; die verbreitete Ansicht lautet, dass der Mensch nicht mehr der Herr über »die Geister« sei, die er rief. Die Aussage, dass der im Fortschrittsgedanke artikulierende Glaube an den »Gott der Technologie«[7] viel häufiger Ursache als Lösung für aktuelle Menschheitsprobleme ist, wird heute vermutlich von einem Großteil der Bevölkerung geteilt.

Noch viel bedeutsamer als der Vertrauensbruch gegenüber Wissenschaft und technologischen Fortschrittsversprechungen ist das rapide um sich greifende Misstrauen hinsichtlich des dritten Aspekts des rationalen Konzepts der Moderne – der Politik. Der Glaube an deren Lösungskompetenz ist möglicherweise noch weitgehender angeschlagen. Ein deutliches – wenn auch bei weitem nicht das einzige – Indiz dafür sind die regelmäßig geringer werdenden Wahlbeteiligungen bei faktisch allen demokratischen Entscheidungen in den Industriestaaten. Politik kann heute – wo sich die Handlungsspielräume einzelner Staaten durch die Globalisierung der Weltwirtschaft immer stärker einengen – immer weniger das darstellen was sie im bürgerlichen Staat stets zu sein vorgab: ein Prozess des rationalen Aushandeln und der Beeinflussung der Machtverteilung zwischen verschiedenen gesellschaftlichen Interessensgruppen. Immer offensichtlicher und eindimensionaler muss sie sich heute auf das Schaffen optimaler Kapitalverwertungsbedingungen in ihrem jeweiligen Wirkungsbereich reduzieren. Damit wird aber nur offenkundig was in der kapitalistischen

Moderne im Prinzip immer schon galt: was zwei Jahrhunderte lang als Instrument des demokratischen Interessensausgleichs gepriesen worden war, kann unter den Bedingungen der Warengesellschaft niemals Ausdruck »freien Kräftespiels« sein. Politik im bürgerlichen Staat vermag sich stets nur innerhalb jenes Spielraums zu bewegen, den die Verwertungslogik beim jeweils aktuellen Entwicklungsstand der Warengesellschaft zulässt. In der globalisierten Ökonomie gerät die demokratische Legitimierung der systemgeschuldeten Profitmaximierungszwänge aber zunehmend zum Anachronismus; wenn sich die Ökonomie nicht mehr in den Begrenzungen der (nationalen) Politik abspielt, sondern Politik in jenen der (globalisierten) Ökonomie, reduziert sich Demokratie auf die Funktion eines Feigenblatts.

Nun sind sich zwar sicher nur die wenigsten Menschen der Tatsache bewusst, dass Politik – in der aktuellen Erscheinungsform eines Korrelats des bürgerlichen Staates[8] – die Grenzen der kapitalistischen Ökonomie nicht zu sprengen imstande ist. Sie nehmen aber durchaus wahr, dass es zunehmend gleichgültig ist, welche Partei sie wählen. Politik, die immer unmittelbarer bloß noch an der Befriedigung der Interessen des global agierenden Kapitals orientiert sein muss, zwingt alle Parteien zu einer im Kern immer identer werdenden Programmatik; Unterschiede zeigen sich bestenfalls noch an einer zunehmend dünner werdenden Oberfläche. Die ist aber nicht in der Lage Alternativen zu verkörpern mit denen es sich ernsthaft auseinander zu setzen lohnt. Zwar bemühen sich Politiker aller Couleurs krampfhaft um eine möglichst markttaugliche Inszenierung dieses äußeren Erscheinungsbildes ihrer jeweiligen politischen Fraktion. Damit lässt sich im günstigsten Fall aber bloß ein kurzzeitiger Punkteerfolg erreichen, eine Identifizierung der Menschen mit Politik und politischen Gruppierungen kann damit jedoch nicht hergestellt werden. Die um sich greifende Politikabstinenz ist in diesem Sinn auch nicht Effekt einer schlechten Performance der Politik; sie rührt vielmehr aus der diffusen Erkenntnis einer anwachsenden Zahl von Menschen, dass Politik gar nicht rationale Auseinandersetzung aufgeklärter Bürger ist, sondern das bloße Herunterbrechen der mit der Unerbittlichkeit von Naturgesetzen in Erscheinung tretenden Logik der Warengesellschaft auf die legislative Ebene der Staaten. Demgemäß lässt sich das anwachsende Desinteresse an Politik auch nur unzureichend mit dem Etikett »selbstverschuldete Unmündigkeit« charakterisieren; es stellt vielmehr – genauso wie die skizzierte Wissenschafts- und Technikskepsis – bloß eine Facette jener angesprochenen pessimistischen Haltung gegenüber den menschlichen Möglichkeiten einer mündigen Gestaltung der Zukunft dar.

Begreift man das massenhafte Umsichgreifen des neuen Glaubens an eine universelle Ordnung als Suchbewegung im Zusammenhang mit dem fortschreitenden Unglaubwürdigwerden bürgerlicher Rationalität, wird auch erklärbar, warum sich gerade sogenannte »Linke« als besonders anfällig für die New-Age Ideologie erweisen. Sich als »links« oder »fortschrittlich« zu fühlen, bedeutet in der Regel ja bloß für Gerechtigkeit, Humanität, Toleranz und Demokratie einzutreten. Fast durchwegs wird dabei so getan, als ob es eine Frage des guten Willens und der Bereitschaft der Gewinner im allseits zum »Wettbewerb« schöngeredeten Konkurrenz*kampf* wäre, ein wenig auf ihre Privilegien zu verzichten, damit sich die bürgerliche Gesellschaft zu einem Hort des allgemeinen Wohlbefinden wandelt. Dass der Ruf nach »vernünftigen« Regeln zur »Zivilisierung des Marktsystems« allerdings ähnlich absurd ist, wie der Wunsch, in einem »Mensch ärgere dich nicht« Spiel sollen alle Beteiligten ihre Spielsteine im Gleichtakt über das Spielfeld bewegen und zeitgleich im Zielfeld einlangen, wird kaum je thematisiert. Dieses blauäugige Kritisieren der Inhumanität eines Systems, dessen Grundprämisse Inhumanität ist, war lange Zeit ja auch recht problemlos möglich gewesen. Solange das warenproduzierende System durch die permanente Ausweitung der inneren und äußeren Märkte den Spielraum für oberflächliche »Verschönerungsmaßnahmen« geboten hatte, konnte man ja tatsächlich recht leicht der Illusion eines »Kapitalismus mit menschlichem Antlitz« verfallen. Seit allerdings das System immer unübersehbarer an seine Grenzen stößt und es im Sinne ökonomischer Rationalität schlichtweg »nicht mehr vernünftig ist« die seiner Logik geschuldeten inhumanen Effekte zu übertünchen, beginnt sich das »linkskritische Bewusstsein« – das die Logik des warenproduzierenden Systems niemals verlassen hat sondern stets integraler Bestandteil desselben war – scheibchenweise aufzulösen.

Die, stets der »Rationalität« und nicht der »Intellektualität« verpflichtete, »humanitäre Linke« erweist sich heute durch die Tatsache paralysiert, dass rationales Denken immer nur in den *Nutzen*kategorien der jeweiligen historisch-gesellschaftlichen Situation möglich ist. Vernünftig – im Sinne von logisch-rational – ist immer das, was dem aktuellen System nützt. Vernunft ist eine Funktion der konkreten Machtverhältnissen; in Abwandlung eines Zitats von Rosa Luxemburg lässt sich formulieren: die herrschende Vernunft ist immer die Vernunft der Herrschenden. Wer somit zur Unvernunft, die »ökonomische Rationalität« – einschließlich des ihr innewohnenden Zwangs zur »konstruktiven« Kritik! – hinter sich zu lassen, nicht bereit oder nicht fähig ist, dessen Bemühen um Gerechtigkeit, Humanität, Toleranz und Demokratie fördert immer bloß avanciertere Formen des warenproduzierenden Systems. Er wirkt nur mit an einer fortschreitenden »Rationalisierung« (sic!) des Kapitalismus. Da heute allerdings weit und breit kein neues – rationaleres – Stadium der kapitalistischen Entwicklung in Sicht ist, das sich noch einmal mit dem Etikett »fortschrittlich« belegen ließe, läuft die den Formkategorien der bürgerlichen Modernisierung verhaftete »Kritik der Anständigen« gegenwärtig immer offensichtlicher ins Leere. Das auf ökonomische Rationalität eingeschworene »linkskritische Bewusstsein« vermag sich in dieser Situation letztendlich nur mehr selbst als obsolet zu erklären. Die Hoffnung auf kosmische Hilfe und der Abschied von der Vorstellung einer vom Menschen gemachten Geschichte ist die *logische* Konsequenz systemgebundenen Denkens – die Flucht in die Irrationalität ist rationaler Ausfluss der irrationalen gesellschaftlichen Rationalität!

Noch bis in die Siebzigerjahre des abgelaufenen Jahrhunderts war das allgemeine Bewusstsein von der Erwartung an eine Zukunft geprägt, in der es möglich sein würde für immer größere Teile der Bevölkerung eine fortlaufende Verbesserung ihrer Lebensumstände herzustellen. Die grundsätzliche Problematik einer auf permanentes Wachstum programmierten Ökonomie und die sich daraus ergebenden Effekte für den Bedarf an Energie- und Rohstoffen sowie die Beseitigung der unbrauchbar gewordenen Fortschrittsprodukte waren bestenfalls in avanciertesten Kreisen kritischer Intellektueller Diskussionsthemen, wurden aber gemeinhin als technologisch lösbar angesehen. Die Zukunft galt im wesentlichen nur durch Krieg und hypertrophe Waffensysteme in den Händen machtbesessener Politiker gefährdet. Dieser, quasi nur durch die Angst vor dem Missbrauch der technologischen Möglichkeiten getrübte Fortschrittsoptimismus war jenes sichere Fundament, auf der das gesellschaftskritische Gedankengut der sogenannten Achtundsechzigerbewegung heranwachsen konnte. Frei von Ängsten bezüglich einer durch Ressourcenmangel oder technischem Overkill bedrohten Zukunft und auf der Grundlage eines unendlichen Optimismus in Hinblick auf eine politisch gestaltbare gesellschaftliche Entwicklung, konnten Fragen der Chancenverteilung, der demokratischen Verfasstheit der Gesellschaft und der Gerechtigkeit »radikal« thematisiert werden. Zugleich schuf die Erwartung einer materiell gesicherten Zukunft aber auch die Basis für eine grundsätzliches Infragestellen bürgerlich-materieller Werte, womit die Achtundsechzigerbewegung die Initialzündung für ihre eigene Antithese setzte. Jene Bewegung, die angetreten war um die Verteilung des gesellschaftlichen Reichtums nach »gerechteren« Gesichtspunkten zu ordnen, setzte den Keim für die Idealisierung einer Lebensorientierung jenseits von Macht und materieller Ausrichtung.

Kritik an der die Modere begründenden Rationalität ist durchaus kein Phänomen der letzten Jahrzehnte; von Anfang an gab es Stimmen, die vor den Gefahren einer einseitigen Ausrichtung an Vernunft und Rationalität gewarnt haben. Eine Reihe bekannter Philosophen und Kulturkritiker haben diesbezüglich Texte vorgelegt[9]. Das Unbehagen an der Moderne mündete auch immer wieder in antimodernistischen Zeitströmungen von denen zum Teil große Teile der Bevölkerung erfasst waren. An erster Stelle ist hier die Epoche der Romantik des beginnenden neunzehnten Jahrhunderts zu nennen, die sich explizit als Gegenbewegung zu Klassizismus und Aufklärung begriff. Auch die am Übergang vom neunzehnten zum zwanzigsten Jahrhundert parallel mit der Reformpädagogik entstandene, unter der damaligen Jugend weit verbreitete Wandervogelbewegung richtete sich gegen die Vorherrschaft der Vernunft und war von einer Kritik an Zivilisation und moderner Technik getragen, von der behauptet wurde, dass sie den Menschen der natürlichen harmonischen Lebensweise entfremde[10]. Und schließlich hat auch die gegen die Wohlstands- und Leistungsgesellschaft gerichtete Protestbewegung der sogenannten Hippies – in den Sechzigerjahren des vergangenen Jahrhunderts – ein Leben in friedvoller, freier und natürlicher Gemeinschaft idealisiert. Allen diesen Bewegungen war ein Glorifizieren von Natur und natürlicher Ordnung gemeinsam. Natur wurde dabei jeweils gleichgesetzt mit etwas Echtem, Ursprünglichem und Harmonischem, das dem Menschen verloren gegangen ist und in dessen Schoß er sich wieder zurückbegeben muss. Die Fähigkeit und Not des Menschen, sein Leben nach Kriterien gestalten zu können und zu müssen, die sich aus der Natur nicht ableiten lassen, sondern ganz im Gegenteil, nur durch rationale *Abgrenzung von der Natur* entwickelt werden können, war diesen Ansätzen fremd.

Das Gedankengebäude des New-Age unterscheidet sich allerdings in einem wesentlichen Punkt ganz grundsätzlich von bisherigen Gegenströmungen zur Moderne. Es speist sich nicht aus der Vorstellung einer »Bewegung«, die – in guter aufklärerischer Tradition – durch Überzeugungsarbeit und Einsicht verbreitet wird und in der Menschen durch gemeinsame Anstrengung ein bestimmtes Ziel zu erreichen versuchen. Auch wenn fallweise von einer Bewusstseins*revolution* gesprochen wird, gibt es da niemanden der einen politischen (-revolutionären) Akt in Gang bringen will, statt dessen wird eine »Zeitenwende« postuliert, die sich aufgrund eines unaufhaltsam wirksamen kosmischen Prozess der Evolution *unabhängig vom Menschen* erfüllt. Hier werden eindeutig bisherige, die Moderne konterkarierende Denkansätze überschritten. Diese haben das Paradigma der Aufklärung, dass der Mensch frei ist über sein Schicksal zu entscheiden, ja niemals infrage gestellt; verurteilt wurde bloß die Uneinsichtigkeit des Menschen, seine hypertrophe Vermessenheit sich über Natur und natürliche Ordnung zu erheben. Die Kritik bewegte sich in der Dimension des »irregeleiteten Bewusstseins«, war aber stets getragen von der Vorstellung, dass der Mensch sein Verhältnis zur Natur autonom gestalten könne, er also *Subjekt* seiner Geschichte ist. Die New-Age Botschaft lautet dagegen, dass der Mensch *Objekt* von Abläufen ist, die kosmischen Gesetzmäßigkeiten folgen. Die Vorstellung, sich über die übergeordnete, universelle Macht erheben zu können, stellt in diesem Weltbild bloß ein durch den Verstand vorgegaukeltes Trugbild dar, von dem in letzter Konsequenz alles menschliche Leid verursacht wird.

Auf diese Art wird im New-Age-Gedankengebäude auf ganz spezifische Weise auch die Idee der menschlichen Verantwortung ins Gegenteil der bisherigen Bedeutung verdreht. Verantwortung hat nun nichts mehr mit der Forderung nach *Mündigkeit* zu tun, mit der Not des Menschen, *kraft seiner intellektuellen Fähigkeit* permanent Antworten auf die »Fragen des Lebens« finden zu müssen. Nun wird damit die vorgebliche

Tatsache angesprochen, dass der Mensch sein Schicksal *aufgrund transzendenter Mechanismen* selbst steuert. Nachdem die Fähigkeit des Menschen geleugnet wird, sein Leben *mit Hilfe des Verstandes* beeinflussen zu können, ist er im Sinne einer rationalen Betrachtungsweise zwar aus der Verantwortung entlassen; in metaphysischem Sinn wird ihm aber zugleich um so stärker (Mit-)Schuld angelastet. Denn in der Ideologie des New-Age ist ja alles was dem einzelnen Individuum oder Menschengruppen zustößt in spezifischer Form *selbst verursacht*. Das beginnt mit der Vorstellung, dass sich jede »Seele« selbst aussucht, wo und unter welchen Begleitumständen sie inkarniert und gipfelt in der Annahme, dass widrige Lebensumstände, wie Krankheit oder soziale Deprivation, aber auch Überfälle, Vergewaltigungen und Mord vom »innersten Selbst« der jeweils Betroffenen – das quasi ein Korrelat der universellen Ordnung darstellt – herbeigeführt werden. Behauptet wird, dass Glück und Unglück vom jeweiligen Menschen – klammheimlich – veranlasst werden, um daran »wachsen« zu können; jeder Mensch führt – obwohl er sich dessen zumeist nicht bewusst ist und er sich »oberbewusst« etwas ganz anderes wünscht – genau solche Begleitumstände seines Lebens herbei, die ihm eine Weiterentwicklung *auf karmisch-spiritueller Ebene* ermöglicht. Eine typische Szene-Aussage, die diesen entmündigenden, zugleich aber schuldzuweisenden Ansatz charakterisiert, lautet deshalb auch: »Du bekommst nicht das was du willst, aber genau das was du tatsächlich brauchst«. Wird aber alles was jemanden passiert, »in Wirklichkeit« – *ohne dass er allerdings davon weiß!* – von ihm selbst herbeigeführt, dann ist er letztendlich – *ohne allerdings zu wissen warum!* – an seinem Schicksal auch immer selbst schuld. Entsprechend der Vorstellung, dass das Bewusstsein das Sein bestimmt, sind es nicht mehr »von außen« wirkenden Bedingungen die das Leben in eine objektiv mehr oder weniger glückhafte Bahn drängen; die Umstände des Lebens gelten bis zur letzten Konsequenz als »selbst verschuldet«.

Dementsprechend lautet das Grundrezept des New-Age auch nicht rationale Analyse zur Entwicklung von Strategien *gegen* die »Notdurft des Daseins«. Ein sinnerfülltes, zufriedenes Leben wird jenen Menschen versprochen, die bereit sind sich der universellen Ordnung zu *fügen* und demütig ihr »Schicksal als Chance« zu akzeptieren sowie anzuerkennen, dass sie nicht »Krone der Schöpfung« sondern bloß Element innerhalb von Abläufen sind, die ihrem Verstand niemals völlig zugänglich sind. Gefordert wird, mit den Umständen des Lebens nicht zu hadern, sondern alles was einem passiert, als »Spiegel der Seele« wahr- und vor allem auch hinzunehmen. Der sich im Schicksal angeblich offenbarende Sinn soll »angenommen« werden. Denn – so die immer wieder vorgebrachte Mahnung – wenn es nicht gelingt, sich derart von negativem Karma zu »erlösen«, muss mit weiteren – umso heftigeren, sinn-vollen – Schicksalsschlägen gerechnet werden. Das New-Age Denken konterkariert gewissermaßen die Tatsache, dass Sinn als Bewertungskategorie menschlichen Handelns in der Warengesellschaft vom übermächtigen – ökonomischen – Nutzen nahezu vollständig verdrängt worden ist. In genauso totalitärer Form wird nun behauptet, dass *allen Dingen und Geschehnissen Sinn* zukommt. Allerdings findet dabei zugleich eine Begriffsumdeutung statt. Sinn ist nun nämlich nichts mehr was durch den Menschen bestimmt wird, es hat nichts mehr mit jenem reflektierten Verhältnis zu tun, das der Mensch gegenüber der Welt einzunehmen imstande ist. Nicht mehr der Mensch ist es, der Dingen und Geschehnissen Sinn zuschreibt, diese gelten als sinnvoll *an sich*. Um »Frieden zu finden« ist dieser allgegenwärtige Sinn bloß zu bejahen, was in der Szenesprache dann als »für sein Leben die Verantwortung übernehmen« bezeichnet wird.

Hier offenbart sich das Grundprinzip des gesamten New-Age Gedankengebäudes: es stellt gleichermaßen idealistisches Gegenkonzept zu den Entfremdungsbedingungen der fortge-schrittenen Warengesellschaft, wie auch deren ideologischen

Überbau dar. Im Weltbild des New-Age werden Ideale propagiert, die der politisch-gesellschaftlichen Realität vielfach konträr gegenüberstehen. Zugleich wird allerdings der Status Quo als ein dem Menschen auferlegtes – sinn-volles – Schicksal dargestellt, von dem man sich nur innerlich distanzieren kann, indem man es »annimmt«. Die »Kritik« bewegt sich auf der gleichen Ebene wie das Jammern über einen verregneten Sommer. Auch Träume von monatelangen Badewetter ändert nichts daran, dass Menschen das Wetter für vorgegeben halten und ihnen deshalb nichts anderes übrig bleibt, als sich mit den jeweiligen Wetterbedingungen zu arrangieren. Wenn die Apologeten des New-Age eine friedliche Welt idealisieren, in der alle »Geschöpfe« glücklich und harmonisch miteinander leben, handelt es sich dabei nicht um den sprichwörtlichen Traum, aus dem »die Kraft zum Kämpfen« erwächst (Che Guevara), sondern um das Opium, das einlullt und jede gesellschaftlich relevante Aktivität verhindert. Deshalb kann das unter dem Titel New-Age zusammengefasste Gedankengebäude nicht als harmlose Zeitgeisterscheinung abgetan werden kann. Es ist nichts anderes als die den derzeitigen Systembedingungen entsprechende Ideologie, die erträglich macht, was längst unerträglich geworden ist; verhindert wird bloß die Verzweiflung an der Sinnlosigkeit des Lebens in der fortgeschrittenen Warengesellschaft.

Anmerkungen

1   Aus dem Brief, den der Autor dieses Textes seinerzeit vom Office des Bhagwan Shree Rajneesh (später Osho) anläßlich der Übergabe der »Mala« – dem Symbol des Sannyasin (= Jünger) – erhielt, als er für kurze Zeit selbst sein Heil in der New-Age Szene suchte.

2   »Geschichtlichkeit« ist – wie Bauer/Matis (1988) sehr klar darstellen – das Bewusstsein eines in Bezug auf ein finales Ziel rational argumen-

tierbaren Ablaufs von Ereignissen. Ohne Fortschrittsidee bringt die Beschäftigung mit »vergangenen Zeiten und Kulturen« dem Menschen keinerlei »sinnvollen« Erkenntnisse. Letztendlich wir damit das »Ende der Geschichte« deklariert!

3   Eine etwas andere Sichtweise des Buddhismus in seiner tibetischen Variante liefern: Goldner 1999 sowie: Trimondi 1999.

4   KURIER, 8. Sept. 2001, S. 23.

5   Mit dieser Aufzählung soll keinesfalls suggeriert werden, dass die beispielhaft angeführten Hilfs- und Heilmittel allesamt wirkungslos wären. Hingewiesen soll bloß darauf werden, dass dabei in der Regel der »Glaube« und nicht die kritische Überprüfung der »Vater der Anwendung« ist.

6   In meinem Buch, Die Arbeit hoch? (1997) stelle ich dar, dass der skizzierte Übergang von der jenseits- zur diesseitsorientierten Ausrichtung des Lebens auch einen grundsätzlichen Wandel in der Haltung zur Arbeit und zum Arbeiten bewirkt hat. Während Arbeit vorher als etwas gesehen worden war, das der Notdurft der Existenz geschuldet ist, bekommt sie in der Moderne einen zunehmend »guten Ruf« und tritt in das Zentrum der menschlichen Sinnsuche.

7   Die Bezeichnung »Götter« für die diversen großen Erzählungen der Moderne übernehme ich von Neil Postman, der in seinem Buch, Keine Götter mehr – Das Ende der Erziehung (1995) moniert, dass schulisches Handeln heute an keinem transzendentalen Sinn mehr ausgerichtet ist.

8   Wie Franz Schandl in seinem Artikel »Politik. Zur Kritik eines bürgerlichen Formprinzips« (1995) nachweist, ist es ein Irrtum anzunehmen, dass Politik ein überhistorisches Phänomen ist, sie quasi parallel zur menschlichen Gesellschaftlichkeit immer schon in Erscheinung getreten ist; tatsächlich stellt sie jedoch kein abstakt-ontologisches, sondern ein konkret-historisches Phänomen dar. Sie ist – auch wenn sie wie andere Termini des öffentlichen Bereichs aus der Antike übernommen ist – ein Phänomen der Moderne, was sich beispielsweise auch darin äußert, dass Politik als Begriff im deutschen Sprachraum frühestens mit und nach 1848 Karriere machte.

9   Zu nennen sind hier z.B.: Jean Jacques Rousseau, Henry David

Thoreau, Arthur Schopenhauer, Friedrich Nietzsche, Martin Heidegger, Karl Jaspers sowie Günther Anders, Theodor Adorno und Max Horkheimer.

10 Vgl.: Die Wandervogelbewegung des ausgehenden 19. Jahrhunderts. http://www.deutsch.pi-noe.ac.at/inesem/pfei_wander.htm

Literatur

Bauer, Leonhard/ Matis, Herbert (1988): Geburt der Neuzeit. Vom Feudalsystem zur Marktgesellschaft. München.

Ferguson, Marilyn (1992): Die sanfte Verschwörung. Basel.

Goldner, Colin (1999): Dalai Lama – Fall eines Gottkönigs. Aschaffenburg.

Postman, Neil (1995): Keine Götter mehr – Das Ende der Erziehung. Berlin.

Ribolits, Erich (1995): Die Arbeit hoch? München-Wien.

Schandl, Franz (1995): Politik. Zur Kritik eines bürgerlichen Formprinzips. Context, 6/95, Wien.

Trimondi, Victor und Victoria (1999): Der Schatten des Dalai Lama. Sexualität, Magie und Politik im tibetischen Buddhismus. Düsseldorf.

Führe mich sanft

Beratung, Coaching & Co. – die postmodernen Instrumente der Gouvernementalität

Führe mich sanft
Gib mir einen Trunktrank
Etwas das Eifer schafft
Eine geheime Wissenschaft
Die mich entkrampft
Führe mich sanft
Es ist alles so einfach
Tocotronic (Indierock-Band/Hamburg)

Eines der großen Zauberwörter der heutigen Zeit heißt Beratung. Ohne sie geht heute kaum mehr etwas – in der Politik nicht, in der Wirtschaft nicht und im Leben des postmodernen Menschen schon gar nicht. Unternehmen, Institutionen und Behörden sind längst fest im Griff professioneller Berater/innen und auch die Gestaltung des Privatlebens erfolgt zunehmend beratungsgesteuert. Neben und vielfach statt der, ob ihres aus der Vor-Postmoderne stammenden Menschenbildes schon ein wenig antiquiert wirkenden Psychotherapie vermitteln heute Berater unterschiedlichster Art – Lebensberater/innen, Karriere-Coaches, Lifestyle-Expert/innen, Supervisor/innen, Mediator/innen oder Fitness-Gurus – Orientierung und letztendlich auch Lebenssinn. Waren es vordem die Priester bzw. die Lehrer/innen, die zuerst im Auftrag der religiösen und später der weltlichen Obrigkeiten den Menschen suggerierten, es würde reichen, den Verstand innerhalb der durch die jeweilige Ordnung vorgegebenen Grenzen zu gebrauchen, lässt sich heute durchaus die These aufstellen, dass es nunmehr die Berater/

innen sind, denen die Aufgabe zukommt, »das süße Gift der Entmündigung« (NNZ-Folio 2006: 16) unters Volk zu bringen. Noch nie in der Geschichte wurde so viel beraten wie heute und es war auch noch nie so einfach und zugleich so selbstverständlich, sich selbst für die spezifischsten Anforderungen des Lebens professioneller Unterstützung zu bedienen. Bis vor wenigen Jahrzehnten konsultierte man vielleicht eine/n gute/n Freund/in, eine/n wohlmeinende/n Verwandte/n oder bestenfalls einen Seelsorger, wenn man das Gefühl hatte, mit einem Problem allein nicht mehr weiterzuwissen, heutzutage lässt man sich bei der Lösungssuche immer häufiger professionell unterstützen. Und auch für Problemstellungen, die noch vor wenigen Jahren als selbstverständliche Hürden des Lebens galten, bei deren Überwindung das verständnisvolle Mitgefühl anderer Menschen zwar durchaus hilfreich sein kann, über die man im Übrigen aber selbst hinwegkommen muss, bietet zwischenzeitlich ein ständig wachsendes Heer von Problemlösungsprofis seine Dienste an. Ob bei der Suche nach dem richtigen Beruf, einem passenden Partner oder der optimalen Urlaubsdestination, ob beim Trauern, beim Basteln einer neuen Biografie, der Suche nach dem Lebenssinn oder bloß nach einem neuen Kleidungsstil – für alle menschlichen Probleme gibt es heute Spezialist/innen, die Unterstützung bei der Suche nach rational legitimierten Lösungen versprechen.

Laut ORF-Webradio ist die Branche der Beratungsberufe in Österreich in den letzten Jahren jährlich um 20-30 Prozent gewachsen (ORF 2007) Bereits 2003 ging die *International Coach Federation* von etwa 16.000 Coaches weltweit aus (Tenzer 2003: 20) – inzwischen ist die Zahl wohl schon deutlich größer. Dazu kommt noch ein Vielfaches an Vertreter/innen anderer Beratungszweige: Biographiecounseler, Trauerbegleiter/in, Ruhestandsconsulter/in, Lebensberater/in, Personalentwicklungs-Supervisor/in, Scheidungsmediator/in oder Arbeitslosencoach – um nur einige zu nennen. Unter den abenteuerlichsten und auch immer wieder neuen Namenskreationen etablieren sich ständig neue Beraterberufe und werden auch permanent neue diesbezügliche Ausbildungen ins Leben gerufen. Die Zahl der Problemlösungshelfer, die unter steigendem Konkurrenzdruck ihre Dienste anbieten, wird ständig größer und nicht selten sind die am erfolgreichsten, die den Menschen neue Beratungsbedürfnisse suggerieren und dazu auch gleich passende Ausbildungen erfinden. Der Bedarf nach Unterstützung scheint aber auch tatsächlich riesig zu sein. Nicht umsonst boomt neben Ratgebern am Telefon, im Internet oder in Fernsehmagazinen auch die Ratgeberliteratur. Ob es darum geht, als Single ein zufriedenes Leben zu führen, sich für einen Job zu bewerben, gesund zu bleiben oder abzunehmen, sich gegen Mobbing von Kolleg/innen zur Wehr zu setzen oder trotz gelegentlicher Wünsche nach Gruppensex eine harmonische Beziehung zu führen – auch für das ausgefallenste Problem findet sich heutzutage ein Rezeptbüchlein.

Kaum jemand interpretiert es heute als Zeichen persönlicher Schwäche oder Unfähigkeit, sich von einem/einer Experten/ Expertin darin unterstützen zu lassen, das Leben besser den gängigen Kriterien des Erfolgs entsprechend zu gestalten. Ganz im Gegenteil, gar nicht so selten gilt es schon als besonders hip, sich permanent durch irgendwelche Helfer mit Beratungsanspruch unterstützen zu lassen. Wer regelmäßig einen Ernährungs- oder Fitnesscoach aufsucht, oder sich einen Stylingberater leistet, verheimlicht das sicher nicht vor seinen Freunden; aber auch der Gang zum Paartherapeuten oder zum Lebensberater ist heutzutage kaum noch mit einem Makel behaftet. Und wer genug Geld hat, engagiert sowieso gleich einen Lifecoach, der ihm bei allen Lebensentscheidungen zur Seite steht. Dieses Berufsbild wurde in den 90er Jahren in den USA kreiert, mit dem erklärten Ziel, die Lebensqualität der Kund/innen zu verbessern. Ein Lifecoach gibt Empfehlungen bei problematischen Lebenssituationen, hilft beim Aufdecken persönlicher Lebensziele und bei der Lebens- und Karriereplanung. Sein Anspruch ist es, nicht bloß zugekaufter

Problemlösungsunterstützer zu sein, sondern einfühlsamer Partner(ersatz), der mit seinen Klient/innen deren Probleme teilt.

Als Begründung für den ausufernden Beratungsboom wird meist mit der zunehmenden Komplexität des heutigen Lebens argumentiert. Die »Modernisierung« der Gesellschaft und der galoppierende Wandel auf allen Ebenen bringe derartige Unsicherheiten und Orientierungsprobleme für die Gesellschaftsmitglieder mit sich, dass daraus ein anwachsender Bedarf nach Unterstützung bei der Lebensbewältigung entstehe. Schon in den 1990er Jahren wurde in der Soziologie ja die Metapher von der »neuen Unübersichtlichkeit«[1] geboren und Soziologen gehen auch heute davon aus, dass der Wandel in der Werte- und Normenstruktur der Gesellschaft noch lange kein Ende finden wird. Die in den letzten Jahrzehnten entstandenen Bedingungen des Lebens – kurzfristige Arbeitsverhältnisse, mehr oder weniger lange Arbeitslosigkeitsperioden, unstete Partnerschaften, das Leben in Patchworkfamilien und dergleichen – sowie die daraus folgende Tatsache, dass Menschen mit völlig neuen Ansprüchen hinsichtlich der Bewältigung solcher Bedingungen konfrontiert sind, die mit ihrer »seinerzeit« erworbenen Sozialisation oft nicht kompatibel sind, würden jene Verunsicherung hervorrufen, auf der das allgemeine Beratungsbedürfnis beruht. Der Beratungsboom ließe sich in diesem Sinn quasi als das Gegenstück zur – soziologisch ebenfalls sprichwörtlichen – »Risikogesellschaft« erklären.

Tatsächlich ist es so, dass die »gesunde Normalpersönlichkeit« immer nur in Relation zu den jeweiligen gesellschaftlichen Bedingungen definiert werden kann. Welches Verhalten jemand zeigen muss, damit sein (relevantes) Umfeld ihm zu bescheinigen bereit ist, ein souveränes und »vernünftiges« Individuum zu sein, leitet sich unmittelbar aus den aktuellen gesellschaftlichen Strukturen ab, die ihrerseits wieder den jeweiligen Machtverhältnissen geschuldet sind. Als »vernünftig und normal« gilt das, was jeweils mit der Aufrechterhaltung der aktuellen Machtstrukturen kompatibel ist. Wenn es zur Normalität des heutigen Bewohners der Industriegesellschaft gehört, bei jeder nur erdenklichen Gelegenheit Beratung in Anspruch zu nehmen, dann hat das somit nicht bloß mit einem unschuldigen gesellschaftlichen Wandel in Richtung von mehr Komplexität zu tun, sondern ebenfalls mit den vorfindlichen Machtstrukturen. Die Behauptung, dass Menschen heute zunehmend »flexible Persönlichkeiten« ausbilden und ihr Ego ständig den aktuellen Anforderungen anpassen müssen, weil es die stabilen beruflichen und privaten Rollen, aus denen sich stabile Persönlichkeiten generieren, nicht mehr gibt und sie genau deshalb ständig nach Beratung suchen, mag eine korrekte Analyse sein; welche gesellschaftlichen Machtstrukturen die instabilen Lebensverhältnissen auslösen, erklärt sich damit jedoch keineswegs.

Neue Form der Menschenführung

Dass sich Beratung in den letzten Jahrzehnten zu einem Alltagsphänomen entwickelt hat, kann nämlich durchaus ganz anders gedeutet werden als bloß als eine Antwort auf die zunehmende Komplexität der Gesellschaft, nämlich als eine neue Form der Menschenführung. Im Sinne der von Foucault und Deleuze konstatierten, aktuell stattfindenden Mutation des Kapitalismus von einer Disziplinargesellschaft zur Kontrollgesellschaft, etabliert sich gegenwärtig eine neue Form der Gouvernementalität. Konkret ist damit eine Veränderung der gesellschaftlichen Strukturen gemeint, sodass das, was jedes gesellschaftliche System zu seinem reibungslosen Funktionieren braucht – die Steuerung der Individuen im Sinne systemkonformen Verhaltens –, zunehmend eine neue Qualität annimmt. Um Gouvernementalität – die Form der Menschenführung – in der derzeit erodierenden »Moderne« zu charakterisieren, benützen die beiden französischen Philosophen den Begriff Disziplinargesellschaft – konformes Verhalten der Gesellschaftsmitglieder wird in diesem System im Wesentlichen durch deren Einbindung in wechselnde Einschließungsmilieus (Familie, Schule, Gefängnis, Krankenhaus, Fabrik, ...) und die dort jeweils wirkenden Disziplinierungsmechanismen erreicht. Die neue Führungsform der sich aktuell etablierenden Postmoderne charakterisieren Foucault und Deleuze als Kontrollgesellschaft – die Steuerung der Menschen in Richtung Normalität erfolgt hier durch unterschwellig wirkende und aufgrund der zunehmenden elektronischen Vernetzung immer unauffälliger wirksame Strukturen der Kontrolle und eine darauf aufbauende (scheinbare) Selbstdisziplinierung der Individuen.

Während in der Moderne eher harte Methoden der Zurichtung in Richtung Normalpersönlichkeit üblich waren – z. B. autoritäre Erziehung oder staatliche Gewalt –, etablieren sich in der Postmoderne weiche, an die verinnerlichte (ökonomische) Rationalität der Individuen appellierende Formen der Menschenführung – und dazu gehört eben ganz wesentlich auch Beratung! Folgt man dieser Lesart, ist Beratung nicht bloß der Not der Individuen geschuldet, sich in einer zunehmend komplexer werdenden Welt mit offenen Grenzen, anwachsenden technologischen Anforderungen, einer ökonomistischen Ausrichtung der Gesellschaft und erodierenden Familienstrukturen zurechtzufinden. Dies mögen vordergründige Auslöser sein, warum Menschen Beratungsdienstleistungen in Anspruch nehmen; Beratung ist jedoch trotzdem nicht bloß Begleiterscheinung, sondern wesentlicher Katalysator des gesellschaftlichen Wandels. Und Berater/innen sind nicht bloß freundliche Helfer/innen, die den Individuen beistehen, die dem Wandel geschuldete Unübersichtlichkeit zu bewältigen, sondern aktive Förderer dieses Wandels. Selbstverständlich ist ihnen das in aller Regel genauso wenig bewusst, wie es bisher den Lehrer/innen bewusst war, die bedeutendsten Sozialisationsagent/innen des gesellschaftlichen Systems zu sein.

Diese Sichtweise macht deutlich, dass das auf allen Ebenen explodierende Phänomen Beratung letztendlich ein zutiefst politisches Phänomen ist, in ihm zeigt sich überdeutlich die »Pädagogisierung der Gesellschaft« (siehe den entsprechenden Text in diesem Buch), jenes Prozesses, der Menschen dazu bringt, die ökonomische Logik derart zu verinnerlichen, dass sie die Zwänge des Kapitalismus nicht mehr als von Menschen auferlegt, sondern als naturgegeben begreifen.

Nicht umsonst gehört ja Beratung neuerdings auch zu den strategischen Maßnahmen der Europäischen Union. Neben dem schon seit etlichen Jahren propagierten »lifelong learning« ist seit kurzem auch »lifelong guidance« ein erklärtes Ziel der Union. In allen Mitgliedsländern sollen Beratungsmaßnahmen angeboten und ausgebaut werden, die »die Bürger jedes Alters in jedem Lebensabschnitt unterstützen, die strategisch richtigen Bildungs-, Ausbildungs- und Berufsentscheidungen zu treffen sowie ihren persönlichen Werdegang in Ausbildung und Beruf selbst in die Hand zu nehmen«. Offenbar hat sich herausgestellt, dass viele Menschen noch nicht begriffen haben, dass sie nicht deshalb zu lebenslangem Lernen aufgefordert werden, um die Welt besser verstehen und besser in deren Gestaltung eingreifen zu können, sondern deshalb, »damit die Ziele der wirtschaftlichen Entwicklung, der Effizienz der Arbeitsmärkte sowie der beruflichen und geographischen Mobilität, die sich die Europäische Union gesteckt hat, erreicht werden können, indem sie die Wirksamkeit der Investitionen in die allgemeine und berufliche Bildung, das lebensbegleitende Lernen und die Entwicklung des Humankapitals und der Arbeitskräfte erhöht« (Rat der EU 2004: 2) Sichergestellt soll werden, dass die im Rahmen der geforderten lebenslangen Lernprozesse notwendigen Entscheidungen, auch tatsächlich dem Metaziel der optimalen Vorbereitung des Humankapitals auf seine Verwertung untergeordnet sind – lebenslange »beratende Unterstützung« der Menschen bei ihren »Bildungs-, Ausbildungs- und Berufsentscheidungen« scheint den zuständigen Gremien der

EU ein diesbezüglich durchaus Erfolg versprechendes Rezept zu sein.

Das Instrument der sozialen Steuerung in der Kontroll-gesellschaft ist das Marketing. Während sich in der Disziplinar-gesellschaft ein »anständiges Gesellschaftsmitglied« durch das Bemühen ausgewiesen hat, den Erwartungen der ihm jeweils vorgesetzten Instanzen zu entsprechen, entscheidet sich gesell-schaftliche Integration in der Kontrollgesellschaft über die mehr oder weniger gegebene Marktgängigkeit. Die nunmehrige Schlüsselfrage lautet: Was ist mein (Markt-)Wert? Wobei sich dieser im weltweiten System der Vernetzung zunehmend gar nicht mehr primär als Geldgröße ausdrückt, sondern verstärkt als unterschiedlich gegebene »Zugangsberechtigung« in Erscheinung tritt – als ein am Chip gespeicherter Code, der mit Hilfe von Kreditkarte, Handy- und Internetanschluss oder einem sonstigen digitalen Schlüsselsystem in mehr oder weni-ger hohem Maß die Möglichkeit des Zugriffs auf Güter, Dienstleistungen und Informationen schafft (Vgl. insbes. Rifkin 2000). Wer den Kriterien des Vermarktungssystems nicht ent-spricht, kann bestenfalls noch in einer Schattenwelt vegetieren, weitgehend abgekoppelt von den marktvermittelten Möglichkeiten, denn vom Markt belohnt wird nur, wer bereit ist, sich ganzheitlich am Markt zu opfern, und wessen Opfer vom Markt auch angenommen wird! Indem aber auch Gefühlswelt und Geselligkeitsbedürfnis des postmodernen Menschen immer stärker in warenförmiger Form im Bild-, Unterhaltungs-, Spiel- und Eventkulturbereich vermarktet wer-den, bedeutet »limited Access« nicht bloß eingeschränkte mate-rielle Möglichkeiten; letztendlich bedeutet nicht oder nur einge-schränkt »frei geschaltet« zu sein verringerte Lebens-möglichkeiten im vollen Umfang seiner Bedeutung!

Flexibilität

Im disziplinargesellschaftlich-industriellen Kapitalismus bestand die Grundvoraussetzung, um im Konkurrenzkampf erfolgreich zu sein, darin, seine rationalen Fähigkeiten bestmöglich den *vorab definierten* Vorgaben einer möglichst hohen Position im hierarchischen Gefüge des Industriekapitalismus anzupassen. Im sich derzeit herausbildenden kontrollgesellschaftlich-postindustriellen Kapitalismus reicht es für den Erfolg jedoch nicht mehr aus, nach einem entsprechenden Ausbildungsprozess bescheinigt zu bekommen, eine in einem Fachgebiet zur Meisterschaft gelangte – gereifte – Persönlichkeit zu sein. Zu einem/einer Gewinner/in wird man im postindustriellen Kapitalismus nur, wenn man die Fähigkeit entwickelt, sich darüber hinaus permanent den Konjunkturen des Marktes anzupassen. Lautete die Metaforderung der Disziplinargesellschaft »Unterordnung«, heißt sie in der Kontrollgesellschaft »Flexibilität«. Genau deshalb erscheint heute der prototypische Lehrer – derjenige, der die ihm Anvertrauten an definierte Vorgaben heranführt – zunehmend anachronistisch, und deshalb wird auch von allen Seiten gefordert, dass er sich schleunigst zu einem (Lern-)Coach wandeln soll. Nicht der Lehrer, sondern der Berater entspricht den Strukturen der Kontrollgesellschaft – er orientiert sich nicht an einem Kanon ausgewiesener Fähigkeiten und Fertigkeiten, die jemand entwickeln soll, er hilft bloß dabei, die je eigenen Stärken und Schwächen optimal an die aktuellen Erfordernisse des Marktes anzupassen. So wie im postindustriellen Kapitalismus die zeitlich limitierte Schule und *Aus*bildung dem lebenslangen Lernen und der permanenten *Weiter*bildung weichen muss, werden auch die Lehrer/innen zunehmend von den Berater/innen abgelöst.

Um die These nachvollziehen zu können, dass in der Kontrollgesellschaft zunehmend die Zunft der Berater/innen in die Rolle der zentralen Sozialisationsagent/innen schlüpfen und die Lehrer/innen aus der Funktion, die gesellschaftlichen Ordnungen und Machtverhältnisse nachhaltig in den Köpfen der Menschen zu verankern, verdrängen werden, ist es notwendig, die dem aktuellen Beratungsboom Pate stehende Philosophie zu verstehen. Beim eingangs skizzierten Beratungshype handelt es sich ja nur zum Teil um eine Ausweitung der klassischen Expert/innenberatung, wie sie beispielsweise beim Steuer-, Versicherungs- EDV- oder Finanzberater/in stattfindet. Zwar lassen sich auch in diesen »harten« Beratungsbereichen gewisse Ausweitungen beobachten, dennoch ist es nicht das klassische Rat-Geben – bei dem sich jemand von einem besonders qualifizierten Fachmann sagen lässt, wie sich ein Problem optimal, dem aktuellen Expertenwissen entsprechend, bewältigen lässt –, das sich zunehmend zu einer zentralen Interaktionsform der Gesellschaft entwickelt. Überwiegend verweist der Begriff Beratung heute auf eine *non-direktive* Art der Unterstützung. Beratung in diesem Sinn gibt nicht Empfehlungen, dies oder jenes zu tun, sie versteht sich als »Hilfe zur Selbsthilfe« – »Nicht-Bevormundung« des Ratsuchenden gilt als ihr wichtigstes Prinzip. Diese als Prozessberatung bezeichnete Form ist dadurch gekennzeichnet, dass keine Lösungsvorschläge vorgeben werden, sondern sich die Berater/innen nur als »professioneller Beistand« begreifen, der die Klient/innen dabei unterstützt, selbst Problemlösungen zu entwickeln.

Was idealtypische Berater/innen somit von (klassischen) Lehrer/innen unterscheidet, ist, dass sie nicht mit dem Anspruch auftreten, jemandem zu sagen, »wo es lang geht«. Im Gegensatz zu Lehrer/innen, die Expert/innen für ein bestimmtes »Fach« sind, sowie zu Rat gebenden Autoritäten, die einen »richtigen Weg« auf Grundlage verbindlicher (Fach-)Prinzipien weisen, sind postmoderne Berater/innen – da sie ihre Unterstützungsleistung ja für die unterschiedlichsten Problemlagen anbieten – meist gar nicht in der Lage, eine aus fachlicher Sicht optimale Lösung vorzuschlagen. Die in anwachsender Zahl und unter unterschiedlichsten Titeln auftretenden Beratungsdienstleister/innen versprechen auch nur selten, für spezifische Problemstellungen die jeweils passende Lösung parat zu haben, sondern sie präsentieren sich in der Regel bloß als Expert/innen für das Problemlösen selbst. Sie unterstützen ihre – wie es im aktuellen Ökosprech nicht untypisch heißt – Kund/innen bei der Entscheidungsfindung nur mit Verfahrensvorschlägen zur Operationalisierung von deren Problemen. Selbst das wertfreie Aufzeigen von Lösungsalternativen gilt in der non-direktiven Beraterszene verschiedentlich schon als unzulässige Beeinflussung der Ratsuchenden. Aufgabe von Berater/innen sei bloß, eine Atmosphäre zu schaffen, in der sich der/die Klient/in bzw. Kund/in angenommen und sicher fühle, und ihm/ihr Vertrauen zu signalisieren, dass er/sie seine/ihre Probleme selbst zu lösen imstande sei. Mit dem Hinweis, dass jeder »echte« Ratschlag ein Machtgefälle kreieren und die Souveränität der Ratsuchenden untergraben würde, wird argumentiert, dass die Entscheidung, was zu tun sein, dem/der Kund/in letztendlich niemand abnehmen darf, er/sie allein sei für die Lösung der Probleme zuständig und müsse den für ihn oder sie besten Weg selbst finden.

Maßstäbe des Status quo

Genau darin liegt aber die Crux der Sache: In postmodernen Beratungsprozessen existiert niemand, der aufgrund von mehr Wissen oder mehr Erfahrung für sich in Anspruch nehmen kann, den »richtigen« Lösungsweg zu kennen – auf welches Kriterium der Evaluation baut aber dann die schlussendliche Annahme der Kund/innen auf, nach dem Beratungsprozess besser als vorher zu wissen, was sie tun sollen? Zur Verdeutlichung: Woraus könnte ein/e Lernende/r die Befriedigung schöpfen, selber einen Lösungsweg für eine Rechenoperation gefunden zu haben, wenn weit und breit niemand vorhanden ist, der ihm/ihr – aufgrund dessen, dass er ein mathematischer Experte ist – die Rückmeldung geben kann, dass das Ergebnis seiner Rechenoperation tatsächlich richtig ist? Ohne Kriterium, an dem sich beweist, dass eine Lösung richtig ist, gibt es keinen befriedigenden Lösungsweg! Die von der postmodernen Skepsis gegenüber objektiven Wahrheiten getragene, in der Prozessberatung praktizierte Abstinenz gegenüber normativen Wertungen verweigert aber genau dieses Kriterium. Die Professionalität des Beraters wird ja darin gesehen, Stellungnahmen bezüglich richtig-falsch, gesund-krank oder normal-abnormal im Klientenverhalten zu vermeiden. Indem sich Berater/innen in dieser Form weigern, als Autorität – als jemand, der hinsichtlich der Problemstellung mehr weiß – zu agieren, können sie weder eine Gegenautorität zu den gängigen gesellschaftlichen Erwartungen abgeben oder zu deren Hinterfragen anregen, noch können sie eine Instanz darstellen, an der Klient/innen sich »messen« und damit ein Hinterfragen der gesellschaftlichen Normalität üben können. Als Kriterium, an dem sich die »Richtigkeit« der im Beratungsprozess generierten Lösung beweist, bleiben somit letztendlich nur die Maßstäbe des Status quo übrig!

Das, was da an allen Ecken und Enden als Beratung angeboten wird, ist also keineswegs so ergebnisoffen, wie vielfach getan wird – durch Beratung werden Individuen systematisch den gesellschaftlichen Erwartungen unterworfen! Während die Zurichtung der Köpfe in der Disziplinargesellschaft die unumstrittene Domäne von Lehrer/innen war, wird dieses Geschäft in der Kontrollgesellschaft von Berater/innen (bzw. von Lehrer/innen, die den Habitus von Berater/innen angenommen haben) übernommen. Und wurden den Menschen die Vorgaben des Status quo vordem mit den harten Methoden der Disziplinierung eingebläut, geschieht dies nunmehr durch die weichen Methoden der professionellen Befriedigung des menschlichen Urbedürfnisses nach Beziehung; die »Werkzeuge« der Berater – Empathie, Vertrauen, Wertschätzung, … – stammen ja nicht zufällig durchwegs aus der »Beziehungskiste«. Es greift deshalb viel zu kurz, den Beratungsboom bloß als Reaktion auf den aktuell stattfindenden, durch anwachsende Unsicherheiten gekennzeichneten Wandel wahrzunehmen. Er ist keineswegs bloß »unschuldige« Antwort auf diesen, sondern ganz wesentlich dessen Triebkraft! Berater/innen sind die Geburtshelfer/innen für die in der postindustriellen Gesellschaft geforderte permanente Selbstmodernisierung der Individuen. Sie sind die postmodernen Agenten der Normalisierung, die ihren Kund/innen auf sanfte – non-direktive – Art das Gift der Entmündigung einträufeln.

Die jeder Beratung zugrunde liegende Botschaft lautet: Unbefriedigende Situationen lassen sich durch Selbstveränderung optimieren. In einer Gesellschaft, die auf den Prämissen des Kosten-Nutzen Kalküls und der Marktkonkurrenz aufbaut, heißt das, sich im Sinne einer verbetriebswirtschaftlichten Lebensführung ständig um eine Verbesserung der Selbstvermarktungsfähigkeit bemühen zu müssen. Beratung war erfolgreich, wenn der Beratene gelernt hat, sein Verhalten dahingehend zu optimieren, dass er im Kampf jede/r gegen jede/n von der Verlierer- zur Gewinnerseite wechselt. Die Welt der »lifelong guidance« ist untrennbar verknüpft mit dem zynischen Menschenbild des »survival of the fittest«. Beratung orientiert sich nicht an einem würdevollen Leben für alle, sondern am Sieg eines in Beratung stehenden Einzelnen oder einer als Kampfeinheit verbundenen Gruppe. Die Situation des/der Beratenen soll sich relativ zu der von anderen verbessern – das System, in dem das, was als »gutes Leben« zählt, jeweils nur um den Preis möglich ist, dass andere zu Verlierer/innen gemacht werden, wird dabei in keiner Weise in Frage gestellt. Beratung steht in engem Konnex zum sich aktuell verschärfenden Konkurrenzkampf und fördert massiv das postmoderne Leitbild des »unternehmerischen Selbst« (Bröckling 2007) – permanent gilt es die eigene Marktgängigkeit zu optimieren, um auf den diversen Verwertungs- und Aufmerksamkeitsmärkten konkurrenzfähig zu sein. Im Sinne des Slogans einer bekannten Autofirma »Wer aufgehört hat, besser zu sein, hat aufgehört, gut zu sein«, gibt es für Marktfähigkeit aber kein Optimum – Beratung bleibt somit immer angezeigt. Und wer sich dieser Einsicht verweigert, braucht eines ganz gewiss, nämlich Beratung!

Anmerkungen

1 Titel einer 1985 publizierten Aufsatzsammlung von Jürgen Habermas, in der dieser in den Entwicklungen in Politik und Gesellschaft einen neokonservativen Umschwung diagnostiziert und die Gesellschaft mit einem neuen autoritären Rechtsverständnis, einer Krise des Wohlfahrtsstaats und dem Verlust utopischer Energien konfrontiert sieht.

Literatur

Bröckling, Ulrich (2007): Das unternehmerische Selbst. Soziologie einer Subjektivierungsform. Frankfurt am Main.

ORF: Coaching im Betrieb. Professioneller Beruf oder nur Hilfe zur Selbsthilfe? In: http: //oe1. orf. at/highlights/53679.html (20.07.2007).

Neue Züricher Zeitung-Folio (2006): Berater. Die Souffleure der hilflosen Gesellschaft. Februar 2006.

Rat der EU (2004): Entwurf einer Entschließung des Rates und der im Rat vereinigten Vertreter der Regierungen der Mitgliedstaaten über den Ausbau der Politiken, Systeme und Praktiken auf dem Gebiet der lebensbegleitenden Beratung in Europa, 9286/04. Brüssel.

Rifkin, Jeremy (2000): Access. Das Verschwinden des Eigentums. Frankfurt am Main.

Tenzer, Eva (2003): Gut beraten? In: Psychologie Heute 12/2003, S. 20.

Pädagogisierung –
Oder: »Wollt Ihr die totale Erziehung«?

Ein den meisten von uns im ersten Anschein durchaus sympathisch erscheinendes Phänomen postmoderner Gesellschaften zeigt sich darin, dass sich gegenwärtig kaum mehr ein Lebensbereich finden lässt, der vom vordergründigen Appell zum »vernünftigen« Verhalten verschont bleibt. Ob es die Zigarettenpackung oder die Wochenendbeilage der Zeitung ist – aus allen Ecken schallt uns heute permanent die Aufforderung zum Lernen entgegen, legitimiert mit der vollmundigen Behauptung, Menschen dadurch die Befähigung zu einem rationaleren und besser reflektierten Verhalten ermöglichen zu wollen.

Dieser Aufruf zum Lernen beschränkt sich keineswegs bloß auf den von Entscheidungsträgern aus Wirtschaft und Politik penetrant und immer wieder wiederholten Hinweis, dass es heute für jedermann zwingend notwendig sei, seine Employability durch das lebenslange Update arbeitsmarktrelevanter Qualifikationen abzusichern. Auch wenn es um Dinge wie Kindererziehung, Beziehungsprobleme, Ess- oder Konsumgewohnheiten, Fragen des Lebenssinns oder andere »Alltagsprobleme« geht, wird derzeit regelmäßig an unsere Vernunft appelliert indem wir zum einen geradezu bombardiert mit mundgerecht aufbereiteten Erkenntnissen der Wissenschaft werden und zum anderen ständig so getan wird, als ob es jeweils bloß der individuellen Einsicht bedürfte damit sich alles zum Vernünftigen wendet.

Längst beschränkt sich die Beteuerung, über den Weg der Wissensvermittlung bei den Gesellschaftsmitgliedern ein wissensadäquates und reflektiertes Verhalten erreichen zu wollen, nicht mehr nur auf die Schule[1]. Die Parteien, die Kirchen, die Medien, … alle sehen sich heute »im Dienste der Vernunft«, bzw. dessen, was als diese ausgegeben wird. So vermeiden Parteien – im absurden Widerspruch zur inhaltlichen Botschaft des Wortes »Partei« – schon seit längerer Zeit tunlichst, als »parteilich« im Sinne bestimmter Gruppen der Gesellschaft und deren Interessen zu erscheinen. Längst haben sie den Nimbus abgelegt eine »Ideologie« – also die Vorstellung irgendeines utopischen und somit selbstverständlich auch unrealistischen gesellschaftlichen Idealzustandes – zu vertreten, sie stellen sich bloß als die »Vernünftigeren« bei den vorgeblichen Bemühungen um das »Wohlergehen für Alle«, sowie dafür dar, den zwischenzeitlich ja zur »Mutter aller Rationalität« hochstilisierten Konkurrenzkapitalismus optimal steuern zu können. Auch die Vertreter der Kirchen fordern heute nur mehr selten und eher nur mehr hinter vorgehaltener Hand »irrationale Gläubigkeit« bei ihren Anhänger ein – religiöses Verhalten wird zunehmend vernünftig argumentiert und selbstverständlich wird auch die Existenz Gottes heute rational nachgewiesen.

Dazu kommt, dass gegenwärtig kaum ein Tag vergeht, an dem wir nicht irgendwo im Rundfunk, im Fernsehen, durch eine Zeitschrift oder eines der massenhaft die Buchhandlungen überschwemmenden »Rezeptbücher für vernünftiges Leben« darüber »aufgeklärt« werden, wie beispielsweise mit schwierigen Kindern, geheimen sexuellen Wünschen, der Diskrepanz von Anspruch und Wirklichkeit in Beziehungen, Hierarchieunterschieden am Arbeitsplatz, den diversen Lebenskrisen oder dem Problem einer adäquaten finanziellen Absicherung im Alter »vernünftig« – also unter Berücksichtigung allen vorgeblich gesicherten Wissens – umgegangen werden soll. Und wer trotz der vielen, ihn aus allen Ecken und Enden entgegenquellenden erkenntnisschwangeren Tipps noch immer glaubt, den geforderten Anspruch auf rationales Verhalten unter den tatsächlich ja durch und durch irrationalen ökonomisch-gesellschaftlichen Verhältnissen nicht zu schaffen, der hat schlussendlich auch noch die Möglichkeit sich an einen der vielen »professionellen Helfer für reflektiertes Verhalten« zu wenden. Denn zwischenzeitlich haben die ehemals unumstrittenen »Helfershelfer der bürgerlichen Vernunft« – die Lehrer und

Lehrerinnen – Verstärkung durch ein ganzes Heer von Apologeten im Kampf um vorgeblich reflektiertes Verhalten erhalten. Neben den Trainer/innen, die die Ausweitung des Lehrerstandes im Hinblick auf das lebenslang geforderte Lernen darstellen, gibt es heute eine in die Legion gehende Zahl an Berater/innen, die bereit sind – in der Regel selbstverständlich nur gegen satte Bezahlung – einen »vernünftigen Weg« für nahezu jedes Problem, mit dem Menschen im Laufe ihres gesellschaftlichen Lebens konfrontiert sein können, aufzuzeigen bzw. jenes Setting zu kreieren, das es Hilfesuchenden ermöglicht, selbst den Königsweg der Vernunft zu finden. Darüber hinaus bieten sich aber auch noch Supervisor/innen, Mediator/innen, Coaches, Persönlichkeitstrainer/innen, … – und wie die »Professionist/innen für lebenslange Erziehung« sonst noch alle heißen mögen – an, um uns »gegen eine kleine Gebühr« im Kampf um ein den bürgerlich-kapitalistischen Vernunftkriterien entsprechendes Verhalten zu unterstützen.

Es braucht wohl nicht extra betont zu werden, dass es bei all den »Vernunftfördermaßnahmen« ganz sicher nicht darum geht, klüger zu werden, sich also einen weiteren Horizont zu erschließen und dadurch mehr befähigt zu sein, eine menschlichere Welt einzufordern. Bei der mit pädagogisch-therapeutischem Habitus präsentierten Hilfe geht es nicht darum, das Selbstbewusstsein von Menschen im Kampf gegen die Zumutungen, die sich aus dem aktuellen gesellschaftlichen Status quo ergeben, zu stärken. Ganz im Gegenteil, Ziel ist die Domestizierung des Denkens – im Kern geht es stets um so etwas wie (Um-)Erziehungsprozesse mit dem Ziel, im sozialen Kontext friktionsfreier zu funktionieren.

Den zuhauf angebotene Hilfsangeboten ist – trotz aller Unterschiede im Detail – nämlich eines gemeinsam: Sie alle postulieren, dass die durch die sozialen Machtverhältnisse verursachten Probleme von Menschen, durch »Arbeit an sich selbst« – quasi durch individuelle Nabelschau – verringert werden können. Nicht für den Kampf gegen die gesellschaftlichen

Bedingungen der Entfremdung sollen die an diesen Leidenden ermächtigt werden, sie sollen erkennen, dass sie sich selbst ändern müssen, was im Klartext heißt: dass sie sich diesen besser anpassen müssen.

Die kaum je offen ausgesprochene und nur selten reflektierte, aber bei allen pädagogisch-therapeutischen Angeboten stets mittransportierte Botschaft lautet: Jeder hat die Macht, sein Leben individuell zum Positiven zu wenden, indem er sein eigenes Verhaltensrepertoire erweitert und sich Problemen und sozialen Konfliktsituationen gegenüber vernünftiger – in der Bedeutung von »strategischer«! – verhält. Erforderlich ist dafür im Wesentlichen ein Umdeuten der Probleme, quasi ein individuelles Verändern der Problemsicht. Als prototypisches Beispiel derartiger (Um-)Deutungsmagie wird immer wieder die unterschiedliche Interpretation eines halb gefüllten Wasserglases als »halb voll« oder »halb leer« angeführt.

Der unreflektierte und meist auch unbewusste Leitsatz aller pädagogisch-therapeutischen Helfer lautet: Der Mensch braucht sich nur selbst zu verändern, dann verändert sich (für ihn) die ganze Welt. Nicht das problemverursachende Sein steht im Fokus der Veränderungsbemühungen sondern die je individuelle Sichtweise des Seins. Absicht ist, dass Menschen sich mit »ihrem Anteil am Problem« beschäftigen und lernen, sich mit den »gegebenen« (sic!) Umständen besser zu arrangieren. Damit lässt sich der allenthalben feststellbare Appell zum vernünftigen Verhalten aber auch unschwer als ein Aspekt der von vielen Soziologen konstatierten Individualisierungstendenz und der damit verbundenen Entideologisierung und Entpolitisierung postmoderner Gesellschaften identifizieren.

Bei all den Hilfsmaßnahmen zur Förderung rationalen Verhaltens geht es nie und nimmer um so etwas, wie eine tatsächliche Entgrenzung der Vernunft! Ganz im Gegenteil: Das Denken soll in Zwänge hinein freigesetzt und es soll ihm seine Veränderungspotenz und seine Sprengkraft genommen werden. Hinter dem Appell zum »Vernünftig-Sein« verbirgt sich nichts anderes, als die permanente Mahnung, das durch die bürger-lich-kapitalistische Gesellschaft vorgegebene Denkkorsett bes-ser zu verinnerlichen. Es wird von Vernunft gesprochen, gemeint ist damit jedoch niemals »Intelligenz«, sondern immer bloß »Rationalität« – instrumentelle Vernunft, die den Vorgaben der kapitalistischen Verwertung verpflichtet ist.

Was Erziehung im Kern immer schon bedeutet hat, Anpassung an die Status quo gemäßen Werte, Normen und Verhaltens-weisen, gekoppelt mit der Behauptung, dass diese den Ausfluss der gemeinsamen Anstrengung aller Menschen um ein vernünf-tiges Leben darstellen, hat eine neue Dimension erreicht. Die Erziehung zum gesellschaftlichen Nützling beschränkt sich nicht mehr länger nur auf Elternhaus und Schule, sie wird ten-denziell zu einem lebenslangen Phänomen. Zugleich wird es zunehmend schwieriger, sich dem allumfassenden Zugriff durch pädagogische Maßnahmen noch irgendwie zu entziehen. Die Charakterisierung als lebenslanges oder auch »lebensläng-liches Lernen« greift für das was da passiert viel zu kurz, tat-sächlich geht es um »lebenslängliche Erziehung«.

Für den zunehmend nicht mehr bloß auf die Kindheit und die Schule beschränkten, pädagogisch verbrämten Zugriff auf die Köpfe der Menschen wird von soziologisch orientierten Forschern deshalb verschiedentlich der Begriff »Pädagogi-sierung« verwendet. In diesem Begriff wird sozusagen das »ewige Dilemma« der Pädagogik aufgelöst, als philosophisch-reflektierende Wissenschaft für sich die zeitlos geltende Frage nach der Humanisierung des Menschen zu reklamieren, aber permanent Handlungsanweisungen für pädagogisch-prakti-sches Geschehen im Rahmen und im Sinne historisch-gesell-schaftlicher Bedingungen liefern zu müssen. Im Begriff der Pädagogisierung wird Pädagogik als das gesehen, was sie als Wissenschaftsdisziplin stets zu relativieren versucht hat, zumindest in ihrer praktischen Umsetzung aber tatsächlich immer war: Ein System der *Zurichtung* von Menschen zu ange-passten und verwertbaren Mitgliedern der Gesellschaft – verbrämt mit dem Mythos von der Freisetzung der Vernunft; als dem Kürzel für jene Fähigkeit des Menschen, die es ihm ermöglicht, über seine Geschichte als Gattungswesen frei zu bestimmen.

Lehrern und Lehrerinnen sowie Lehrerbildner/innen (den quasi gedoppelten Lehrer/innen) fällt es in der Regel äußerst schwer das im Begriff Pädagogisierung zum Ausdruck kommende Verständnis pädagogischer Tätigkeit zu akzeptieren. Das ist kein Wunder, schließlich kennt ihre Ausbildung im Wesentlichen nur zwei Dimensionen: Auf der einen Seite die Idealisierung des methodischen »Oberzampanos«, der für alle Anforderungen und Widrigkeiten des pädagogischen Alltags ein passendes Verhaltensrezept parat hat, und auf der anderen Seite die ideologische Überhöhung ihrer (zukünftigen) Tätigkeit auf Basis einer völlig politikabstinenten pädagogischen Theorie, die von hohlen Pathosformeln nur so strotzt. In ihrer Berufsausübung sind sie dann entsprechend oft hin und her gerissen zwischen Allmachts- und Ohnmachtsgefühlen. Die ihnen aufoktroyierte »pädagogische Moral« verunmöglicht es ihnen, ihre Tätigkeit als »normale Arbeit« – also als fremdbestimmtes und entfremdetes Tun im Joch des gesellschaftlichen Metaziels der Verwandlung von Geld in mehr Geld – wahrzunehmen und hindert sie zugleich, sich vor emotionaler Überlastung zu schützen.

Und auch die im pädagogisch-psychologischen Graubereich agierenden neuen Helfer zur Durchsetzung der bürgerlichen Vernunft begreifen sich nahezu ausschließlich als Befreier des menschlichen Geistes und nicht als solche, die diesen an die Kandare ökonomisch-gesellschaftlicher Vorgaben nehmen. Gar nicht so selten handelt es sich bei ihnen sowieso um Personen, die ihre Berater-, Mediatoren- oder Supervisorentätigkeit auf ihren ursprünglichen Lehrerberuf aufgesetzt haben oder diese nebenberuflich zu einem solchen ausüben. Und da in ihrer (Zusatz)Ausbildung die gesellschaftliche Funktion ihrer Tätigkeit kaum je reflektiert wird, agieren auch sie fast durchwegs aus dem naiven Bewusstsein heraus, nur ihren Klienten, bzw. – wie es im aktuellen »Ökosprech« heißt – ihren Kunden verpflichtet zu sein.

In ihrem krampfhaften Bemühen, ihre Funktion als Exekutoren der bürgerlichen Vernunftdomestizierung nicht wahrnehmen zu müssen, greifen beide Gruppen deshalb nur allzu gerne auf »die heilige Begriffshülse der Pädagogik«, den »mündigen Menschen« zurück. Um den geht's doch eigentlich, wird wortreich beteuert und dabei in der Regel vergessen, dass die Stützungsinstanzen gesellschaftliche Systeme stets auf Basis und mit Hilfe eines attraktiv aufgeputzten ideologischen Überbaus operieren.

Der Begriff Mündigkeit würde nämlich überhaupt erst Sinn gewinnen, wenn er in seiner gesellschaftlichen Relevanz wahrgenommen wird! Denn entweder wird Mündigkeit begriffen als ein anzustrebendes Selbstverhältnis des Menschen, das durch Abhängigkeits- und Herrschaftsstrukturen nicht behindert wird, ist somit aber auch nur als *Mündigkeit aller* denkbar, oder der Begriff gerinnt zur bloßen Pathosformel. Das Individuum kann nur *mit allen oder gar nicht* mündig werden; individuelle Mündigkeit ist eine conditio sine qua non. Jeder Ansatz der Förderung von Mündigkeit muss deshalb unweigerlich in der politischen Aktion gegen unterdrückerische Gesellschaftsverhältnisse münden. Die Gesellschaft, in der Mündigkeit möglich ist, muss erst geschaffen werden; und zwar von Menschen, denen die entmündigenden Verhältnisse, unter denen sie derzeit leben *müssen,* schmerzhaft bewusst geworden sind und die deshalb beginnen gegen diese anzurennen und sich nicht kuschelig in ihnen einrichten.

Allerdings ist wohl kaum zu erwarten, dass sich die Welt im Auftrag derer verändern lässt, die am gesellschaftlichen Status quo profitieren. Lehrer werden nicht dafür bezahlt, um Menschen heranzubilden, die sich den gesellschaftlichen Gegebenheiten kritisch gegenüberstellen. Bestenfalls können sie die ihnen (noch) zur Verfügung stehenden Freiräume ausnützen und »gegen den Stachel löcken«, indem sie »klammheimlich« und »in homöopathischen Dosen« den Samen der Kritik in die Köpfe der Schüler pflanzen. Für die »am freien Markt« tätigen, vorgeblichen

Vernunfthelfer wird das allerdings – selbst wenn sie es wollten – noch viel weniger möglich sein. Sie müssten dazu ja nicht bloß einen »Arbeitgeber«, sondern die in den Köpfen ihrer Klienten bereits manifest vorhandene bürgerliche Verwertungslogik austricksen. Sie müssten ihnen Geld dafür abknöpfen, dass sie ihnen helfen, die Chuzpe genau dieses Vorgangs zu erkennen, – ein ziemlich hoffnungsloses Unterfangen!

Pädagogisierung ist der Prozess des lebenslangen Einschwörens auf die Logik der Warengesellschaft. Was in früheren Zeiten brutale, auf körperliche Bestrafung ausgerichtete Gesetze in Verbindung mit weit reichender exekutiver Gewalt erreichen musste, das systemkonforme Funktionieren der Menschen, wird heute durch pädagogisch-psychologische Dauerinterventionen bewerkstelligt. Denn auch die in der Schule vorgenommene »Erziehung auf Vorrat« stellt das lebenslange Funktionieren nicht mehr sicher. Nur das ständige Update des in der Schule initialisierten Sklaventreiberprogramms ermöglicht das Minimieren der vordergründigen Kontrolle und Steuerung der Gesellschaftsmitglieder. Pädagogisierung meint die Ausweitung der »pädagogischen Lüge« auf die gesamte Lebenszeit und die gesamte Gesellschaft. Hatten bisher nur die Lehrer behauptet, nur unser Bestes zu wollen, behaupten das nun auf einmal alle – vor nichts sollte man sich allerdings mehr fürchten!

Anmerkungen

1 Wobei das im folgenden beschriebene Phänomen der »Pädagogisierung aller gesellschaftlichen Probleme« durchaus auch schulintern darin seinen Ausdruck findet, dass jedes Mal nach Auftauchen oder Bewusstwerden eines gesellschaftlichen Missstandes – egal ob es sich dabei um den anwachsenden Rechtsradikalismus, das Umsichgreifen von Aids oder die zunehmenden Schwierigkeiten bei der Arbeitsmarktintegration von Jugendlichen handelt – sofort nach entsprechenden schulischen Aktionen gerufen wird.

Wieso sollte gerade Bildung
nicht zur Ware gemacht werden?

Heute warnt alles, was sich als fortschrittlich dünkt, vor einer Ökonomisierung der Bildung. Spätestens seit die GATS-Verhandlungen[1] über eine Liberalisierung des Handels mit Dienstleistungen und die damit verbundenen Implikationen für das Bildungswesen einer breiteren Öffentlichkeit bekannt wurden, mehren sich die Publikationen und Veranstaltungen in denen davor gewarnt wird, Bildung als ein kauf- und verkaufbares Handelsgut zu betrachten. »Bildung darf nicht zur Ware werden«, wird von all jenen formuliert, die nicht zur Kenntnis nehmen wollen, dass es in der Marktwirtschaft nicht möglich ist, irgendeinen Aspekt der menschlichen Entäußerung auf Dauer frei vom Vermarktungszwang zu halten. Genauso wie es nicht möglich ist, nur ein wenig schwanger zu sein, ist es auch nicht möglich, die Profitökonomie in Grenzen zu halten.

Als Erziehungswissenschafter freut es mich zwar durchaus, dass über die Gefahren, die das GATS und die verstärkte Privatisierung der Bildungssysteme mit sich bringen, eine zunehmende Diskussion über die Problematik der voranschreitenden Ökonomisierung der Bildung in Gang gekommen ist. Allerdings möchte ich klarstellen, dass die Vermarktwirtschaftlichung der Bildung sicher nicht erst in den letzten Jahren und sicher nicht erst mit den Bemühungen der WTO begonnen hat, verstärkt auch den Bildungsbereich der Kapitalverwertung zugänglich zu machen. Bildung ist nicht erst im Neoliberalismus zur Ware geworden, sie ist es tendenziell, seit der Besuch von Schulen und Universitäten nicht mehr nur einer privilegierten Minderheit vorbehalten war, sondern zum Aufstiegsvehikel im Kampf um vorteilhafte gesellschaftliche Positionen geworden war.

Im Grunde genommen wird mit den derzeitigen Entwicklungen auch im Bildungswesen bloß das kenntlich, was den Kapi-

talismus von allem Anfang an gekennzeichnet hat, die Verwertungslogik des Marktes. So hat der bekannte Nationalökonom Adam Smith schon im Jahre 1776 in seinem Werk »An Inquiry into the Nature and Causes of the Welth of Nations« geschrieben: »Der Erwerb solcher (qualifizierten) Fähigkeiten macht infolge der Notwendigkeit, die betreffenden Menschen während der Zeit ihrer Ausbildung, ihres Studiums oder ihrer Lehrlingszeit zu unterhalten, stets Geldausgaben erforderlich, die sozusagen in einen Menschen gestecktes stehendes Kapital darstellen. Diese Fähigkeiten bilden nicht nur einen Teil des Vermögens des Betreffenden, sondern auch einen Teil des Vermögens der gesamten Volkswirtschaft, der er angehört. In derselben Weise lässt sich *die gesteigerte Geschicklichkeit eines Arbeiters* als eine Art Maschine oder Werkzeug betrachten, *die die Arbeit erleichtert oder abkürzt,* und *die, wenn sie auch Ausgaben verursacht, diese doch mit Gewinn zurückzahlt«* (Smith 2007: 352, Hervorhebung E.R.).
Solche explizit bildungsökonomischen Überlegungen blieben viele Jahre der Ebene akademischer Diskussionen verhaftet. Spätestens jedoch Ende der 50er und Anfang der 60er Jahre des vorigen Jahrhunderts konnte sich die Vorstellung von der *Bildung als ökonomisch zu kalkulierende Größe* nachhaltig etablieren. Der Grund für die damalige Entwicklung einer wissenschaftlichen »Bildungsökonomie« lässt sich in den sozioökonomischen Gegebenheiten dieser Zeit identifizieren. Der unserem Wirtschaftssystem innewohnende Zwang zur Kapitalakkumulation ließ sich zunehmend nicht mehr nur extensiv, d. h. durch eine Ausweitung der Märkte und des Produktionspotentials erreichen. Immer mehr wurden und werden auch weiterhin intensive Faktoren, wie z. B. die entsprechende Qualifizierung der Arbeitskräfte, wichtig.
Der Widerspruch von Bildung und Ausbildung, den der Bildungsbegriff seit seiner Entstehung in sich trug, begann sich durch diesen ökonomisch bedingten Druck in einer einseitigen Form aufzulösen: *Brauchbar machende und verwertbare*

Qualifikation trat im allgemeinen Bewusstsein an die Stelle umfassender Bildung. Dementsprechend gilt es heute als kaum bestreitbare Binsenweisheit, dass es die primäre Aufgabe des Bildungswesens sei, ein auf den Qualifikationsbedarf der Wirtschaft möglichst abgestimmtes »Humankapital« in entsprechender Mengenverteilung zu liefern. Und auch von den Betroffenen wird der Besuch von Bildungseinrichtungen heute nahezu ausschließlich unter dem Aspekt gesehen, wieweit sich die damit verbundene Investition an Zeit und Geld für sie später in quantifizierbarer Form lohnt.

Ein solches Denken offenbart sich nicht nur wenn der höchste Beamte des so genannten *Bildungs*ministeriums bei einer Veranstaltung erklärt, dass »Bildung nichts anderes als ein Handelsgut« (Zit. nach Heitger 2002) wäre. Es spiegelt sich auch im systemlogischen Wunsch jedes Studierenden wider, in seinem Studium jenes Wissen und jene Fähigkeiten vermittelt zu bekommen, mit denen er später am Arbeitsmarkt optimal reüssieren kann. Die Vermarktwirtschaftlichung der Bildung beginnt mit der Vorstellung von der gerechtfertigten Besserstellung der so genannten Tüchtigen und endet dort, wo Bildungseinrichtungen wie Kaufhäuser organisiert sind, in denen Lehrende ihre Waren anbieten. Und wenn seit einigen Jahren alle ganz versessen auf Evaluationen von Lehrveranstaltungen und Rankings von Schulen und Universitäten sind, ist das ebenfalls nur Beleg dafür, dass die Vorstellung, Bildung ließe sich wie jede andere Ware nach Kriterien des Marktes messen, schon tief in den Köpfen des Homo ökonomicus verankert ist.

Was das Neue an der Situation ist, die durch die Ablösung staatlich überformter, durch unmittelbarere marktwirtschaftliche Steuerungsmechanismen entsteht, ist die Tatsache, dass sich der über Bildung legitimierte Konkurrenzkampf um attraktive gesellschaftliche Positionen neuerdings nicht mehr so einfach als »gerecht« schönreden lässt. Der bisherige, vordergründig kostenfreie Zugang zu Bildungseinrichtungen hatte suggeriert, dass die Legitimierung gesellschaftlicher Ungleichheit mittels Bildungstiteln tatsächlich gerecht sei; es also billig sei, wenn jene, die sich den Verwertungsbedingungen der Profitökonomie optimal anzupassen gelernt haben, später auch die Belohnung in Form von hohen Einkünften lukrieren können. Sobald aber von einem »Aufstieg durch Bildung« gesprochen und nicht gleichzeitig thematisiert wird, dass ein »Gewinnen« im Konkurrenzsystem immer nur um den Preis möglich ist, dass es Verlierer und an den Rand Gedrängte gibt, gerät Bildung in den Sog ökonomischer Rationalität und mutiert zur systemstabilisierenden Größe. Wenn Bildung mehr bedeuten soll als Zurichtung und Anpassung an die durch das politisch-ökonomische System vorgegebenen Bedingungen, muss sie auch als mehr gedacht werden als ein Vehikel des Aufstiegs. Steht die ökonomische Rationalität Pate für Bildungsargumentationen, mündet das unweigerlich in der »Qualifikationsfalle«. Der Mensch wird funktionalisiert und zum Produktionsfaktor eines wirtschaftlichen Geschehens reduziert, dessen Prämissen seiner Einflussnahme genau dadurch entzogen sind. In Form ihres Zerrbildes Qualifikation wird Bildung selbst zentrale Legitimationsgröße gesellschaftlicher Ungleichheit und Basis individueller Aufstiegshoffnungen im Rahmen von Konkurrenzsystem und bürgerlicher Leistungsideologie.

Karl Marx schreibt über den entwickelten Kapitalismus, dass er alle aus vorbürgerlicher Zeit stammenden, »feudalen, patriarchalischen, idyllischen Verhältnisse zerstört (…) und kein anderes Band zwischen Mensch und Mensch (übrig lässt) als die gefühllose »bare Zahlung« (Marx/Engels 1983: 464). Auf das Bildungswesen umgelegt bedeutet das, dass auch die Qualität dessen, was weiterhin nobel als Bildung bezeichnet wird, immer stärker über den Marktwert definiert wird. Bildung – in der ursprünglichen Begriffsbedeutung an der Entwicklung des humanen Potentials des Menschen orientiert, an dem, was den Menschen über andere Kreaturen hinaushebt, seiner grundsätzlichen Fähigkeit, das Leben an Prinzipien auszurichten, die der »Rationalität des Nutzens« übergeordnet sind – wird in den Dienst der Mehrwertproduktionsmaschine genommen.

Der Bildungsbegriff war ursprünglich das Synonym für die Idee, dass der Mansch sich nicht bloß in quantitativer Form, sondern qualitativ von anderen Lebewesen unterscheidet. Er ist jenes Wesen, dem die Natur nur in geringem Maß in die engen Bahnen streng vorgegebener Entwicklung und Verhaltensweisen zwingt; der Mensch ist grundsätzlich *frei*, er ist in der Lage, über seine Existenzweise autonom und mündig zu entscheiden. Über seine Triebe und Instinkte ist er zwar der Notdurft des Daseins unterworfen, er ist aber zugleich in der Lage, sich kraft Vernunft über diese Bindungen zu erheben. Dazu braucht er einerseits Wissen über die ihn umgebende Welt und andererseits Vorstellungen darüber, wie Wissen verantwortungsvoll einzusetzen ist.

Der Mensch ist in der Lage, sich und sein Verhalten zum Inhalt seines Denkens zu machen und sein Verhalten an Kriterien zu messen, deren Wert er durch vernünftige Reflexion erkannt hat. Sein Gehirn ist also nicht bloß ein gewaltiger Informationsspeicher – quasi ein biochemischer Supercomputer –, wo Informationen im Sinne irgendwelcher, ihm quasi »von außerhalb« auferlegten Regeln verknüpft werden; der Mensch entscheidet selbst, ob und in welcher Form er sein Wissen verwerten will. Der Mensch ist also nicht bloß zu einem instrumentellen Gebrauch seiner Vernunft fähig, er kann sein Wissen selbstreflexiv anwenden; das heißt, er kann – und muss in letzter Konsequenz auch – für sein Tun und Lassen Verantwortung übernehmen.

Aber auch die Kriterien des verantwortungsvollen Lebens sind dem Menschen nicht vorgegeben, sie können nur im gesellschaftlichen Diskurs entwickelt werden. Nur gebildete Menschen, die bereit sind, Wissen selbstreflexiv und nicht bloß zum eigenen materiellen Vorteil einzusetzen, können zu einem derartigen Diskurs etwas beitragen. Bildung ist das Heraustreten des Menschen aus der Sphäre des bloßen Nutzens. Über

Bildung gewinnt sich der Mensch selbst als freies Wesen und er erkennt – wie es der deutsche Erziehungswissenschafter Heinz-Joachim Heydorn einmal formuliert hat –, dass die Ketten, die ihm ins Fleisch schneiden, vom Menschen angelegt sind, und dass es somit auch möglich ist, sie zu sprengen (Vgl. Heydorn 1979: 10).

Je mehr Bildung jedoch zum Kriterium der Positionsverteilung im Konkurrenzsystem wird, desto mehr wird sie auf den Charakter von Zurichtung pervertiert. Die Vision vom mündigen Individuum, also die Vorstellung, dass Bildung dazu dient, Menschen in die Lage zu versetzen, die Welt besser verstehen und gestalten zu können, rückt weitgehend in den Hintergrund. Der Mensch, der sich in der Neuzeit von der Vorstellung emanzipiert hatte, dass sein Leben durch höhere Mächte bestimmt sei, wird auch in Bezug auf seine Fähigkeiten der vernünftigen Reflexion zu einem Anhängsel des heutzutage faktisch allgemein anerkannten Gottes Markt degradiert. Wie wir wissen, gewährt der Markt seine Gunst nicht jenen, die ihr menschliches Potenzial zu möglichst hoher Vollendung gebracht haben, sondern jenen, die sich möglichst gut den von den Einkäufern diktierten Bedingungen unterwerfen. Was im Zusammenhang mit Lernen deshalb nur noch zählt, ist der Tauschwert – die Frage also, wieweit Menschen durch Lernprozesse marktgängiger werden.

Damit verkehrt sich das, was Bildung ursprünglich meinte, allerdings in sein völliges Gegenteil. Was hinter der weiterhin benützen Begriffsfassade zur Geltung kommt, ist die Reduzierung des Menschen auf den Status eines »intelligenten Tieres«. Zunehmend geht es bloß noch um Qualifizierung – das Brauchbarmachen des Menschen für die Erfordernisse seiner profitablen Verwertung. Der heute permanent vorgebrachte Hinweis auf die Wichtigkeit des »Bildungsfaktors« für das wirtschaftliche Geschehen einschließlich dem schönen Slogan vom lebenslangen Lernen legt nur offen, worum es tatsächlich geht: nicht um die »Bildung von Menschen«, sondern einzig um die »Bildung von Kapital« durch die Zurichtung der Individuen hin auf den Bedarf der Käufer der Ware Arbeitskraft.

Bildung und Qualifizierung stehen zueinander gewissermaßen im selben Verhältnis wie Liebe und Sexualität. Sex, Zärtlichkeit und Freundlichkeit sind nicht gleichzusetzen mit Liebe, sie stellen gewissermaßen bloß deren quantifizierbaren Anteil dar. Auch Qualifizierung kann in diesem Sinn als der quantifizierbare Anteil von Bildung charakterisiert werden. Und genauso wie sich Liebe nicht zur Ware machen lässt, Sex und Schmeichelei hingegen durchaus zum Verkaufsangebot im Rahmen der Profitökonomie werden können, lässt sich auch aus Bildung kein Geschäft machen; Qualifizierung hingegen lässt sich durchaus den Profitmechanismus der Warengesellschaft unterordnen.

Der Kapitalismus war von allem Anfang an im Dilemma gefangen, die Brauchbarkeit der Menschen für den wirtschaftlichen Verwertungsprozess vorantreiben und zugleich dafür Sorge tragen zu müssen, dass dieser Prozess nicht in befreiende Erkenntnis umschlägt. »Bildung« soll unter kapitalistischen Bedingungen die Revolution der Produktivkräfte forcieren, die Revolution im Bewusstsein der Menschen aber verhindern. Mit dem »Ende der Nationalstaaten« – womit ja nicht deren tatsächliches Verschwinden, sondern ihre irreversible Funktionsreduzierung zu bloßen Garanten juristisch-stabiler Räume für Verwertungsbedingungen gemeint ist – bekommt diese Paradoxie allerdings eine neue Dynamik.

Heute sind die Nationalstaaten zunehmend gar nicht mehr in der Lage, durch das demokratische Überformen der Begleitumstände des Bildungserwerbs das bürgerliche Gerechtigkeitsempfinden zu bedienen und beim Windhundrennen um attraktive gesellschaftliche Positionen das zu schaffen, was wir als Chancengleichheit zu bezeichnen gelernt haben. Da sie finanziell immer mehr ausgehungert werden, sind sie gezwungen, ihre demokratische Alibifunktion in anwachsendem Maß aufzugeben. In der offiziellen Lesart wird das dann als ein Rückzug des Staates auf seine Kernkompetenzen bezeichnet.

Gleichzeitig hat das Kapital in seiner permanenten Suche nach Verwertungsmöglichkeiten nun auch den Bildungsbereich als Profitquelle entdeckt. Es ist damit nur noch eine Frage der Zeit, dass der Bildungssektor aufhört, bloß ein gesellschaftlicher Bereich zu sein, wo es um die Zurichtung von Humankapital und die Indienstnahme der Köpfe *im Interesse* der profitablen Verwertung geht. Der Bildungssektor wird zunehmend selbst zum profitablen Wirtschaftszweig. Hatte er bisher bloß Zulieferfunktion für die Verwertung wird er nun selbst zum Verwertungssektor. Und es ist damit zu rechnen, dass dieser Veränderung auch recht problemlos über die Bühne gehen wird; denn – wie schon gesagt – Bildung wird in den Köpfen der Menschen sowieso schon längst nur mehr als Ware und nicht als Instrument ihrer Befreiung wahrgenommen.

Wenn heute noch fallweise davon gesprochen wird, dass Bildung Macht sei, dann wird in der Regel gemeint, dass jene, denen es durch ein erfolgreiches Durchlaufen des Bildungssystems gelungen ist, viel von der Ware Qualifikation zu verinnerlichen, damit die Macht gewinnen, sich mehr als andere im Warenhaus der Marktgesellschaft bedienen zu können. Mächtig sind jene, die hohe Bildungsabschlüsse nachweisen können, nur innerhalb der »Ideologie des Habens«, weil sie mehr von jener »Ware Qualifikation« besitzen, die sie – allerdings nur solange eine entsprechende Nachfrage am Markt besteht – in Geld und soziales Ansehen eintauschen können. Auch für sie geht es nicht um Bildung, deren Gebrauchswert sich in der Befriedigung der menschlichen Bedürfnisse nach Wachstum und Entwicklung äußert, sondern darum, dass sie – selbst zur Ware reduziert – zum Wachstum der Kapitalrendite beitragen.

Was derzeit passiert, ist nicht die Umdeutung von Bildung zur Ware – die ist längst vollzogen –, heute findet die Vermarktwirtschaftlichung des Bildung*swesens* statt. Parallel zum

Gesundheitswesen und Altersversorgungssystem beginnt die Mehrwertproduktionsmaschine sich nun auch den Bildungsbereich einzuverleiben. War bisher nur der Weiterbildungs- und Erwachsenenbildungsbereich marktförmig organisiert, soll nun die Organisation alles Lernens dem Markt anheim gestellt werden. Immerhin schätzt die UNESCO das Volumen des Bildungsmarktes auf rund zwei Billionen Dollar ein – Tendenz steigend – (Vgl. Seitz 2002: 5), und private Anbieter halten davon derzeit gerade einmal einen Anteil von etwa 20 Prozent. Dass das Profitmonster angesichts solcher Geldvolumen Begehrlichkeiten entwickelt, liegt auf der Hand.

Dazu kommt, dass die technologische Entwicklung es zunehmend ermöglicht, auch im Bildungssektor die regionalen Grenzen der Vermarktung zu sprengen. Nachdem unter Bildung sowieso nur mehr das Verinnerlichen von markttauglichen Wissen und Fertigkeiten verstanden wird, lässt sich auch die Bedeutung der personalen Begegnung im Bildungsprozess kaum mehr legitimieren. Konsequenterweise wird ja heute auch von allen Seiten das Lernen mit Hilfe von Informations- und Kommunikationstechnologien als riesiger Fortschritt gepriesen. Technologisch vermittelte Lernangebote sind zugleich aber auch bestens für die internationale Vermarktung geeignet. Und die notwendigen Investitionsmittel, um Lernangebote zu entwickeln, die die Möglichkeiten der Informations- und Kommunikationstechnologien wirklich perfekt ausnützen, bringt ein großer internationaler Konzern allemal noch leichter auf, als irgendeine nationale Bildungsagentur.

Die derzeitigen Entwicklungen in Richtung Vermarktwirtschaftlichung im Bildungsbereich entsprechen der Logik der Markgesellschaft. Wer auf den Markt als Regulativ des menschlichen Zusammenlebens setzt, darf sich nicht wundern, wenn zwischen den Menschen irgendwann auch nur mehr Kauf- und Verkaufsbeziehungen existieren. Der Markt funktioniert nach Kriterien des Nutzens, dementsprechend hat das Humane, die Fähigkeit des Menschen sich über die Dimension des Nutzens zu erheben und seinem Leben Sinn zu verleihen, am Markt keinen Platz. Was sich nicht in eine Profit bringende Ware verwandeln lässt, kennt der Markt nicht; dort gibt es nur das, was sich in barer Münze darstellen lässt.

Die Forderung, dass Bildung nicht ökonomisiert werden darf, macht also nur Sinn im Zusammenhang mit einer Kritik des Marktsystems als Ganzem. Wer allerdings A zum Marktsystem sagt, der muss wohl auch B zu einer weiteren Vermarktwirtschaftlichung des Bildungswesens sagen!

Anmerkungen

1 Das GATS (*General Agreement on Trade in Services*) ist ein aktuell in Verhandlung befindliches internationales, multilaterales Vertragswerk der WTO (Welthandelsorganisation), das den grenzüberschreitenden Handel mit Dienstleistungen – inklusive Bildungsdienstleistungen – regeln soll und dessen fortschreitende Liberalisierung zum Ziel hat (Vgl. Wikipedia, Stichwort: GATS).

Literatur

Heitger, Marian (2002): Der Tod der Bildung. In: Die Presse 5.1.2002, (http://diepresse.com/home/diverse/zeichen/276888/index.do?from=su che.intern.portal)

Heydorn, Heinz-Joachim (1979): Über den Widerspruch von Bildung und Herrschaft. Bildungstheoretische Schriften, Band 2. Frankfurt a.M.

Marx, Karl/ Engels, Friedrich (1983): Werke, Band 4, hg. vom Inst. für Marxismus-Leninismus beim ZK der SED, Berlin (Ost).

Seitz, Klaus (2002): Globalisierung als pädagogisches Problem. Globales Lernen in Netzwerken. Vortrag auf dem Bildungskongress Netzwerke für Globales Lernen in Hannover, 31.10.2002. http://www.globales lernen.de/coremedia/generator/ewik/de/Downloads/Grundlagentexte/S eitz_2C_20Globalisierung.doc (August 2003)

Smith, Adam (2007): An Inquiry into the Nature and Causes of the Wealth of Nations. MetaLibri, Amsterdam/ Lausanne/ Melbourne/ Milan/ New York/ São Paulo. http://www.ibiblio.org/ml/libri/s/SmithA_Wealth Nations_p.pdf (Juli 2008)